Die göttliche Marchesa

Scot D. Ryersson & Michael Orlando Yaccarino

Scot D. Ryersson & Michael Orlando Yaccarino

Die göttliche Marchesa

Leben und Legende der Marchesa Luisa Casati

Mit einem Vorwort von Quentin Crisp

Aus dem amerikanischen Englisch
übersetzt von Astrid Tautscher

Haymon

In Erinnerung an Christopher M. Hughes und Matthew J. Prumbaum

Gewidmet dem verstorbenen Carl Theodor Reitlinger, der Luisa Casati und uns ein guter Freund war und dessen Traum einer deutschsprachigen Ausgabe dieses Buches nun Wirklichkeit geworden ist.

Bibliografische Information:
Die Deutsche Bibliothek verzeichnet diese Publikation in der Deutschen Nationalbibliografie; detaillierte bibliografische Daten sind im Internet über http://dnb.ddb.de abrufbar.

1. Auflage 2012 (Broschürte Neuauflage der mit der ISBN 978-3-85218-517-0 erschienenen Originalausgabe)

ISBN 978-3-7099-7072-0

Haymon Verlag Ges.m.b.H.
Erlerstraße 10
A-6020 Innsbruck
office@haymonverlag.at
www.haymonverlag.at

Umschlaggestaltung: Kurt Höretzeder unter Verwendung eines Porträts von Luisa Casati von Adolph de Meyer (1912); Ryersson & Yaccarino/The Casati Archives
Satz: Haymon Verlag

Inhalt

Vorwort

Das folgende Vorwort verfasste Quentin Crisp für die Originalausgabe dieses Buches, die im November 1999 erschien, dem Monat, in dem der Autor starb.

Einst begegnete mir aus heiterem Himmel zufällig eine bizarre Dame, während ich mit einigen Freunden in London beim Tee saß. Sie erschien von Kopf bis Fuß in schwarzen Samt gehüllt, mit blutrot geschminkten Lippen, in der Hand einen stattlichen Schirm mit verziertem Griff – am helllichten Tag, wohlgemerkt. Diese malerische Ruine einer Frau war hoch gewachsen und sehr schlank und vermittelte den Eindruck außerordentlicher Kraft. Das war das erste und einzige Mal, dass ich die Marchesa Luisa Casati traf. Sie war hereingekommen, sah wundervoll aus und sagte kaum ein Wort. Sie war nicht schön – sie war spektakulär. Sie besaß eine Präsenz, derer man sich immer erinnern würde.

Einige Tage später stand ich für einen Künstler Modell. Als er mich sah, wich er überrascht zurück und fragte, ob ich je der Marchesa Casati begegnet wäre. „Ja, vor zwei Tagen", antwortete ich. Er fragte, was sie bei dieser Gelegenheit gesagt hätte. „Nichts", sagte ich, worauf er bemerkte, das sei nicht verwunderlich, da ich ihr einfach *exakt* gleichen würde! Ich nehme an, das war als Scherz gemeint.

Die Marchesa Casati war zweifellos eine Exhibitionistin. Doch Exhibitionismus ist eine starke Droge und schon nach kurzer Zeit zeigt eine Dosis, die einen Anfänger umbringen würde, keine Wirkung mehr. Viele haben die extremen Seiten im Leben der Marchesa kritisiert; ich glaube, sie verfolgte ein bestimmtes Ziel. Sie strebte einem Ideal nach, einer Vision dessen, wie sie aussehen und leben sollte – um das Geschöpf ihrer eigenen Vorstellungskraft zu werden, unabhängig von Zeit, Größe, Geschlecht oder Form. Und sie besaß ein unerschütterliches Selbstbewusstsein; sie zweifelte nie auch nur eine Sekunde lang an sich. Es gelang ihr, niemals zu berechenbar zu sein. Wenn man für das Publikum berechenbar wird, fängt es an, einen zu mögen. Doch der Marchesa ging es nicht darum, gemocht zu werden: Sie wollte provozieren. Diese kluge Dame begegnete der Welt mit einer auf Erfahrung gründenden Geringschätzung und präsentierte jenen, die sie verehrten, das Bild einer Existenz, die sie selbst nie erreichen würden – eine Existenz jenseits aller Kritik und Konvention.

Die Marchesa Casati war Teil einer Welt, die ebenso zerbrechlich wie schön war, einer Welt, die untergegangen ist. Es war eine Zeit fabelhafter Partys, auf denen die Gäste die fantastischsten Kostüme zur Schau trugen, die nur für diesen einen Abend kreiert worden waren, und kein Tag verging, ohne dass über diese Verrücktheiten in den Zeitungen berichtet wurde – alle waren fasziniert von diesen Geschichten.

Im Rückblick erscheint das alles ziemlich unglaublich und vielleicht sogar ein wenig absurd. Aber sich zu amüsieren war damals ein ebenso extravagantes wie ernstes Geschäft. Heutzutage muss jeder nützlich, unabhängig und praktisch sein. „Wie langweilig!“, ist alles, was ich dazu zu sagen habe, und ich glaube, die Marchesa würde mir zustimmen.

Quentin Crisp

Einleitung

Ich möchte ein lebendes Kunstwerk sein.

Marchesa Luisa Casati

„Ich möchte ein lebendes Kunstwerk sein." Diese Worte gehören zu den wenigen Aussagen der Marchesa Luisa Casati, die dokumentiert sind. Keine detaillierten Tagebücher oder Stapel aufschlussreicher Briefe sind erhalten, in denen sie uns mit eigenen Worten enthüllt, was sie dachte und fühlte. Doch glücklicherweise können wir auf eine Vielzahl an Porträts zurückgreifen, die erhalten sind – ob in Öl, Tusche, Wachs, Ton, Bronze oder in Worten, hinterlassen von jenen, die sie faszinierte, die sie förderte und mit denen sie Freundschaft schloss. Alle zeugen von der unvergesslichen Ausstrahlung dieser außerordentlichen Frau.

Während der ersten drei Jahrzehnte des 20. Jahrhunderts war die Marchesa Luisa Casati der hellste Stern am Firmament der europäischen Haut Monde. Künstler malten sie und schufen Skulpturen nach ihrem Bild, Dichter priesen ihre eigenwillige Schönheit und Modeschöpfer warben um ihre Gunst. Ihre Gestalt taucht in mehr als einem Schlüsselroman als notorische Heldin auf. Sie reiste, wohin die Laune sie trug, nach Venedig, Rom, Paris, Capri, sammelte Paläste und exotische Tiere und verschleuderte ein Vermögen für luxuriöse Feste. Sie schlug Gabriele D'Annunzio in ihren Bann, faszinierte Diaghilew, jagte Artur Rubinstein einen Schrecken ein und brachte Lawrence von Arabien aus der Fassung. Ihre Roben und Kostüme wurden von Bakst, Poiret, Fortuny und Erté entworfen. Sie war die Muse der italienischen Futuristen und gab Partys, auf denen Waslaw Nijinsky mit Isadora Duncan tanzte. Wo immer sie war, setzte sie Trends, inspirierte Genies und verblüffte selbst die abgeklärtesten Mitglieder der Aristokratie.

Das Publikum verschlang gierig jeden Bericht über diese Sirene der High Society. Man ergötzte sich an den Geschichten über ihre Ehe mit einem jagdbegeisterten Mailänder Aristokraten, ihre offen ausgelebte Affäre mit Italiens großspurigstem poetischen Kriegshelden und ihre spätere Scheidung, schüttelte die Köpfe über die extravaganten Bacchanale, die in ihrem verfallenen Palazzo am Canal Grande und dem rosafarbenen Marmorpalais bei Paris gefeiert wurden, erschauerte bei dem Gerücht, sie verwahre in wächsernen Abbildern ihrer toten Liebhaber deren Asche, und entsetzte sich über die mit Blattgold überzogenen Lakaien, die nächtlichen Promenaden mit ihren Geparden und ihre augenscheinliche Vorliebe für Schlangen. Und doch wäre ihr Publikum enttäuscht gewesen, wenn *La*

Casati ihren Erwartungen und Illusionen nicht entsprochen hätte. Je extravaganter und skandalöser ihr Leben wurde, umso größer wurde die Faszination, die von ihr ausging. In den Worten Philippe Jullians war sie „eine Frau, deren Leben ihrer Legende zu allen Zeiten gerecht wurde".[1]

Luisa Casatis unbestreitbare Egozentrik ist untrennbar verbunden mit ihrer historischen Bedeutung. Es war vor allem ihre Manie für die kontinuierliche Verwandlung ihrer Person, die sie auf die Suche nach genialen Künstlern trieb, die diesen lebenslangen Prozess dokumentieren sollten. Sozusagen als Nebenprodukt dieser Mission entdeckte sie zahllose Künstler am Beginn einer, wie sich zeigen sollte, großen Karriere. Anders als die üblichen aristokratischen Mäzene war Casati eine eifrige Komplizin der Talente, die sie förderte, und wurde zum zugkräftigen Aushängeschild für deren radikale künstlerische Experimente.

Als die vielleicht am öftesten künstlerisch dargestellte Frau nach der Jungfrau Maria und Kleopatra stand Luisa Modell für Porträts, Skulpturen und Fotografien, mit denen man eine Galerie füllen könnte – Gemälde von Boldini, Augustus John, Van Dongen, Brooks und Zuloaga, Zeichnungen von Drian, Martini und Alastair, Skulpturen von Balla, Barjansky, Troubetzkoy und Epstein und Fotografien von Man Ray, Beaton und De Meyer. Ihre faszinierende Persönlichkeit beeinflusste Schriftsteller von so unterschiedlicher Ausprägung wie Tennessee Williams und Jack Kerouac und Filmschaffende zu ihren Lebzeiten ebenso wie nach ihrem Tod. Theda Bara, Tallulah Bankhead, Vivien Leigh, Valentina Cortese und Ingrid Bergman haben auf der Bühne und im Film Charaktere dargestellt, für die sie Pate stand.

Es erscheint auf eigenartige Weise ungerecht, dass eine der am häufigsten porträtierten Frauen der Weltgeschichte so wenig Bekanntheit genießt. Obwohl sich in kunstgeschichtlichen, historischen und modehistorischen Werken zahlreiche Verweise auf Casati finden, war bis dato nur eine romantisierende Darstellung ihres Lebens verfügbar, die bereits vor gut zwei Jahrzehnten in Italien erschienen ist.[2] Wir hoffen, mit dem vorliegenden Buch dieses Versäumnis nachholen zu können und die göttliche Marquise des 20. Jahrhunderts den Lesern des 21. näher zu bringen.

I

Traumwesen

1881–1903

Luxus verdirbt jeden, der damit in Berührung kommt.

Charles Ritz

Mode ohne Stil ist eine sinnlose Torheit.

Coco Chanel

1

Wenn wir der Legende Glauben schenken wollen, scheint es fast so, als wäre die Marchesa Luisa Casati als vollendetes Kunstwerk der Fantasie des Gabriele D'Annunzio entsprungen. Und wer weiß, vielleicht hat sie selbst diesen Mythos am Ende für die Wahrheit gehalten und mit ihrer Extravaganz und Exzentrizität bis zu ihrem letzten Tag am Leben erhalten. Mit ihrem leichenblass gepuderten Gesicht, den riesigen kajalumrandeten Augen und dem leuchtenden Hennainferno ihres Haars war sie zweifellos die Fleisch gewordene Inkarnation einer der kapriziösen Heldinnen des dekadenten italienischen Dichters.

Das beeindruckendste fotografische Porträt der Casati wurde 1912, am Höhepunkt ihrer Unkonventionalität, von Baron Adolph de Meyer aufgenommen und stellt sie als Medusa des 20. Jahrhunderts dar. Aus dem nur schattenhaft erkennbaren Hintergrund tritt das beunruhigende Antlitz einer Frau hervor, die den Betrachter mit hypnotischem Blick fixiert. Die überlegte Pose, die schimmernde Haut, die schmalen, blassen Arme und Hände, deren Fingerspitzen sich an fast skelettartig hohe Backenknochen schmiegen – all diese Details scheinen die Aufmerksamkeit auf ein und denselben Punkt zu konzentrieren: diese erstaunlichen Augen und die herausfordernde und berückende Aura, die sie ausstrahlen. Anlässlich der ersten öffentlichen Ausstellung des Porträts bemerkte ein Kritiker des *International Studio Magazine*:

> *Unter den Einzelporträts sticht besonders jenes der Marchesa Casati hervor, nicht nur als die eindrucksvollste Fotografie dieser Ausstellung, sondern vielleicht sogar als die eindrucksvollste Fotografie überhaupt. Dieses düstere, fast unheimliche Porträt einer intensiven Persönlichkeit ist von einer Lebendigkeit und Ausdrucksstärke, die es zu einer ebenso überzeugenden „Dokumentation" des Menschlichen machen wie Sargents vollendetstes Gemälde, vielleicht noch mehr als dieses, denn die Kamera hat wahrgenommen, was dem menschlichen Auge verborgen bleibt, und es mit einer Genauigkeit festgehalten, die selbst ein Meister seiner Zunft nicht auf Leinwand zu bannen vermöchte. Man hat den Eindruck einer Masse schwarzen Haars, aus deren*

Mitte dunkle, geheimnisvolle Augen den Betrachter fixieren – mehr nicht, doch dieses wenige ist von solcher Prägnanz, dass der Anblick der Fotografie das Gefühl hinterlässt, dem Modell persönlich begegnet zu sein.[1]

Wie die meisten Menschen aus dem persönlichen Umfeld der Casati hatte dieser Kritiker allerdings nie die Gelegenheit, dieses Foto, aufgenommen von einem der berühmtesten Fotografen der Welt, mit privaten Schnappschüssen aus ihrem früheren und deutlich weniger exhibitionistischen Leben zu vergleichen.

Ein im Dezember 1901 anlässlich der Hochzeit von Francesca Amman mit Giulio Padulli, dem Conte di Vighignolo, entstandenes Foto zeigt die elegante Hochzeitsgesellschaft auf der Treppe der Villa Amalia, dem Ammanschen Familiensitz im norditalienischen Erba. Die Braut posiert im hochgeschlossenen weißen Kleid mit Blumenbukett neben ihrem Bräutigam in Kavallerieuniform, umgeben von einer repräsentativen Auswahl an Angehörigen des Adels und reichen Bürgertums: vornehme alte Herren mit Schnurrbart, deren Seidenzylinder in der Wintersonne glänzen; rundliche, würdevolle ältere Damen, zufrieden lächelnd in schwarzer Spitze und Federschmuck; ein kleines Mädchen, das auf der steilen Treppe sitzt, die Hände brav im Schoß gefaltet, und wie eine Puppe unter den Rüschen der riesigen Haube hervorblickt; gleich daneben ein Offizier mit Helm, der gerade resolut den Ärmel seiner mit Goldknöpfen verzierten Uniform abklopft.

Auch die Schwester der Braut ist unter den Gästen – Luisa, halb verdeckt vom Schatten ihres eigenen Hutes. Sie wirkt verloren neben den riesigen Säulen und geschmückten palladianischen Fenstern der Villa. Luisa ist die Gattin des Marchese Camillo Casati Stampa di Soncino, Abkömmling einer der vornehmsten adligen Familien des Landes; ihre Tochter Cristina wurde wenige Monate zuvor geboren. Kein Mitglied der Hochzeitsgesellschaft hätte auch nur einen Moment lang daran gezweifelt, dass die privilegierte junge Marchesa bereits alles Glück erreicht hatte, das eine Frau des goldenen Zeitalters erreichen konnte. Luisa Casati war 20 Jahre alt.

Als Luisa 1881 zur Welt kam, erlebte ihre Geburtsstadt Mailand eine kulturelle und wirtschaftliche Renaissance in nie zuvor gekanntem Ausmaß. Es war kaum 25 Jahre her, dass die Fremdherrschaft zu Ende gegangen war und man sich freudig dem im Entstehen begriffenen Königreich Italien angeschlossen hatte, doch hatten die Jahrhunderte unter französischer, spanischer und zuletzt österreichischer Verwaltung der Stadt ein ausgeprägt internationales Flair hinterlassen. Das Mailand des Fin de Siècle war gekennzeichnet von rasanter Geschwindigkeit und Geschäftstüchtigkeit und konnte gleichzeitig seinen Ruf als eine der kultiviertesten Städte der Welt wahren. Die modernen gepflasterten Straßen und Reihen um Reihen neu erbauter Banken, Theater, Bürohäuser und Galerien symbolisierten den nicht enden wollenden Aufschwung der Stadt – eine ungezwungene Verbindung zwischen Geschäft und Kultur, die Mailand seine Stellung als pulsierendes Epizentrum des Landes sicherte.

Der geschäftliche Ruhm der Stadt war seit jeher auf Baumwolle gegründet und der rasante technische Fortschritt würde sie bald zum weltweit größten Textilexporteur machen. Als Folge dieser Entwicklung entstanden in kürzester Zeit eine Reihe zusammenhängender Industrien wie Färbereien und chemische Betriebe, Stoffproduzenten und eine Modeindustrie, die es selbst mit Paris aufnehmen konnte. Durch die Anbindung an die gut funktionierenden Banknetzwerke in Deutschland und der Schweiz und die florierende Mailänder Börse war die Stadt für Kaufleute, Handwerker und Finanziers ein gleichermaßen attraktiver Stützpunkt.

Auch Luisas Vater Alberto Amman war in der Stoffindustrie tätig, seines Zeichens Mitglied des aufstrebenden neuen Standes der „cotonieri". Alberto wurde am 6. Februar 1847 als achtes von elf Kindern geboren. Seine Eltern waren Österreicher, Franz Xaver Amman und Rosa Weinzierl aus Göfis in Vorarlberg. Nach dem Umzug der Familie nach Norditalien gelang Franz Xaver der Aufbau eines lukrativen Garn- und Textilhandels mit dem Habsburgerreich, mit profitablen Baumwollspinnereien in Legnano, einer Stadt nahe der aufstrebenden Metropole Mailand, und in Chiavenna am Fuß der Schweizer Alpen. Seinen österreichischen Namen italienisierte er später zu Francesco Saverio. Der junge Alberto lernte sein Handwerk von der Pike auf bei seinem Vater, bevor er beschloss, sich auf eigene Füße zu stellen.

In den frühen 1870ern lernte Alberto Amman den älteren italienischen Geschäftsmann Emilio Wepfer kennen und entwickelte gemeinsam mit diesem den Plan zur Errichtung einer modernen Baumwollspinnerei.[2] Wepfer hatte nicht nur – unter anderem in Frankreich und England – umfangreiche Erfahrung in der Führung von Unternehmen gesammelt, sondern verfügte auch über große Sachkenntnis in modernster Maschi-nentechnologie. Die Finanzierung der Fabrik wurde durch steuerliche Vergünstigungen ermöglicht, die von der Regierung für Investitionen in Venezien gewährt wurden, das nach dem Krieg von 1866 zu Italien kam.

Die Stadt Pordenone, auf halbem Weg zwischen der österreichischen Grenze bei Tarvis und der reichen Hafenstadt Venedig gelegen, bot sich als perfekter Standort für die geplante Betriebsstätte an. Die Region verfügte sowohl über eine ausreichende ganzjährige Wasserversorgung zum Betrieb selbst der größten Generatoren als auch über das für die Baumwollspinnerei ideale feuchte Klima. Die nahe gelegene Bahnlinie Veneto-Illiria bot eine direkte Anbindung an die wichtigen Märkte Mailand, Wien und Rom. Und nicht zuletzt standen genügend billige Arbeitskräfte zur Verfügung, die seit Generationen in der Technik des Spinnens und Färbens von Baumwolle geschult waren. Die Baumwollspinnerei Amman-Wepfer nahm im September 1875 offiziell ihren Betrieb auf.

Die Partnerschaft zwischen Alberto Amman und Emilio Wepfer stand unter einem günstigen Stern und ihrer Fabrik war rascher Erfolg beschieden. Eine ihrer herausragendsten Leistungen bestand in dem ungewöhnlich hohen Lebensstandard, den sie ihren Arbeitern ermöglichten. Eigens errichtete Unterkünfte wurden ihnen ebenso zur Verfügung gestellt wie ausgezeichnete Betreuungsmöglichkeiten für ihre Kinder. Als eines der ersten Unternehmen der Textilindustrie etablierten Amman und Wepfer Versicherungsfonds und Pensionspläne. Es gab Schulunterricht für die Kinder, die in der Fabrik arbeiteten, einen Werksverkauf der Produkte zu günstigen Preisen für die Mitarbeiter und eine eigene Betriebsfeuerwehr. Diese großzügige Unterstützung sorgte nicht nur für Zufriedenheit unter den Arbeitern, sondern sicherte den Eigentümern auch hohes Ansehen und reichen finanziellen Ertrag.

Amman selbst war zumeist im administrativen Hauptquartier der Firma in Mailand unabkömmlich und verbrachte nur wenig Zeit in Pordenone. In Mailand gründete er auch die mächtige Associazione Cotoniera

Italiana, der die gesamte Baumwollindustrie des Landes angehörte. Binnen kurzer Zeit galt Amman als einer der bedeutendsten Industriellen der lombardischen Finanzwelt und wurde in Anerkennung seiner Leistungen als Unternehmer und für die Wirtschaft des Landes von König Umberto I. in den Rang eines Conte erhoben.

1879 heiratete Alberto Amman Lucia Bressi, die 1857 in Wien geborene Tochter der Österreicherin Johanna Fäut und des Italieners Gedeone Bressi. Ihr wachsendes Vermögen ermöglichte den Ammans die Führung mehrerer Haushalte. Ein Domizil stand ihnen für betrieblich bedingte Aufenthalte auf dem Gelände der Baumwollspinnerei zur Verfügung; in Monza, in unmittelbarer Nähe der Villa Reale, des Ansitzes der königlichen Familie, besaßen sie ein weiteres Anwesen, in dem König Umberto häufig zu Gast war. Doch diese Residenzen waren von bescheidenen Dimensionen im Vergleich zum Landsitz der Ammans in den Hügeln von Erba, einer nördlich von Mailand nahe dem Comosee gelegenen Stadt: Die Villa Amalia, benannt nach Albertos älterer Schwester, war ein riesiges Haus im griechischen Stil, verbunden mit einem ehemaligen Kloster, das mit Deckengemälden von Luini geschmückt war. Die weitläufigen Gärten der Villa dufteten nach Azaleen und Kamelien, Magnolien und Rosen; die Zweige der Mimosenbäume waren mit winzigen silbernen Glöckchen behängt, die unaufhörlich in der leichten Brise bimmelten. Es gab ein Amphitheater, einen Liebestempel, mit Mosaiken gepflasterte Terrassen und einen marmornen Brunnen, in dem gemeißelte Schwäne die Figuren von Leda und den Nymphen mit Wasser besprengten. Daneben besaßen die Ammans auch noch ein Haus an der Via Brera im Zentrum von Mailand, nicht weit von den Büros der Cotonificio Amman in der Via Monte di Pietà.

In ihrem Mailänder Domizil wurde am 22. Januar 1880 auch das erste Kind der Ammans geboren: die Tochter Francesca. Auch das darauf folgende Jahr war von bedeutenden Ereignissen geprägt: Bei der Nationalausstellung in Mailand wurde der Baumwollspinnerei Amman-Wepfer die Goldmedaille für den Bereich Textilien zuerkannt, und am 23. Januar 1881 wurde die zweite Tochter der Ammans geboren. Das Kind wurde auf den Namen Luisa Adele Rosa Maria getauft, von der Familie auch liebevoll Ginetta gerufen.[3]

Die Schwestern Amman genossen die für Kinder ihres Standes typische Erziehung sowie die übliche Abfolge verschiedener Gouvernanten. Luisa zeichnete sich allerdings schon früh durch lebhaftes Interesse an bildender Kunst aus. Ihrer Vorliebe wurde durch häufige Besuche im benachbarten Palazzo di Brera Rechnung getragen, Sitz der Akademie der Schönen Künste und Wissenschaften, dessen zahlreiche Galerien die Werke italienischer und anderer bedeutender Meister beherbergten, ebenso wie durch Ausflüge ins Kloster Santa Maria della Grazie, um *Das letzte Abendmahl* von da Vinci in seinem zerbröckelnden Glanz zu bewundern, oder zu den Bergognone-Fresken von San Simpliciano.

Daneben unternahm Luisa auf eigene Faust tägliche Zeichenübungen. Stundenlang kopierte sie Bilder aus den Lieblingszeitschriften ihrer Mutter, vor allem aus dem populären Pariser Magazin *L'Illustration.* Inspiriert von den Gruppenporträts berühmter Zeitgenossen, die sie darin studierte, produzierte Luisa eigene Skizzen mit Modellen aus ihrer unmittelbaren Umgebung – Onkel und Tanten, Cousinen und Cousins und Bekannte in förmlicher Pose oder zwanglos beim Krocketspiel im Garten der Villa Amalia. Meist dominierte ihr Vater Alberto die dargestellte Szene, obwohl er in Wahrheit häufig geschäftlich unterwegs war. Während ihre ältere Schwester Luisas Steckenpferd etwas eifersüchtig zur Kenntnis nahm, versuchten die stolze Mutter und ihre Freundinnen jedesmal begeistert zu erraten, welches Mitglied der Familie die junge Künstlerin diesmal auf ihrem Zeichenblock verewigt hatte.

Das von Natur aus scheue Mädchen wurde durch diese Aufmerksamkeit jedoch alles andere als ermutigt.[4] Das isolierte Leben, das Kinder aus wohlhabenden Familien in jener Zeit führten, trug das seine zur Verstärkung ihrer Schüchternheit bei. Abgesehen von familiären Zusammenkünften hatte Luisa kaum Kontakt zu Gleichaltrigen; ihre schulische Erziehung lag ausschließlich in den Händen von Privatlehrern. Und nicht zuletzt hatte sie mit ihrer äußeren Erscheinung zu kämpfen: Mit 13 Jahren war sie sich bereits dessen bewusst, dass ihre Schwester viel eher dem konventionellen Schönheitsideal entsprach. Vergleiche zwischen den beiden schienen automatisch zum Nachteil Luisas auszufallen, deren Gesicht mit den markanten Backenknochen, den vollen Lippen und der schmalen Nase mit großzügig geschwungenen Nasenflügeln fast jungenhaft anmutete und von einer widerspenstigen Masse stumpfen kastanienbraunen Haars gekrönt war. Ihre Augen jedoch schlugen jeden Betrachter sofort in ihren Bann – leuchtend grüne, mandelförmige Augen von ungewöhnlicher Größe und Intensität, die ihr Gesicht dominierten. Luisa, die den grazilen Körperbau einer Tänzerin besaß, wuchs zu einer extrem scheuen jungen Frau heran.

Die Ammans empfingen oft und gern Gäste in ihren Residenzen; Luisa zog es allerdings vor, ruhige Nachmittage mit Francesca und ihrer Mutter zu verbringen, um gemeinsam in die fantastische Welt französischer Modemagazine einzutauchen. Jahre später beschrieb Luisa ihre Erinnerung an einen Gutenachtkuss ihrer Mutter, bevor diese zu einer Gala aufbrach: „Der Duft ihres Parfums, während die Spitzen, Juwelen und Perlen, die sie trug, sanft über mein Gesicht streiften."[5] Die Contessa unterhielt ihre Töchter auch mit romantischen Erzählungen aus ihrer Wiener Heimat. Ein Kinderfoto, das die Schwestern in aufwändiger Kostümierung zeigt – Francesca angetan mit einem künstlichen Bart –, dokumentiert diese vererbte Leidenschaft für alles Märchenhafte. Luisa vergnügte sich auch oft allein im Ankleidezimmer ihrer Mutter mit der Anprobe eleganter Roben aus den Pariser Modehäusern Doucet und Worth, um sich in dieser Aufmachung in die Rollen der fantastischen Heldinnen hineinzuträumen, die sie in den Legenden ihrer Mutter, in ihren Lieblingsbüchern oder den Opernmatineen an der Scala, die die Familie besuchte, so faszinierten.

Die Contessa Amman brauchte nicht unbedingt auf fiktive Gestalten aus altösterreichischen Märchen und Fabeln zurückzugreifen, um ihre Töchter zu unterhalten; schließlich bot die Realität jener Epoche genügend spektakuläre Persönlichkeiten, oft von königlichem Blut, die selbst die kühnste Dichtung in den Schatten stellten. Luisa war fünf Jahre alt, als König Ludwig II. von Bayern unter mysteriösen Umständen ertrank, der berühmte „Märchenkönig", dem die Verwaltung und politische Stabilität seines Landes weit weniger am Herzen lag als der Bau seiner neugotischen Märchenschlösser, in deren majestätischen, reich geschmückten Hallen er seinen utopischen Fantasien nachhängen konnte. Kaiserin Elisabeth von Österreich war zwar nicht so labil wie ihr Cousin Ludwig, aber auch sie führte ihr Leben nicht immer so, wie man es von einem respektablen Mitglied des Herrscherhauses erwarten würde, sondern bereiste lieber unter dem Inkognito Gräfin von Hohenembs die Welt. Doch mit der Tragödie von Mayerling – dem Selbstmord Kronprinz Rudolfs, nachdem er seine blutjunge Geliebte Mary Vetsera erschossen hatte – fand die Abenteuerlust der schönen Kaiserin ein jähes Ende, knapp zehn Jahre, bevor sie selbst einem spektakulären Mordanschlag zum Opfer fiel.

Die meisten gekrönten Häupter regieren nur über ein einziges Königreich. Die göttliche Sarah Bernhardt jedoch triumphierte beinahe fünf Jahrzehnte lang auf den Bühnen der ganzen Welt und blieb über die Zäsur der Jahrhundertwende hinweg die unumstrittene Königin des Theaters. Ob als Schauspielerin, Bildhauerin oder Malerin, ob sie schrieb, Kostüme entwarf oder ihre Häuser einrichtete – sie verstand es meisterhaft, ihre Neigung zum Prunkhaften mit jenem Hauch von Morbidität zu verbinden, den die Anhänger des Symbolismus und der Dekadenz so schätzten.

Diese bemerkenswerten Persönlichkeiten, deren glamouröses und so oft in einer Katastrophe endendes Leben dennoch die verändernde Kraft der Fantasie unter Beweis stellte, hinterließen tiefen Eindruck bei Luisa. Jahre später würde sie den Idolen ihrer Kindheit neues Leben einhauchen.

Als Emilio Wepfer im März 1890 starb, ging die Kontrolle über das Baumwollwerk in Pordenone zur Gänze in die Hände Alberto Ammans über. Sein jüngerer Bruder Edoardo trat als sein Berater und Assistent in das Unternehmen ein.

Für das Frühjahr 1894 hatte Alberto einen Familienurlaub in Turin geplant, musste die lang erwartete Reise jedoch verschieben, als er und seine Frau geschäftlich nach Florenz gerufen wurden. Nur wenige Tage später erkrankte die Contessa an einem unbekannten Leiden und verstarb am Abend des 11. April, noch bevor ihre Töchter aus Mailand zu ihr eilen konnten. Lucia Amman wurde nur 37 Jahre alt.

Weder der Tod seiner Frau noch das Zureden seines Bruders konnten den Conte dazu bewegen, sein Engagement zu verringern und die Leitung seines komplexen Unternehmens zu delegieren. Zu seinen beruflichen Pflichten kam nun die Erziehung seiner mutterlosen Töchter hinzu. Doch die Aufsicht über das florierende Baumwollwerk und die ständigen Termine innerhalb der Associazione Cotoniera Italiana ließen Amman nicht viel Zeit für seine Familie. Er sollte seine Frau nur um zwei Jahre überleben: Alberto starb am 11. Juli 1896 im Alter von 49 Jahren, wohl ein Opfer seines unermüdlichen Einsatzes um den Erfolg des Amman-Wepfer-Werks.

Mit dem Familienunternehmen übernahmen Edoardo Amman und seine Frau Fanny nach Albertos Tod auch die Verantwortung für ihre verwaisten Nichten.[6] Als reichste Erbinnen Italiens hatten Francesca und Luisa den Rat ihres Onkels auch dringend nötig; ihr Erbe umfasste neben dem Ammanschen Baumwollwerk die Villen in Erba und Monza, das Domizil in Mailand sowie ein Vermögen in Aktien, Anleihen und Fonds. Die Villa Amalia wurde nach Ablauf einer angemessenen Trauerzeit als geeignetster Wohnsitz für die Schwestern ausgewählt.

Doch so liebevoll ihr Onkel auch für sie sorgen mochte – das streng geregelte Leben, das für junge Damen ihres Standes als schicklich galt, wurde Francesca und Luisa bald zu eng und Besuche bei ihren Cousins in der Villa Amman boten nur bedingt Abwechslung. Ihre bevorzugte Methode, den Zwängen des Familienlebens kurzzeitig zu entkommen, waren Ausflüge ins nahe gelegene Mailand, um Museen und Bibliotheken aufzusuchen – und durch die Boutiquen zu flanieren.

In der Mode jener Zeit spielten sich dramatische Veränderungen ab: Das der Feder des amerikanischen Zeichners Charles Dana Gibson entsprungene „Gibson Girl", der Prototyp der modernen jungen Frau, wurde zum internationalen Vorbild – ihre sportliche Figur und legere Kleidung, ihr spielerisches Selbstbewusstsein und ihre Ablehnung traditioneller Werte fanden zahllose Nachahmerinnen. Auch die Schwestern Amman schlossen sich diesem Trend an. Selbst ihre neuen fortschrittlichen Hobbys wie Tennis und Reiten trugen allerdings kaum zur Überwindung von Luisas Schüchternheit bei. 1898 feierte sie ihren 17. Geburtstag und damit begannen auch die Vorbereitungen für ihr unvermeidliches Debüt in der Gesellschaft.

Während die Welt in einem Strudel kultureller und technischer Innovationen auf die Jahrhundertwende zuraste, wappnete Luisa Amman sich auf unerwartete und höchst eigenwillige Weise für das neue Zeitalter: Sie schnitt sich die Haare. Keine widerspenstigen braunen Locken mehr, die ihr ins Gesicht fielen – stattdessen ein sanfter Pagenschnitt, der ihre Gesichtszüge weicher erscheinen ließ und den Glanz und die Farbe ihrer bemerkenswerten Augen zur Geltung brachte. Wie oft und wie dramatisch sie auch den Farbton ihres Haars noch ändern würde, diese selbst kreierte Frisur sollte Luisa zeit ihres Lebens beibehalten.

2

Als Debütantin absolvierte Luisa pflichtgemäß eine endlose Abfolge von Festen, Theatervorstellungen und Kotillons. Es war bei einem dieser Anlässe, dass die scheue Erbin die Aufmerksamkeit von Camillo Casati Stampa di Soncino auf sich zog. Camillo, der am 12. August 1877 als ältester Sohn von Gian Alfonso Casati, Ritter des Malteserordens, und dessen Gattin Luigia Negroni Pratti geboren wurde, war mit seinen knapp 21 Jahren bereits Leutnant der Kavallerie, ein ausgezeichneter Reiter und Jäger, und versuchte nach besten Kräften, dem Familienmotto „Freiheit und Unabhängigkeit" gerecht zu werden. Der junge Mann mit dem schneidigen Schnurrbart war aber auch ein Marchese aus einem der ältesten und vornehmsten Adelsgeschlechter Mailands, wovon eine lange Reihe von Herzögen, Marchesen und Grafen des Namens Casati zeugt, die die italienische Geschichte bevölkern, nebst zahllosen Bischöfen, Senatoren, Botschaftern und Abenteurern. Die Verbindung zwischen Camillo und Luisa lag im Interesse beider Familien – wenn die Ammans auch als Neureiche galten, so war andererseits das Vermögen der Casatis weit weniger beeindruckend als ihr Stammbaum.

Somit stand einer traditionellen Brautwerbung nichts im Wege. Camillo wurde Edoardo Amman und Francesca vorgestellt, und Luisa wurde in den aus dem 16. Jahrhundert stammenden Sitz der Familie Casati in Cinisello Balsamo eingeladen. Auf die offizielle Verlobung folgten hektische Monate, geprägt von ständigen Anproben für Luisas prunkvolle Aussteuer und zahllosen gesellschaftlichen Verpflichtungen im Hinblick auf die baldige Hochzeit.

Unter anderem wurde der Mailänder Porträtmaler Vitellini beauftragt, ein Bildnis der Braut anzufertigen, wie dies von künftigen Ehegattinnen der feinen Gesellschaft – und insbesondere von der Verlobten eines Marchese – erwartet wurde. Luisa unterwarf sich dieser Tradition nur widerwillig und weigerte sich, längere als halbstündige Sitzungen auf sich zu nehmen. Das unvollendete Porträt zeugt von ihrem Mangel an Begeisterung – Arme und Hände konnte der Künstler ob der fehlenden Kooperationsbereitschaft seines Modells nur skizzenhaft andeuten. Als Ergebnis der mühevollen Sitzungen bleibt die förmliche Darstellung einer jungen Frau mit großen, weit aufgerissenen Augen und der Statur eines Mannequins, die ein geblümtes Kleid trägt, vor dem Hintergrund einer banalen Landschaft.

Nach monatelangen umfangreichen Vorbereitungen fand schließlich am 22. Juni 1900 die Vermählung des Marchese Camillo Casati mit Luisa Amman statt. Die Hochzeitsreise führte das Paar nach Paris, wo gerade die Weltausstellung stattfand. Trotz der Hitzewelle strömten Millionen von Besuchern aus aller Welt durch den Torbogen an der Place de la Concorde, um die ausgestellten Meisterwerke der Art nouveau und die aufwändig gestalteten Länderpavillons aus allen Winkeln der Erde zu bestaunen. Dieses nie da gewesene gigantische Spektakel lockte auch zahlreiche prominente Schaulustige an. Claude Debussy vertiefte sich in die exotischen Harmonien, die in den orientalischen Theatern entlang der Seine erklangen, Auguste Rodin besichtigte in Begleitung der Ex-Kaiserin Eugénie die seinen Skulpturen gewidmeten Räume der Ausstellung und auch den berüchtigten Oscar Wilde konnte man – nur wenige Wochen vor seinem Tod – dabei beobachten, wie er im Café d'Égypte seinen Aperitif nahm.[7]

Das erste uns bekannte Porträt von Luisa nach ihrer Verehelichung mit Casati ist eine Kaltnadelradierung des Pariser Künstlers Paul-César Helleu und entstand im Sommer nach der Hochzeit. Das sepiagetönte Schwarzweißporträt zeigt eine elegante junge Dame der Belle Époque, deren hochgetürmtes Haar von einem runden, mit schwarzen Federn geschmückten Hut gekrönt ist. Das bemerkenswerteste Detail ist allerdings der wissende Blick des Modells.[8] Noch im selben Jahr saß Luisa auch dem namhaften akademischen Klassizisten Vittorio Matteo Corcos in Rom Modell. Das im Rahmen dieser ersten Begegnung begonnene Brustbildnis wurde nie vollendet, später jedoch würde Corcos Luisa in einem Ölgemälde als Amazone verewigen.

Nach der Rückkehr aus Paris richtete sich das junge Paar zunächst in der Villa Casati in Cinisello Balsamo häuslich ein. Wie es ihrem Stand und

Reichtum entsprach, besaßen sie natürlich mehrere Wohnsitze, außerdem einen fabrikneuen Mercedes, mit dem der eigens dafür angeheuerte deutsche Chauffeur sie von einer Residenz zur anderen beförderte. Während sie im Sommer die Schweizer Alpen bevorzugten, um der Hitze zu entfliehen, verbrachten sie die Winter- und Frühlingsmonate in Cinisello Balsamo oder ihrem in der Via Soncino in der Nähe des Doms gelegenen Mailänder Stadthaus, von dort unternahmen sie Ausflüge ins Jagdschloss der Casatis in Cusago, einem wohlhabenden Vorort von Mailand, oder in die Villa San Martino in Arcore, wo Camillo ein Gestüt betrieb.

Durch ihren Gatten kam Luisa natürlich mit zahlreichen anderen jungen Aristokraten und Industriellen in Kontakt, unter anderem mit Mitgliedern der mächtigen Familien Sforza und Visconti di Modrone. Die Gespräche drehten sich um geschäftliche Angelegenheiten, den neuesten Klatsch – und um Okkultismus. Séancen und Wahrsagen waren beliebte Gesellschaftsspiele bei der High Society der Jahrhundertwende, wie überhaupt alles Makabre und Magische hoch im Kurs stand. Eine der bizarrsten historischen Gestalten, die diese Faszination ausstrahlte, war Cristina Trivulzio.[9]

Trivulzio, auch bekannt als Principessa di Belgiojoso, war eine namhafte politische Revolutionärin und das lebende Ideal der italienischen Romantiker des frühen 19. Jahrhunderts. Ihr von ebenholzfarbenem Haar umrahmtes totenblasses Gesicht und ihre hoch gewachsene ausgezehrte Gestalt faszinierten zahllose Liebhaber, unter anderem Chopin, Balzac, Delacroix und Alfred de Musset. Die spektakulärste Begebenheit in Verbindung mit Trivulzio war jedoch die Entdeckung eines teilweise einbalsamierten Leichnams in einem Schrank ihres Boudoirs. Der Tote war der an der Schwindsucht verstorbene 27-jährige Gaetano Stelzi, angeblich ein ehemaliger Liebhaber der Principessa; in seinem Sarg wurde lediglich ein Holzblock gefunden. Diese schaurige Episode wurde niemals vollständig geklärt, da es Trivulzio gelang, die Einleitung eines Verfahrens zu verhindern. Eine weitere Legende besagte, dass diese extravagante Persönlichkeit die Herzen mancher ihrer Verehrer in goldenen Reliquiaren verwahrte.

Camillo und seine Freunde verblüffte Luisas teilweise frappante Ähnlichkeit mit der Trivulzio, deren berückende Augen Musset einst als „les yeux terribles de sphinx“ beschrieben hatte. Luisa besaß denselben unentrinnbaren Blick und war damit die ideale Besetzung für die Rolle der Principessa, wenn etwa als Gesellschaftsspiel die Entdeckung des mysteriösen Leichnams, dargestellt von Camillos jüngerem Bruder Alessandro, nachgestellt wurde.[10] Die Verehrer der Trivulzio versuchten auch in Séancen mit ihrem Idol in Kontakt zu treten.

Die Begeisterung Luisas für die Principessa di Belgiojoso ging so weit, dass sie Camillo zu dem Versprechen überredete, ihre Tochter, sollten sie je eine haben, der Principessa zu Ehren Cristina zu nennen, eine Abmachung, die sie nach der Geburt ihres einzigen Kindes am 15. Juli 1901 in die Tat umsetzten.

Eine weitere legendäre italienische Schönheit, die ihre Zeitgenossen faszinierte, war Virginia Oldoini, die Comtesse de Castiglione.[11] Die blonde und grünäugige Geliebte Napoleons III. liebte leidenschaftlich Kostümbälle und freizügige Verkleidungen. In beispielloser künstlerischer Egozentrik gab sie über 400 Porträtfotos in Auftrag. Die noch erhaltenen Bilder dokumentieren praktisch die gesamte Karriere dieser großen Kurtisane – von ihrer Zeit als strahlende Attraktion des Pariser Hofes bis zu ihren letzten Jahren als dicke, zahnlose und fast kahle alte Frau.[12]

Das Faible Luisa Casatis für übernatürliche Phänomene steigerte sich in dieser Phase ihres Lebens zur Leidenschaft für alles Mystische. Sie verschlang Bücher über magische Praktiken, Telepathie und Zaubersprüche, um ihr Wissen zu erweitern. Esoterik war damals ein durchaus akzeptierter Zeitvertreib; Luisas Begeisterung ging allerdings weit über das übliche Maß hinaus. Dennoch vernachlässigte sie auch ihre profaneren Freizeitvergnügungen nicht zur Gänze. Es war während eines Ausritts zur Jagd gemeinsam mit ihrem Gatten, dass Luisa Casati die bewundernden Blicke jenes Mannes auf sich zog, der ihr Leben am nachdrücklichsten beeinflussen sollte. Wenn er auch keine übernatürlichen Kräfte besaß, so war er doch ohne Zweifel ein Magier – ein Magier des Wortes, des Krieges und der Leidenschaft: Gabriele D'Annunzio.

II

Langsames Erwachen

1903–1910

Sie war die Inkarnation der d'annunzianischen Muse.

Sir Harold Acton

Die Verbindung Casati – D'Annunzio war das endgültige
und vollkommenste Meisterwerk der Dekadenz.

Philippe Jullian

1

Gallarate ist eine kleine italienische Stadt in der Nähe des Lago Maggiore. Man schrieb das Jahr 1903, als Gabriele D'Annunzio während eines Aufenthalts in Gallarate eine Fuchsjagd beobachtete und ein Mitglied der aristokratischen Jagdgesellschaft, eine attraktive junge Frau, seine besondere Aufmerksamkeit erregte. Der gelangweilte Dichter war fasziniert von der Geschicklichkeit, mit der die hoch gewachsene Reiterin ihr feuriges Pferd bändigte; später beschrieb er die Erscheinung als „anmutige junge Amazone".[1] Die Unbekannte, die seine Bewunderung auf sich zog, war die Marchesa Luisa Casati. Diese schicksalhafte Begegnung sollte der Beginn einer intensiven und bizarren Verbindung sein, die erst Jahrzehnte später mit dem Tod des Dichters abbrach.

Die Anwesenheit D'Annunzios bei dieser Fuchsjagd war allerdings durchaus kein Zufall. Gabriele D'Annunzio war nicht nur der berühmteste und populärste Lyriker, Dramatiker und Romancier Italiens – vielleicht sogar Europas –, sondern auch ein gewerbsmäßiger Frauenheld, der gesellschaftliche Anlässe wie diesen als willkommene Gelegenheit nutzte, um mit vermögenden Damen der Oberschicht in Kontakt zu treten, üblicherweise gelangweilte, der gepflegten Diners und ihrer unaufmerksamen Gatten überdrüssige Ehefrauen auf der Suche nach Abwechslung. Als er Luisa begegnete, hatte er bereits Legionen von Herzen erobert – und Geldbörsen geplündert, unter ihnen die der berühmten Tragödin Eleonora Duse.

Luisa war 22 und begann langsam, die Zwänge, die das Leben als Gattin eines Marchese mit sich brachte, als belastend zu empfinden. Camillo erwartete von seiner Frau die pflichtbewusste Erfüllung ihrer Rolle als schöne und sittsame Marchesa, während er sich hauptsächlich seinen Hunden und der Jagd widmete. Nebenbei trug das Vermögen, das Luisa in die Ehe mitgebracht hatte, wesentlich dazu bei, Camillos wirtschaftliche Lage zu sanieren, und befreite ihn von der Notwendigkeit, zur Finanzierung eines standesgemäßen Lebensstils Darlehen von Verwandten in Anspruch nehmen zu müssen. Ungeachtet seines Titels und Stammbaums hatte er angeblich nur 70.000 Lire in die Ehe mitgebracht und erhielt von seiner Familie ein jährliches Einkommen von höchstens 300.000 Lire, Summen, die in keinem Verhältnis zum riesigen persönlichen Vermögen seiner Gattin standen.[2]

Luisas Auflehnung gegen die ihr zugedachte enge Rolle hielt sich zunächst in moderaten Grenzen; sie begeisterte sich für die Einrichtung und Umgestaltung ihrer Häuser und befasste sich weiterhin mit dem Okkulten. Camillo ließ sie gewähren, soweit er sich überhaupt um seine Frau kümmerte – der Großteil seiner Zeit wurde von der Jagd in Anspruch genommen. Angesichts des Desinteresses ihres Gatten und ihrer eigenen Langeweile begann Luisa allmählich ihre frühere Schüchternheit zu überwinden. Ihre wachsende Unzufriedenheit mit ihrer Ehe kompensierte sie durch eine ungewohnte Kühnheit, die sie etwa dazu trieb, bei Jagdausflügen, auf denen sie Camillo begleitete, ihr Pferd zu halsbrecherischer Geschwindigkeit und waghalsigen Sprüngen anzuspornen oder selbst sintflutartigen Regenfällen zu trotzen. Angetan mit einem mondänen Zylinder, hielt sie als einzige Frau mit den verwegensten männlichen Reitern mit. Ausfahrten in ihrer Kutsche mit einem Gespann von vier Rennpferden waren ein weiterer bevorzugter Zeitvertreib Luisas, aus dem sich bald eine Leidenschaft für schnelle Automobile entwickelte.

D'Annunzio wurde ein regelmäßiger Gast auf Jagdausflügen, an denen die Casatis teilnahmen, während er über Mittel und Wege nachsann, wie er ein vertrauteres Verhältnis zu seiner neuesten Favoritin herstellen könnte: „An jenem Abend … stand sie nahe bei mir …, sie trug ein Kleid von dunklem Perlgrau. Ich saß so, dass ihr Schenkel auf gleicher Höhe mit meinen Augen war … Ich war aufgewühlt bis ins Innerste meines Seins, aber meine Pläne, ihr nahe zu kommen, waren wohl durchdacht."[3]

Zunächst machte der Dichter Francesca den Hof, Luisas frisch verheirateter Schwester. Es blieb bei einem belanglosen Flirt, doch D'Annunzio erreichte sein eigentliches Ziel: Die Marchesa wurde auf die koboldhafte Gestalt des Dichters aufmerksam. Sie war beeindruckt von seiner überschäumenden Fantasie und seiner grenzenlosen Selbstbesessenheit, vor allem jedoch von seiner völligen Freiheit von Konventionen. Ein Mann, dem die standesgemäße Etikette ebenso gleichgültig war wie gängige Anschauungen darüber, welches Benehmen sich für eine Frau geziemte, war für Luisa mehr als nur eine erfrischende Abwechslung – er war eine

Offenbarung. Obwohl D'Annunzio mit seinen 40 Jahren zum Zeitpunkt ihrer ersten Begegnung fast doppelt so alt war wie sie, konnte sie sich seiner Wirkung nicht entziehen. Sie war fasziniert von seinem unnachahmlichen Auftreten und seiner Gier nach neuen Erfahrungen; sein ästhetischer und sinnlicher Ehrgeiz beflügelte die Entfaltung ihrer eigenen Originalität. Die beiden begannen eine intensive Liebesaffäre.

D'Annunzio war zeit seines Lebens auf der Suche nach der vollkommenen „d'annunzianischen" Frau – ebenso wie nach zusätzlichen Einkommensquellen. Für ihn führte der Weg in die Liquidität durch das Boudoir und ungeachtet seiner „völligen Kahlheit und geckenhaften, an einen Truthahn gemahnenden Untersetztheit, die ihm das Aussehen eines hart gekochten Eis in einem Fabergé-Eierbecher verliehen",[4] waren seine Bemühungen in dieser Disziplin von großem Erfolg gekrönt. Äußerliche Unzulänglichkeiten wurden in den Augen seiner Eroberungen mehr als wettgemacht durch seine beachtliche sinnliche, intellektuelle und künstlerische Potenz – unbezahlbare Qualitäten in einer Zeit und Klasse, in der Frauen kaum mehr als kostspieliger Aufputz waren und auch so behandelt wurden. Viele seiner Geliebten verewigte er in Prosa oder Versen, vor allem wenn die Affäre in sinnlicher und wirtschaftlicher Hinsicht gleichermaßen zufrieden stellend verlaufen war. An Stelle des prosaischen Namens der jeweiligen Favoritin wählte er einen neuen, der ihrer Persönlichkeit am besten entsprach, und schuf sich so seinen privaten Olymp fantastischer Gottheiten, unter denen sich etwa Nike, Barbarella oder Bassilissa fanden.

Die griechische Göttin Persephone wurde auch Kore genannt – die einstmals tugendsame Jungfrau, die sich nach ihrer Entführung durch Hades in die gefürchtete Herrin der Unterwelt verwandelte. Angesichts der verblüffenden Metamorphose, die Luisa durchlief, ist es nicht verwunderlich, dass D'Annunzio aus seinem mythologischen Fundus diesen Namen für sie wählte, zumal er sich wohl nicht ungern selbst in der Rolle des Herrschers der Unterwelt sah. Als Kore bezeichnet man auch eine klassische griechische Frauenstatue von androgyner Gestalt mit rätselhaftem Lächeln. Durch die Wahl dieses Namens tat D'Annunzio kund, dass er in Luisa die moderne Verkörperung antiker Mythologie und Kunst gefunden hatte:

[Casati war] eine sehr schöne Frau; als ich sie fragte, was für ein Gefühl es in ihr auslöse, mit dieser exquisiten Maske geschmückt zu sein, gab sie mir zur Antwort, manchmal scheine es ihr, als würde sie, während sie ginge, freudvoll ihr Bild in die Luft einprägen, wie in ein erinnerungsfähiges Material, und hinter sich eine Folge von Abdrücken zurücklassen, die ihr Bild entlang des Weges, den sie gegangen war, verewigten. Aus ihr sprach – wohl unbewusst – der Wille zu dominieren, der Schönheit innewohnt, die sich in einem unendlichen Element manifestiert. Nicht nur mit jedem Schritt, sondern noch mit der winzigsten ihrer Bewegungen prägte Kore ihr Bild in mein unsterbliches Wesen.[5]

Luisa nahm die Wahl ihres Namens entzückt zur Kenntnis, und dennoch wagte sie, was keine der Geliebten D'Annunzios sich je angemaßt hatte: Sie änderte das „K", das ihr zu hart erschien, in ein sanfteres „C" und verlieh ihrer Kreation mit einem Accent das nötige französische Flair – aus „Kore" wurde „Coré". D'Annunzio war hingerissen von ihrer Kühnheit und deklarierte sich im Gegenzug als ihr „Ariel", nach dem boshaften Geist aus Shakespeares *Sturm*. Mit dieser scheinbar unbedeutenden Aktion legte Luisa die Regeln für ihre weitere Beziehung fest. Ihre Fähigkeit, selbst D'Annunzios fantastischste Vorstellungen seines weiblichen Ideals ständig aufs Neue zu übertreffen, faszinierte ihn ebenso, wie sie selbst dadurch angespornt wurde, ihre Exzentrizität immer weiter zu steigern.

Eheliche Untreue war in Luisas Kreisen gang und gäbe. Wenn auch für eine Frau ein offizieller Liebhaber kaum akzeptabel war, so galt eine begehrenswerte Geliebte für Männer der Oberschicht durchaus als Statussymbol. Die Entschlossenheit und Dreistigkeit, mit der Luisa ihre Affäre mit D'Annunzio vorantrieb, sprengte allerdings jeglichen Maßstab. Sie lernte ihn nach nur drei Jahren Ehe kennen; dennoch kam ihre Wandlung von der zurückhaltenden, nicht sonderlich attraktiven Ehefrau und Mutter zur schamlosen Ehebrecherin nicht von ungefähr. Die fantastischen Erzählungen über ausgefallene Persönlichkeiten, die sie schon mit der Muttermilch eingesogen hatte, waren ihr in Fleisch und Blut übergegangen. Die Liaison mit D'Annunzio bedeutete für sie weit mehr als eine simple körperliche Leidenschaft – sie war der entscheidende Anstoß für Luisa, ihr Selbstbild künftig aus der ihr innewohnenden künstlerischen Sensibilität zu definieren, die sie mit den Idolen ihrer Kindheit verband, und sich mit Hilfe ihres riesigen Vermögens eine Welt zu schaffen, die allein von ihren Launen und ihrem persönlichen Stil geprägt wurde.

Es dauerte nicht lange, bis man sich unter den oberen Zehntausend die Mäuler über den Dichter und seine neue Muse zerriss. Das skandalträchtige Paar traf sich in den folgenden Jahren auf zahllosen Fuchsjagden, Rennen und Partys und schaffte es sogar in die Gesellschaftskolumne des *Ruy-Blas*, die am 4. Mai 1905 über D'Annunzios Pläne berichtete, mit einer nicht namentlich genannten mondänen Dame – einer „Sportfanatikerin, sehr bekannt in der Mailänder Aristokratie und eine ihrer elegantesten Zierden" – ein paar erholsame Tage zu verbringen. Angeblich war die empörende Liaison auch auf einem Gemälde verewigt worden, auf dem das Paar sich auf dem Ehebett der Casatis stehend umarmt, die Marchesa im Negligé und D'Annunzio in Uniform, einschließlich Reitstiefel, während über ihren Köpfen Cherubim schweben.[6] Zweifellos genoss Luisa trotz des negativen Beigeschmacks ihre neue Position im Rampenlicht in vollen Zügen.

Camillos nicht überlieferte Reaktion auf die Affäre schien kein Hindernis für das Liebespaar darzustellen, wohl aber die abgeschiedene Lage seiner Häuser, die nicht nur ihre Treffen erschwerte, sondern ihnen auch kaum Zugang zu Kunst und Kultur bot. Das galt vor allem für den Sitz der Casatis in Cinisello Balsamo. Die stattliche Villa lag weitab von jeder größeren Stadt am Rande eines riesigen, mit Rosenbüschen und uralten Bäumen überwachsenen Parks, begrenzt von imposanten Toren, auf deren Säulen steinerne Löwen thronten. Hier residierte das Ehepaar Casati den Großteil des Jahres, gemeinsam mit Cristina und ihrer strengen deutschen Gouvernante. Nicht nur Museen und Boutiquen waren hier außerhalb Luisas Reichweite, auch ihre Schwester Francesca war mittlerweile mit ihrem aristokratischen Gatten Conte Padulli, Rittmeister der italienischen Kavallerie, nach Rom in eine Villa in der Via Goito gezogen.

In ihrer Isolation suchte Luisa nach neuen Ventilen für ihre Kreativität: Sie begann mit der Umgestaltung ihrer diversen Residenzen und begeisterte sich für Maskenbälle, als Besucherin ebenso wie als Organisatorin. Die Mitglieder der italienischen High Society pflegten für karitative Zwecke aufwändige Kostümfeste zu veranstalten, von denen manche legendären Ruf erlangten, etwa der von Puccinis *Madame Butterfly* inspirierte „Ballo Giapponese“ oder der spektakuläre Silvesterball 1903 im Teatro Eden in Mailand, bei dem die einzelnen Stockwerke des Theaters nach Dantes *Göttlicher Komödie* gestaltet waren – der Keller als Hölle, Bühne und Seitenkulissen als Fegefeuer und das Obergeschoß als Paradies, reserviert ausschließlich für die vornehmste Mailänder Gesellschaft.

Solche Anlässe trieben Luisas Leidenschaft für Verkleidungen und extravagante Darstellungen in ungeahnte Höhen. Im März 1905 erschien sie in Rom an vier aufeinander folgenden Abenden in jeweils neuen, Aufsehen erregenden Kreationen: Auf dem Pro-Infantia-Ball im Grand Hotel war sie in einer exakten Kopie von Sarah Bernhardts Bühnenkostüm für ihre Rolle als byzantinische Kaiserin Theodora zu bewundern, einschließlich Schmuck und Krone von René Lalique. Auf dem Kotillon am folgenden Abend trug sie ein Kleid aus weißer Spitze und ein schwarzes Seidencape mit Hermelinbesatz. Für den nächsten Abend, den Baby Ball, ließ Luisa sich von der britischen Kinderbuchillustratorin Kate Greenaway inspirieren und bildete in ihrer eng anliegenden Robe und Spitzenhaube einen auffallenden Kontrast zu den mit Spielzeug, Rüschenhäubchen und Champagner-gefüllten Babyfläschchen ausgestatteten anderen Vertretern der internationalen High Society. Am vierten Abend schließlich besuchte sie in einem über und über mit Gold bestickten Kostüm den Hofball im Quirinal, zu dem das italienische Königspaar eingeladen hatte.

Während der ersten Jahre ihrer Liaison mit D'Annunzio begann Luisa ihr Äußeres langsam, aber konsequent zu verändern. Ihr von Natur aus eher stumpfes braunes Haar erhielt einen feurigen Schimmer und ihre Roben wurde immer ausgefallener und gewagter. Der Wandel in ihrem Aussehen und Auftreten gab Anlass zu allerlei Spekulationen, die ihn auch mit D'Annunzios Interesse am Okkulten in Zusammenhang brachten. Gerüchte sprachen davon, dass der „Fürst der Dekadenz“ die einstmals brave Ehefrau mit einem erotischen Zauber belegt habe oder dass Luisa selbst magische Kräfte besäße. Doch in Wahrheit hatte sie nur entdeckt, dass ein schrilles exotisches Image ein durchaus nützliches Werkzeug sein konnte: Es erlaubte ihr, ihre neue Freiheit voll auszukosten und gleichzeitig ihre Schüchternheit zu kaschieren.

Die Freunde der Casatis solidarisierten sich mehrheitlich mit dem betrogenen Gatten; schließlich hatte Luisa, die einst pflichtschuldige Ehefrau, sich nicht nur ungeniert auf eine außereheliche Affäre eingelassen, sondern sich dazu auch noch einen Mann ausgesucht, der in ganz Europa als notorischer Frauenheld bekannt war. Camillo schien seine Position als Hahnrei mit Gleichmut hinzunehmen und erkannte wohl auch die Vorzüge seiner Situation. Immerhin hatte Luisa ihm bereits ein gesundes Kind geboren, ihre Häuser in allgemein bewunderte Residenzen verwandelt und sich als Gastgeberin Aufsehen erregender Feste profiliert – und natürlich wesentlich zur Finanzierung des Familienbudgets beigetragen. Ob Camillo seinerseits Affären hatte, ist nicht bekannt, jedenfalls aber nahm er sich im Gegenzug für seinen toleranten Umgang mit Luisas Eskapaden das Recht heraus, ausgiebig seinen eigenen Leidenschaften zu frönen – Pferden, Hunden und der Jagd. Er verbrachte viel Zeit in England, um gemeinsam mit hochrangigen Vertretern der britischen Aristokratie auf die Fuchsjagd zu gehen, und wurde einige Jahre später auch eingeladen, Italien in der Jury der renommierten International Horse Show in England zu vertreten.

D'Annunzio seinerseits heuchelte Verachtung für den gleichgültigen Ehemann, den er gegenüber Luisa nur als „le mari" titulierte, indem er sich bemühte, dessen Existenz schlichtweg zu leugnen, und jeden persönlichen Kontakt nach Möglichkeit vermied. Gleichwohl nahm er auf besondere Einladung der Marchesa an einem Diner teil, das die Casatis im Hotel Excelsior in Rom gaben. D'Annunzio hielt ein peinliches Zusammentreffen fest, das die zwischen den beiden Männern herrschende Spannung veranschaulicht:

> *[Casati] sollte nach St. Moritz abreisen. Ich frühstückte allein mit ihr. Alles schien bereit für ihre Abreise. In jedem Fall – ich wollte sie, wie ich sie immer wollte. Ich hatte ihr eine langstielige Bürste gebracht, für ihr Bad. Eine Art, sie von ferne zu berühren, mit magischen Fingern. Der Ehemann kam herein. Die Bürste lag in Papier gewickelt auf dem Kaminsims. Er nahm sie in die Hand. Es ist mir unmöglich, die Röte zu beschreiben, die mein Gesicht überzog.*[7]

Im Gegensatz zu den früheren Geliebten D'Annunzios hinderte Luisas ausgeprägter Narzissmus ihn daran, sie ganz zu erobern, und es war neben dem zwischen ihnen herrschenden vollkommenen ästhetischen Gleichklang diese Unerreichbarkeit, die ihn an ihr so faszinierte und verblüffte: „Sie besaß eine Gabe, ein absolutes Wissen über das männliche Herz: Sie verstand es, unfassbar zu sein oder zu erscheinen. In der Tat war sie die einzige Frau, der es je gelungen ist, mich in Erstaunen zu versetzen!"[8] Ihre Reinheit und Einzigartigkeit verglich er mit jener des legendären Einhorns. Sie war keine scheinheilige Geliebte, die als Gegenleistung für vorübergehende finanzielle Unterstützung seine unablässige Aufmerksamkeit beanspruchte. Luisa verlangte weder Sicherheit noch Treue von D'Annunzio – für sie war er der Mann, mit dem sie ihre exotischen Ideen, ausgefallenen Vorlieben oder ihre Begeisterung für das Okkulte teilen konnte, ohne wie bei anderen Freunden missbilligende Blicke befürchten zu müssen.

Luisas Auflehnung gegen die ihr zugedachte konventionelle Rolle wurde vor allem in ihren Bemühungen sichtbar, ihr Äußeres dem Ideal der Dekadenz anzugleichen. Sie färbte ihr Haar in immer noch leuchtenderen Tönen und betonte mit der Auswahl ihrer Kleider ihre ungewöhnliche Größe und androgyne Schlankheit. Der Stil der Belle Époque und die Kreationen der Pariser Modehäuser Worth und Doucet, die ihre kindliche Fantasie im Boudoir ihrer Mutter angeregt hatten, wurden Luisas extravaganteren Ansprüchen nicht mehr gerecht. Stattdessen kleidete sie sich in Roben aus kostbarster venezianischer Spitze mit Ballonärmeln und langer Schleppe und schlang sich juwelenbesetzte Brokatgürtel um ihre schmale Taille. Ihrem von Natur aus hellen Teint verlieh sie eine schon fast leichenblasse Färbung mit Hilfe „einer Art von leuchtendem Puder, der wie Pollen an ihrer trockenen Haut haftet", so D'Annunzio.[9] Die künstliche Blässe ihres Gesichts brachte ihre riesigen Augen noch dramatischer zur Geltung, denen schon die dicke Kajalumrandung eine unnatürliche Größe und Intensität verlieh.

Bezeichnenderweise scheint Luisa die einzelnen Elemente ihres neuen persönlichen Stils von jenen Frauen übernommen zu haben, die sie am meisten beeinflusst hatten – Sarah Bernhardts flammend rotes Haar oder die makabre Gesichtskosmetik der Principessa di Belgiojoso. Diese Kunstgriffe, durch die Luisa sich schon optisch deutlich von anderen Frauen abhob, schürten ihr neues Selbstbewusstsein. An die Stelle ihrer einstigen Schüchternheit trat eine oft fast herrische Impulsivität im Umgang mit anderen. Dennoch blieben ihre wahre Persönlichkeit und ihr innerstes Wesen rätselhaft, denn – wie der Schriftsteller Sir Harold Acton bemerkte – „sie war weise genug, wenig zu sagen; alltägliche Worte von den Lippen eines so schimärenhaften Wesens zu hören, wäre undenkbar gewesen, hätte eine Dissonanz erzeugt."[10]

Das Ausmaß der Verwandlung Luisas begeisterte D'Annunzio und verblüffte ihn stets aufs Neue:

> *Was war die wahre Natur dieses Wesens? War ihre unaufhörliche Metamorphose ihr bewusst oder war sie auch für sich selbst undurchdringlich, von ihrem eigenen Mysterium ausgeschlossen? Was an ihrem Verhalten war künstlich und was spontan?*[11]

Je mehr Luisas Persönlichkeit sich unter dem Einfluss ihrer Affäre mit D'Annunzio entfaltete, desto trostloser erschien ihr die traditionelle Rolle der Ehefrau und Mutter. Längere Aufenthalte in der Einsamkeit der Villa Casati wurden ihr unerträglich. Doch auch das Haus in Mailand in der engen, gewundenen Via Soncino, das sich trotz seines überdimensionalen Säulengangs neben den weitaus imposanteren Gebäuden der Nachbarschaft unscheinbar ausnahm, war Luisa ein Dorn im Auge; sie trug sich mit dem Gedanken an eine feudalere Neugestaltung dieses unzulänglichen Domizils.

Die zunehmende Ungeduld und Unzufriedenheit, die Luisa angesichts ihrer eigenen häuslichen Umgebung empfand, war wohl zu einem Gutteil auf die ständigen Lobeshymnen ihres Liebhabers auf die d'annunzianischste aller Städte zurückzuführen: Venedig – in den leidenschaftlichen Worten des Dichters: „Venedig oder die Erschaffung des Glücks ..., die wunderbarste Vereinigung von Kunst und Leben. Die ganze Stadt vor mir loderte vor Sehnsucht."[12] Luisa war fasziniert von D'Annunzios grandiosen Schilderungen der Schönheiten Venedigs; doch mit Worten allein konnte sie sich nicht zufrieden geben: Sie wollte das Wunder selbst erleben, endlich selbst die Verzauberung spüren, die von diesem schwimmenden Imperium des luxuriösen Verfalls ausging.

Die Realität Venedigs übertraf allerdings noch die bombastischsten d'annunzianischen Lobgesänge. Hier, wo schon Lord Byron, Henry James, Robert Browning, Whistler und zahllose andere Künstler, Dichter und Intellektuelle Zuflucht gefunden hatten, hier an diesem grandiosen Ort, so schien es Luisa, war einfach alles möglich.

Die geheimnisvollen Mohren, jene bemalten und in goldene Turbane und Samtjacken gekleideten Holz- oder Gipsfiguren, die paarweise die Eingänge der Palazzi entlang der venezianischen Wasserstraßen bewachten, stachen Luisa auf ihren ersten Reisen nach Venedig besonders ins Auge. Sie kaufte sich selbst ein Paar und platzierte sie im Vestibül ihres Mailänder Hauses. Doch selbst diese Neuerwerbung konnte den Reiz dieses ungeliebten Domizils nicht erhöhen. Jegliches Interesse an längeren Aufenthalten in Mailand wurde durch ihre neue Passion für Venedig und alles Venezianische verdrängt.

Die Casatis schmiedeten durchaus Pläne für ein neues Haus, allerdings in Rom. Sie hatten zwar für ihre häufigen Besuche in der Hauptstadt – für Einkäufe, kulturelle Anlässe oder familiäre Zusammenkünfte mit Luisas Schwester Francesca und ihrer Familie – eine Suite im Grand Hotel gemietet, doch mit der Ernennung Camillos zum Präsidenten des angesehenen Jockey Club wurde ein ständiger Wohnsitz in Rom unerlässlich. 1906 erteilte Camillo dem königlichen Architekten Marchese Achille Mainoni di Intignano und dem Ingenieur Carlo Pincherle den Auftrag zur Planung eines „villino", wie die zu Beginn des 20. Jahrhunderts bei der italienischen High Society populären eleganten Stadthäuser genannt wurden.[13] Die neue Residenz sollte in jeder Hinsicht dem altehrwürdigen Namen Casati entsprechen und natürlich auch mit Stallungen und einer Garage ausgestattet werden. Erbaut wurde sie in der Nähe des Zentrums in der Via Piemonte 51, in einem der nobelsten Viertel Roms. Die ehelichen Beziehungen zwischen Luisa und ihrem Gatten waren zu dieser Zeit bereits auf ein Minimum reduziert. Obwohl Camillo sich zur Weiterführung seines Namens einen Sohn wünschte, würde ihre Tochter Cristina das einzige Kind bleiben. Der Bau eines neuen Heims würde vielleicht neben dem praktischen Nutzen auch dazu beitragen, die Illusion einer funktionierenden Ehe aufrechtzuerhalten.

Die moderne zweistöckige Residenz der Casatis wurde nicht nur eines der imposantesten Gebäude des Viertels, sondern auch zu einem Symbol verwirrender Inkongruenz, denn natürlich lag die Ausgestaltung der Innenräume in Luisas alleiniger Verantwortung. Jenseits des eisernen Tors erwartete die Besucher alles andere als das übliche in Rot gehaltene, brokatgeschmückte, samtene oder üppig vergoldete Interieur, das sie aus den Häusern der konservativen Nachbarschaft kannten.

Das überdimensionale Portal in der Via Piemonte führte direkt zu einem reich verzierten, von Säulen flankierten Brunnen im Zentrum eines Atriums, umgeben von einem kleinen, gepflegten, mit seltenen exotischen Bäumen und Pflanzen bewachsenen Garten. Um in den nachfolgenden Innenhof zu gelangen, musste jeder Besucher allerdings erst an Angelina vorbei, einer kläffenden Bulldogge, die nur ihrer Herrin gehorchte. Nicht selten musste Luisa den riesigen Hund persönlich zur Hundehütte führen, um ihren Gästen unbeschadeten Zutritt zum Haus zu ermöglichen. Im Inneren gelangte man zunächst in einen ovalen Vorraum mit einem Boden aus schwarzen und weißen Marmorfliesen, die ein kompliziertes geflochtenes Muster ergaben, und von dort in eine Galerie mit Terrakottamedaillons und Reliefs aus Alabaster an den weißen Marmorwänden. Luisas Gäste wurden meist in einen daneben liegenden kleinen Salon geleitet, dessen Decke ein Fresko mit Pfauen und Papageien zierte. In der Halle führte eine eindrucksvoll geschwungene Marmortreppe mit einem Geländer aus brüniertem und vergoldetem Eisen nach oben zu weiteren mit Marmor und Holzeinlegearbeiten ausgestatteten Räumen.

Besonders ungewöhnlich war die großzügige Verwendung der Farbe Weiß bei der Gestaltung der Innenräume – weiße Wände, geschmückt mit venezianischen Spiegeln, weiße Decken, weiße Samtvorhänge und Bezüge, Eisbärfelle auf Ebenholzböden. Beim Aufstieg über die Treppe wurden die Gäste vom Tschilpen mechanischer Distelfinken überrascht, die in einem von der Decke herabhängenden goldenen Käfig untergebracht waren. Einen der Salons ließ die Marchesa mit einem Alabasterfußboden ausstatten, der von unten beleuchtet werden konnte. Der Gesamteindruck der Villa war so spektakulär, dass Princesse Maria Ruspoli sie schlicht als „le bijoux Casati" bezeichnete.[14]

„Alles war höchst raffiniert und auf die perfekte Wirkung jedes Details ausgerichtet … Man war versucht sich flüsternd zu unterhalten und auf Zehenspitzen zu bewegen, als wäre man in der Kirche", so Francescas

Tochter Camilla Sella Padulli.[15] Sie erinnerte sich gut an das römische Domizil ihrer Tante und an die kniffligen Herausforderungen, mit denen Luisa ihr Personal konfrontierte, etwa die wiederholten, sehr spezifischen und sehr ausführlichen Anweisungen, wie genau die Fontäne des kleinen Brunnens in der Eingangshalle fallen müsse, um ein rhythmisches musikalisches Geplätscher zu erzeugen.

Luisas wachsende Liebe zum Exotischen drückte sich auch in einer Schwäche für ungewöhnliche Haustiere aus. Neben der Bulldogge, die das Tor bewachte, umfasste der Haushalt eine erkleckliche Anzahl persischer, siamesischer und syrischer Katzen sowie zwei dem Farbschema des Interieurs angepasste Windhunde – einer weiß, der andere schwarz, beide geschmückt mit juwelenbesetzten Halsbändern ähnlich jenen, die auf Renaissancegemälden die schlanken Hälse von Windhunden zieren. Ergänzt wurde die Menagerie durch zwei Bronzegazellen, die am Haupteingang postiert wurden, wenn die Marchesa in Rom weilte. Diese Maskottchen waren allerdings selten zu sehen, da selbst eine so kostspielige und aufwändig geplante Residenz wie diese die Aufmerksamkeit einer Hausherrin, die stets anderswo sein wollte, nicht auf Dauer fesseln konnte.

Die wohlhabende Nachbarschaft der Via Piemonte war von der Person Luisa Casati ebenso irritiert wie von ihrem Haus und begegnete ihr mit kühler Reserviertheit. Das lag nicht nur an ihrer äußeren Erscheinung – totenblasses Gesicht und zinnoberrotes Haar, fast ausschließlich in Schwarz und Weiß gekleidet und meist nur mit eindrucksvollen langen, fast bis zum Boden reichenden Perlenketten geschmückt, obwohl sie eine fantastische Sammlung von Smaragden besaß –, sondern auch daran, dass Luisa selbst den Kontakt mit ihren Nachbarn kaum pflegte. Nebenbei verfügte die Marchesa über keinen erlauchten Stammbaum und galt somit in diesen Kreisen als Neureiche. Außerdem war sie nicht nur als Ehebrecherin bekannt, sondern gab sich allzu häufig mit Künstlern ab.

Seit ihrer Kindheit hegte Luisa außerordentliches Interesse an bildender Kunst. Jetzt, als potenzielle Mäzenin in der italienischen Hauptstadt, traf sie auf zahlreiche – berühmte und noch unentdeckte – Künstler, die ihre Ateliers nur allzu gern einer so fachkundigen und großzügigen Interessentin öffneten. Kurz nach ihrem Umzug nach Rom im Jahr 1906 lernte sie Alberto Martini kennen. Der in Treviso geborene Maler, Bildhauer und Illustrator war fünf Jahre älter als sie und hatte sich in italienischen Kulturkreisen bereits einen Namen gemacht, vor allem wegen der makabren Erotik seiner Tuschezeichnungen. Martini teilte Luisas Begeisterung für Venedig; das dokumentiert auch sein erstes uns bekanntes Porträt der Casati, das sie von der Seite in ganzer Figur vor dem Hintergrund einer nächtlichen Lagune zeigt, eine Darstellung, deren ruhiger Charakter in völligem Widerspruch zu der später folgenden Phantasmagorie steht.[16]

Etwa zur selben Zeit freundete die Marchesa sich auch mit Filippo Tommaso Marinetti an. Der Wortführer der sich damals gerade formierenden futuristischen Bewegung war erst kurz zuvor aus Alexandria, wo er geboren und aufgewachsen war, nach Mailand gekommen. Dort hatte Marinetti, ein ebenso polemisches wie fröhliches Gemüt, seine juristischen Studien zugunsten der Literatur und Dichtung aufgegeben und plante eine Zeitschrift, *Poesia*, als Ideenforum für sich und seine Mitstreiter. Luisa war begeistert, Teil dieser Subkultur furioser Kreativität zu sein, und trug das ihre dazu bei, indem sie Menschen unterschiedlichster Begabungen aus ihrem neuen Freundeskreis zusammenbrachte. Auf einem Ball im Hause der Casatis beauftragte Marinetti Martini mit dem Entwurf des ersten Titelblatts seines neuen Magazins, eine Zusammenarbeit, die Luisa überaus erfreut zur Kenntnis nahm.[17]

Die Gesellschaft so vieler talentierter Künstler und der Wunsch, sich als Mäzenin zu profilieren, spornten Luisa dazu an, ihr ohnehin schon umfangreiches Wissen über die schönen Künste durch regelmäßige Besuche der National Gallery in London und des Pariser Louvre weiter zu vertiefen. Den Künstler, der zum ersten Mal die Aufgabe meistern sollte, ihr einzigartiges Wesen auf Leinwand zu bannen, traf sie jedoch während einer ihrer häufigen Reisen nach Venedig.

Im Jahr 1908 hatte Luisa begonnen, sich mit Hilfe ihrer Freundin Baronin Ernesta Stern, einer Schriftstellerin und Doyenne der Gesellschaft,[18] ernsthaft nach einem neuen Domizil umzusehen, vorzugsweise einem venezianischen Palazzo als idealem Schauplatz für die Maskenbälle, die sie plante, mit einem schillernden Aufgebot an Gästen aus der internationalen High Society ebenso wie der Welt der Künstler und Bohemiens, deren Freigeistigkeit ihrer eigenen Natur viel eher entsprach als die Arroganz ihrer Nachbarn in Rom.

Während sie in Venedig weilte, bat D'Annunzio Luisa zum Frühstück ins Hotel Danieli. Sie kleidete sich von Kopf bis Fuß in Schwarz und schlang sich eine ihrer langen Perlenketten um den Hals. Als die Marchesa sich dem Tisch näherte, bemerkte sie, dass ihr Liebhaber nicht allein war. Neben ihm saß ein Mann in den Sechzigern, ebenso klein wie außerordentlich beleibt, mit einem dichten grauen Schnurrbart und einem Kneifer auf seiner knolligen Nase. Just in diesem Augenblick brach die Kette an Luisas Hals und die zahllosen Perlen ergossen sich auf den Boden des Speisesaals. Der Fremde fiel unverzüglich auf die Knie, um bei der Suche zu helfen.

„Wir krochen alle unter die Tische, um die Perlen aufzusammeln, und so, unter einem Tisch, fand ich mich plötzlich ihr gegenüber und sah zum ersten Mal ihre riesigen Augen aus der Nähe."[19] Der hilfsbereite Fremde war der berühmte Porträtmaler Giovanni Boldini. Vor diesem verheißungsvollen Missgeschick hatte er bereits die exzentrischsten Berühmtheiten seiner Zeit gemalt, darunter die Künstlerdandys Comte Robert de Montesquiou und James McNeill Whistler oder die Opernsensation Lina Cavalieri. In seinem unverkennbaren Stil, mit breiter, kraftvoller Pinselführung, porträtierte er Kopf und Gesicht des Modells mit fotografischer Genauigkeit, während der Körper weniger klare, viel eher fließende Konturen erhielt.

Die Marchesa mit ihrem exzentrischen Gebaren schlug Boldini sofort in ihren Bann. Mit seinen 65 Jahren begnügte er sich mit einer platonischen, wenn auch leidenschaftlichen Verliebtheit, und Luisa akzeptierte bereitwillig seine persönliche und künstlerische Wertschätzung ihrer ungewöhnlichen Vorlieben und ihrer extravaganten Erscheinung. Der Künstler wird sich zeit seines Lebens mit Genuss an seine Verwicklung in die Affäre der gefallenen Perlen erinnern.

Boldini begann sofort mit Skizzen von Luisas Gesicht und Augen und schlug ihr vor, ihm in seinem Atelier in Paris für ein Porträt Modell zu stehen. Nach Rom zurückgekehrt, verkündete Luisa, sie beabsichtige eine längere Reise in die französische Hauptstadt zu unternehmen. Häusliche Pflichten welcher Art auch immer würden sie nicht daran hindern, diese Chance auf Unsterblichkeit zu nutzen.

2

Am Ende der Rue de la Paix, in der Nähe der Rue de Castiglione und des Faubourg Saint-Honoré, liegt eines der wahren Kleinode von Paris: die Enklave der Place Vendôme. Die während der Herrschaft des Sonnenkönigs entlang des Platzes erbauten 28 Stadthäuser mit ihren eleganten Fassaden, korinthischen Säulen und Mansarden wurden bald zur exklusivsten Adresse der Stadt. Hier wohnten die Berühmten ebenso wie die Berüchtigten. In Nummer 16 gründete Dr. Franz Mesmer seine umstrittene Klinik zur Behandlung nervöser Störungen durch Hypnose, Frédéric Chopin starb im Haus Nummer zwölf und Nummer 26 beherbergte das morbide Reich eines der Idole Luisas, der Comtesse de Castiglione. Die „Verrückte von der Place Vendôme" verhängte die Fenster mit schwarzen Vorhängen und verhüllte alle Spiegel, um die Zerstörung, die die Zeit in ihrem einst so exquisiten Antlitz angerichtet hatte, nicht sehen zu müssen, und verließ das Haus nur nach Einbruch der Dunkelheit durch einen Seiteneingang, um wie ein Phantom über den Platz zu geistern.

Die Häuser an der Place Vendôme blieben für die nächsten 100 Jahre vornehme Privatresidenzen und überlebten sogar das Chaos der Französischen Revolution. Gegen Ende des 19. Jahrhunderts wurden dann einige in Luxushotels umgewandelt, allen voran das Ritz, das sich auch heute noch dort befindet. Seine vergoldete Pforte öffnete sich zum ersten Mal am 1. Juni 1898, und die 210 Zimmer und Suiten wurden unverzüglich von der internationalen Hautevolee mit Beschlag belegt – die Rothschilds und die Vanderbilts, aber auch berühmte Kurtisanen wie Liane de Pougy und La Belle Otéro quartierten sich dort ein. Marcel Proust, ein anderer häufiger Gast, bemerkte: „Das Ritz ist ein ruhiger Ort. Große Damen, deren Vermögen mehreren Generationen ein angenehmes Auskommen erlauben würde, nippen dort wie elegante Geister an ihrem Tee."[20] Als die Marchesa Luisa Casati im Herbst 1908 ins Ritz einzog, kam sie ohne Begleitung, ein Umstand, der bei den anderen Gästen nicht unbemerkt blieb. Nicht nur hatte sie ihren Ehemann und ihr Kind in Rom zurückgelassen, auch ihre Affäre mit D'Annunzio war bereits bis nach Paris kolportiert worden. Aber auch das „enfant de volupté" der Feder und des Boudoirs war nicht an ihrer Seite, sondern in Rom und sonnte sich im triumphalen Erfolg seines neuesten Dramas, *La Nave*.

Luisas Verhältnis mit D'Annunzio war in diesem Herbst Tratschthema Nr. 1 im Ritz. Ihr zunehmend exzentrisches Benehmen, veranschaulicht durch ihre mondäne und etwas beunruhigende Gestalt, die wie eine schwarze Fata Morgana durch die vornehme Lobby eilte, bot Anlass genug. In vertraulichen Gesprächen an der Bar des Ritz Club und in den Salons munkelte man über das befremdliche Arrangement, das Luisa angeblich mit ihrem Mann getroffen hatte: Im Gegenzug dafür, dass er seiner treulosen Gattin jede Freiheit ließ, um die Welt zu reisen und ihre egozentrischen künstlerischen Ambitionen zu verfolgen, konnte der Marchese sich uneingeschränkt seinen Pferden und Hunden widmen. Ihre Tochter blieb allein bei ihrer Gouvernante oder manchmal, wenn sie Glück hatte, in der liebevollen Obhut ihrer Tante Francesca. All der boshafte Klatsch kümmerte Luisa wenig, diente ihre Reise nach Paris doch einer weitaus wichtigeren Mission.

Giovanni Boldini begrüßte die Marchesa überschwänglich in seinem Atelier in der Villetta Rossa; immerhin hatte sie ihm für ihr Porträt das fürstliche Honorar von 20.000 Francs zugesagt. Die Fantasie des Malers, für die schon ihre Schönheit ausreichende Motivation bot, wurde durch ihre Aufsehen erregende Kostümierung noch beflügelt. Während die meisten seiner Modelle sich in weißen, beige- oder pastellfarbenen Roben von dezenter Eleganz porträtieren ließen, entschied Luisa sich für ein von Paul Poiret entworfenes eng anliegendes langes Kleid aus schwarzem Satin, kombiniert mit einem Zobelmuff und einem mit schwarzen Bändern und Federn geschmückten überdimensionalen Hut. Ein Bouquet aus seidenen Veilchen zierte ihre Taille als Kontrast zu dieser Symphonie aus Schwarz, und eine violette Schärpe wand sich von den schlanken, in weiße Abendhandschuhe gehüllten Armen bis zu ihren schwarzen Schuhen hinunter. Vervollständigt wurde das Ensemble, das wie für eine extravagante Beerdigung entworfen schien, durch Luisas schwarzen Windhund, der ein geflochtenes Silberhalsband trug. Die Farben schwarz und violett waren sehr bewusst gewählt, nicht nur aus modischen Gründen, sondern auch wegen ihrer okkulten Bedeutung – der Triumph des Lebens über den Tod.

Boldinis Arbeitsweise erwies sich bald als relativ nervenaufreibend. Nicht nur hastete der Künstler ständig zwischen dem Modell und seiner in einiger Entfernung aufgestellten Staffelei hin und her, auch entpuppte er sich als großer Opernfan, der seine Modelle oft und gern mit einem Ständchen erfreute, aufgrund seiner zunehmenden Schwerhörigkeit stets in voller Lautstärke, was die Situation nicht gerade erträglicher machte. Seine Leidenschaft für den neuesten Klatsch, versehen mit bissigen Kommentaren über die Marotten der Aristokratie, sorgte hingegen durchaus für unterhaltsame Abwechslung.

Während der Sitzungen bemerkte Luisa in einer Ecke des Studios ein bis auf die letzte Lasur fertig gestelltes Gemälde. Das Porträt, betitelt mit *La Passeggiata al Bois*, zeigte ein elegant gekleidetes, durch eine Herbstlandschaft promenierendes Paar, das Luisa als Captain Philip Lydig und seine in New York geborene, spanischstämmige Gattin Rita de Acosta identifizierte, aus der absoluten Spitze der amerikanischen Oberschicht. Luisa, immer auf der Hut vor potenzieller Konkurrenz, hörte besorgt von Boldinis Plan, dieses Porträt gemeinsam mit ihrem im nächsten Pariser Salon zu präsentieren. Diese jährlichen Ausstellungen hatten nicht nur künstlerische Bedeutung; ihr Besuch war ein Muss für die elegante Welt, und die Ausstellung eines Porträts kam für die Porträtierten dem gesellschaftlichen Durchbruch gleich. Rita Lydig war bereits eine internationale Berühmtheit, ein Status, den Luisa, deren Ruf sich bis dato hauptsächlich auf ihr Heimatland beschränkte, erst anstrebte. Es blieb ihr also nichts übrig, als Boldinis Plan zähneknirschend zu akzeptieren.

Die Zeit zwischen den Sitzungen, zu denen sie regelmäßig verspätet erschien, nutzte die Marchesa für ausgiebige Einkaufsbummel und soziale Kontakte. Während ihres Aufenthalts in Paris lernte sie unter anderem die Schauspielerin Cécile Sorel kennen, deren lange Karriere an der Comédie-Française und dem Casino de Paris ihr fast so große Verehrung eingetragen hatte wie Sarah Bernhardt, und arrangierte für sie einen Lunch bei Larue, einem der besten Restaurants der Stadt in der Nähe der Place de la Concorde.[21]

Luisa war von ihrem Ehrengast sehr angetan. Cécile Sorel war für ihre flinke Zunge ebenso berühmt wie für ihr Spiel auf der Bühne. Sie amüsierte sich über ihre eigene Unverblümtheit und genoss es, von ihren vielen

Verehrern bewundert zu werden. Die mit Spiegeln behängten, weiß und golden verkleideten Wände des Larue boten ihr eine ausgezeichnete Möglichkeit, die anderen Gäste des Restaurants diskret im Auge zu behalten, um nur ja keinen bewundernden Blick zu versäumen. Ungeachtet dieser Allüren war Luisa von Cécile Sorels Stilgefühl so beeindruckt, dass sie die Schauspielerin Jahre später dem berühmten Modeschöpfer und Fotografen Cecil Beaton gegenüber als die bestgekleidete Frau bezeichnete, die sie je gekannt habe.[22] Sorel war ihrerseits sehr angetan von Luisas Originalität und natürlichem Flair für das Theatralische. Der Lunch war ein Erfolg, und die Freundschaft der beiden Frauen sollte über zwei Jahrzehnte halten.

Es vergingen noch mehrere Wochen, bevor Boldini mit seiner Arbeit an Luisas Porträt soweit zufrieden war, dass er das Modell entlassen konnte. Bevor die Marchesa die Heimreise nach Rom antrat, verpulverte sie noch ein kleines Vermögen für extravagante Einkaufstouren und zahllose soziale Anlässe. Boldini selbst arrangierte für sie ein Treffen mit einer weiteren seiner Auftraggeberinnen, der populären Schauspielerin Ève Lavallière.[23]

Dass Luisa so lange in Paris blieb – sie verbrachte auch die Weihnachtsfeiertage dort –, war eine weitere Bestätigung dafür, wie schlecht es um ihre Ehe mit Camillo stand und wie wenig sie sich um ihre Tochter kümmerte. Tatsächlich kehrte sie erst Anfang Januar 1909 in die Villa in der Via Piemonte zurück.

In Rom erfuhr sie von D'Annunzios jüngsten Fehlschlägen, einerseits dem Misserfolg seiner Tragödie *Fedra* und andererseits der ebenso erfolglosen Lancierung von „Acqua Nunzia“, einem von ihm selbst kreierten Parfum. Diese finanziellen Debakel bewogen den Dichter zum freiwilligen Gang ins französische Exil, das fünf Jahre dauern sollte. Über die geografische Distanz hinweg setzten D'Annunzio und Luisa ihre Affäre in einem intensiven Briefwechsel und häufigen Besuchen fort.

Gleichzeitig mit der missglückten Inszenierung von *Fedra* bereiteten die Ballets Russes in Paris ihre erste Produktion am Théâtre du Chatelet vor. Am 16. März 1909 verblüffte die avantgardistische Compagnie ihr Publikum mit der Premiere von *Cléopâtre* unter der Leitung von Serge Diaghilew. Dieser ehrgeizige Impresario aus St. Petersburg, eine imposante, dandyhaft gewandete Gestalt mit einem dichten schwarzen Haarschopf, aus dem eine einzelne weiße Strähne hervorleuchtete, besaß einen sicheren

Instinkt für künstlerisches Genie, dem die Entdeckung so einzigartiger Tänzer wie Nijinsky, Pawlowa und Karsawina oder der Maler und Bühnenbildner Bakst und Benois zu verdanken ist. Die Unermüdlichkeit, mit der er sein Ensemble vor immer neue Herausforderungen stellte, trieb die Tänzer in Schwindel erregende kreative Höhen. Die Begeisterung, die diese russischen Invasoren beim Pariser Publikum und in den Kreisen wohlhabender Mäzene hervorriefen, erregte selbst im fernen Rom Luisas Interesse.

Einen knappen Monat später, am 14. April, fand die große Eröffnung des Pariser Salons statt. Die Ausstellung umfasste hunderte von Gemälden, von traditionellen Landschaften, Stillleben und mittelmäßigen Porträts prominenter Persönlichkeiten über gewagte dekadente Akte bis zu einigen wenigen revolutionären Experimenten in abstrakter Kunst. Luisas Porträt war, wie Boldini angekündigt hatte, neben dem der Lydigs ausgestellt.

Dem Künstler selbst war es aus gesundheitlichen Gründen nicht möglich, der Präsentation beizuwohnen und die Reaktionen der Kritiker und des Publikums persönlich mitzuerleben. Luisas Sorge, von der illustren Rita Lydig ausgestochen zu werden, erwies sich als unbegründet, denn obwohl das Porträt der Lydigs wohlwollend aufgenommen wurde, galt es doch lediglich als „konventioneller" Boldini im Vergleich zur unglaublichen *La jeune femme au lévrier*. Man beschrieb das Bild als beängstigend und betörend; manche wollten sogar satanische Elemente darin erkannt haben, schon allein angesichts des aggressiven Blicks des Modells und der übel beleumundeten Farbkombination schwarz und violett. Binnen kürzester Zeit interessierte sich alle Welt brennend dafür, wer denn diese junge Frau mit dem Windhund war.

Das Gebaren des Modells und der künstlerische Wert des Porträts wurden zwar von manchen kritisiert, andere priesen es dagegen als Meisterwerk und erkannten die diabolischen Assoziationen als Teil seiner provokanten Wirkung, wie etwa der Kritiker Arsène Alexandre im *Le Figaro*:

> *[Boldinis] Talent hat heute seinen Höhepunkt erreicht. Ich scheue mich fast zu schreiben, dass sein Porträt der Mme La Marquise Casati das schönste Werk reiner Malerei des gesamten Salons ist. Paradoxerweise erreicht er seine wahre Größe durch das, was in der Kunst zu Recht als Feind jeder Größe erscheint: die kühnste Negierung klarer Linien …*

Es gemahnt an die Technik der Alten Meister … Die Harmonie aus schwarz und violett ist von außerordentlicher Kraft … [Tintoretto] hat niemals so wunderschöne schwarze Augen gemalt; Goya hat das Mysterium eines schönen Antlitzes niemals auf so bezaubernde Weise eingefangen. Das Gesicht dieser Marquise ist außergewöhnlich. Der Blick aus diesen großen Augen scheint von einem Hexensabbat zu künden … mit diesem Anti-Gioconda-Lächeln über dem Fragezeichen ihres Körpers in schwarzem Satin.[24]

Luisa war hingerissen von den stürmischen Reaktionen, die ihr Porträt provozierte. Die 20.000 Francs hatten sich bezahlt gemacht. Ihre Kür im Rampenlicht erlebte allerdings einen vorübergehenden Einbruch, als sie erfuhr, dass nur eine einzige Zeitschrift, das französische Modemagazin *Femina*, eine Reproduktion ihres Porträts druckte,[25] während das Porträt der Lydigs in fast allen Berichten über den Salon und besonders in der wichtigen Sonderausgabe von *L'Illustration* veröffentlicht wurde. Auf die zahlreichen verärgerten Briefe, die daraufhin in Boldinis Studio eintrafen, reagierte der Künstler mit der kühlen Bemerkung, er verachte Reproduktionen, da sie üblicherweise schrecklich ausfielen, und im übrigen habe er nicht die Absicht, seine Kunst zu prostituieren.[26] Mit gespielter Unschuld deutete er außerdem an, Luisa selbst hätte doch die Vervielfältigung ihres Porträts verboten. Es bedurfte diverser weiterer zorniger Episteln aus Italien, bevor Boldini sich geschlagen gab: „Verehrte Marchesa, mit einem Federstrich autorisiere ich alle französischen und ausländischen Magazine dazu, Reproduktionen meiner Bilder und insbesondere der *Marchesa* zu drucken! Vielleicht wird es Sie amüsieren zu sehen, welch grässliche Bilder dabei herauskommen werden!"[27]

Dieser kleine Sieg befriedigte Luisas zunehmend exhibitionistische Ansprüche, und es dauerte nicht lange, bis sie und Boldini in ihr früheres Verhältnis gegenseitiger Bewunderung zurückfanden. Auf ihrem Feldzug zur Eroberung der internationalen High Society fand sie sich allerdings mit einem neuen Hindernis konfrontiert – einer anderen Nichtfranzösin mit ähnlichen Ambitionen. Ihre potenzielle Konkurrentin war die gebürtige Amerikanerin Prinzessin Edmond de Polignac, in ihrer Heimat besser bekannt als Winnaretta Singer, die Erbin des riesigen Singer-Nähmaschinen-Vermögens, deren Bruder Paris der damals gerade aktuelle Liebhaber von Isadora Duncan war. Die Prinzessin war eine talentierte Musikerin und engagierte Kunstmäzenin. Ebenso gern wie über ihre diesbezüglichen Wohltaten wurde allerdings über ihr unattraktives Äußeres, ihre nasale Stimme und ihre lesbischen Neigungen geklatscht.

Singer verdankte ihren Status in der Kunstwelt dem Talent, Bekanntschaften mit einigen der herausragenden Künstler ihrer Zeit, vor allem aus dem musikalischen Bereich, anzuknüpfen und zu kultivieren. In der Hoffnung auf Aufnahme in die junge Kunstszene versammelten sich in ihrem Salon in der Pariser Avenue Henri-Martin auch zahlreiche Adelige, deren geistlose Gesellschaft die Gastgeberin mit geheuchelter Freundlichkeit ertrug, um ihre Chancen auf gesellschaftliche Anerkennung zu wahren. Comte Robert de Montesquiou allerdings, der „Hohepriester der Ästhetik", Dandy und Teilzeitdichter, durchschaute die mit Samt und Rüschen verkleidete Fassade und erkannte die unerbittliche alte Hexe dahinter. Geübt im Abschuss gesellschaftlicher Aspiranten, ergoss Montesquiou seinen giftigen Witz und vernichtenden Sarkasmus über die Prinzessin. Im *Figaro* beschrieb er sie als „Nero, tausendmal grausamer als das Original, der davon träumt, seine Opfer mit Nähmaschinen zu Tode zu stechen".[28] Die unablässige berechnende Häme Montesquious zeigte Wirkung. Trotz ihrer Position blieb Winnaretta Singer der ersehnte Aufstieg zur Doyenne der Grand Monde verwehrt.

Luisa war Zeugin dieser öffentlichen Demütigung und entschied sich, solchen Spielchen lieber aus dem Weg zu gehen und stattdessen ihre venezianischen Pläne voranzutreiben. Maskenbälle waren gerade der letzte Schrei bei den oberen Zehntausend in Frankreich und Italien. Die Marchesa zweifelte nicht daran, dass ihre eigenen Bälle ganz Venedig, wenn nicht sogar ganz Europa in Erstaunen versetzen würden; sie brauchte nur noch das geeignete Ambiente. Geld spielte keine Rolle – immerhin galt sie damals als reichste Frau Italiens, und auch die Zustimmung ihres Gatten war angesichts ihres persönlichen Vermögens eine rein akademische Frage.

Endlich kam von Baronin Stern die ersehnte Nachricht, dass ein Palazzo am Canal Grande zu mieten sei, ein außergewöhnliches Anwesen und sofort verfügbar. Luisa vertraute auf die Beschreibung der Baronin und nahm den wohl einzigartigsten Palast ganz Venedigs in Besitz, den sagenhaften Palazzo Venier dei Leoni.

III

Tausendundeine Nacht am Canal Grande

1910–1914

Die legendäre Luisa Casati lebte in ihrem halbfertigen Palazzo …
ich sah sie unter einem Sonnenschirm aus Pfauenfedern,
wie sie den Canal Grande hinabfuhr,
doch dieser überraschende Anblick war nichts im Vergleich
zu den zahllosen grandiosen Schocks, die noch kommen sollten.

Lady Diana Cooper

Die Marchesa Casati, die sich in Tigerfelle gehüllt
bei Sonnenuntergang in ihrer Gondel zurücklehnt,
während sie ihren Lieblingsleoparden streichelt, ist ein Anblick,
den man nur in Venedig genießen kann.

Baron Adolph de Meyer

1

Im Jahr 1749 wurde der alte Familiensitz der Venier, ein gotischer Palazzo aus dem 15. Jahrhundert, abgerissen, um Platz für eine neue Residenz zu schaffen. Die Dynastie der Venier hatte seit ihrer Erhebung in den Adelsstand 200 Jahre zuvor drei Dogen, 18 Prokuratoren von San Marco und zahlreiche Hauptleute und Offiziere im Dienste der Republik Venedig hervorgebracht. Ihr neues Domizil hier am Canal Grande, direkt gegenüber der Präfektur, sollte so grandios werden, wie es ihre glanzvolle Familiengeschichte verlangte. Nach den Plänen des Architekten Lorenzo Boschetti würde das Palais ein Erdgeschoss, ein Mezzanin, zwei Obergeschosse und ein Dachgeschoss umfassen und die breiteste Fassade am Canal Grande erhalten, nicht zu vergessen den riesigen Garten, in Venedig auch für luxuriöse Anwesen eine Seltenheit; der Garten des neuen Palazzo Venier sollte der größte private Garten der ganzen Stadt werden, bewachsen mit Wein, knorrigen Bäumen und hohen Zypressen. Doch die Errichtung zog sich in die Länge, während das Vermögen der Venier dahinschwand, bis die Bauarbeiten schließlich abgebrochen wurden und ein unfertiges, verlassenes Gebäude zurückblieb, das die Einheimischen liebevoll „Palazzo non Finito" bezeichneten.[1]

Obwohl die Arbeiten nur bis zum ersten Stock des Bauwerks gediehen waren, konnte man die beeindruckenden Proportionen des Entwurfs noch erahnen: die glatte, weiße Fassade aus istrischem Stein, in der Mitte unterbrochen durch zwei massive Säulen, die den Haupteingang flankierten; eine lange Reihe von Bogenfenstern zur Lagune hin; die ebenfalls weiße niedrige Steinmauer entlang des Kanals, mit imposanten brüllenden Löwenhäuptern, die sich im Laufe der Zeit Hauben aus Moos und Flechten zugelegt hatten. „Palazzo Venier dei Leoni" war der offizielle Name, den die Planer für das fertige Palais vorgesehen hatten, angeblich weil die Veniers sich einen Löwen im Garten zu halten pflegten, in Wahrheit wohl eher inspiriert von den gemeißelten Löwenköpfen, die den Palazzo zierten. Seine neue Mieterin hatte es allerdings durchaus nicht nötig, sich auf den Ruhm früherer Eigentümer zu berufen. Sie strich den Namen Venier, der „Palazzo dei Leoni" würde ab jetzt nur einer einzigen Frau gehören.

Luisa Casati übernahm das Anwesen im Jahr 1910 von der Eigentümerin Comtesse de la Baume-Pluvinel, die im benachbarten Palazzo Dario residierte. Das völlig vernachlässigte ehemalige Domizil der Venier, das nach häufigen Besitzwechseln zuletzt als bescheidene Pension gedient hatte, wirkte von außen wie ein unbewohnter, überwachsener Steinhaufen. Es scheint von seltsamer Ironie, dass Luisa am Höhepunkt ihrer persönlichen physischen und ästhetischen Verwandlung ein unfertiges architektonisches Meisterwerk als Schauplatz wählte, um sich selbst neu zu erfinden.

Luisa engagierte unverzüglich die besten Innenarchitekten, Tischler und Maler des Landes und beauftragte sie mit der Instandsetzung der weitläufigen Ruine. Ihre Anweisung lautete, die baulichen Mängel zu beheben, aber den äußeren Anschein des Verfalls zu erhalten. Das Ergebnis war atemberaubend: Hinter den abbröckelnden Mauern tat sich eine Welt auf, deren fantastische Herrlichkeit ihresgleichen suchte.

Lüster aus den Werkstätten der berühmtesten venezianischen Glaskünstler tauchten weiße Marmorhallen in sanftes goldenes Licht; Vasen aus Alabaster, gefüllt mit Elfenbeinrosen, Bernsteinen und Bergkristallen, die sämtlich von innen beleuchtet waren, dienten als kleinere Lichtquellen. Eine mit Grünspan überzogene Metalltreppe führte vom Hauptgeschoss in das untere Stockwerk. Die zahllosen Fenster waren mit Gardinen aus goldener Spitze geschmückt, die sich funkelnd im Wasser der umliegenden Kanäle spiegelten. Mit Ausnahme eines Salons, der zur Gänze mit altem Blattgold verkleidet war, dominierten auch hier die Farben Schwarz und Weiß. Ein schwarzweißer Marmorboden aus der Villa in Rom wurde extra für jede Saison in den Palazzo verlegt. Die von Gärtnern gezähmte Dschungelwildnis des Gartens wurde mit Albinoamseln und weißen Pfauen bevölkert, die inmitten des Efeu- und Lianengestrüpps herumstaksten oder zwischen den Zypressen aufflogen, während ihre Schreie über der Lagune widerhallten.

Auch für die praktischen Notwendigkeiten des täglichen Lebens in Venedig wurden Vorkehrungen getroffen. Ein zuverlässiger Gondoliere stand Luisa rund um die Uhr zur Verfügung, ausstaffiert mit einer protzigen Livree im Stil des 18. Jahrhunderts: Samtanzug, bestickte Weste und gepuderte Perücke inklusive Käppchen aus Pantherfell. Ihre Gondel dekorierte die Marchesa mit schwarzem Damast, Seidenschals, Tiger- und

Leopardenfellen und ließ sie bei einer Gelegenheit ungeachtet des alten venezianischen Luxusgesetzes, das solche Extravaganzen klar verbot, sogar weiß streichen, womit sie den Zorn der Stadtverwaltung auf sich zog.[2]

Die zwei Windhunde waren mit nach Venedig übersiedelt und genossen die Freiheit des weitläufigen Gartens, den sie allerdings mit Luisas jüngster Neuerwerbung teilen mussten: einem Gepardenpaar, die etwas sanfteren afrikanischen Katzen, wenn auch in den meisten Berichten von Leoparden die Rede ist. Als kühne Nachahmung der Legende vom zahmen Löwen der Venier pflegte Luisa ihre Raubkatzen an juwelenbesetzten Leinen auf ihrer Terrasse spazieren zu führen oder sie sogar zu Ausflügen in der Gondel mitzunehmen. Garbi, der riesige schwarze Diener, den die Marchesa engagierte, bot einen nicht minder spektakulären Anblick. Als lebende Verkörperung ihrer geliebten Mohrenstatuen wurde er bald ein unersetzlicher Bestandteil ihrer Maskeraden und öffentlichen Auftritte.

Zu der Zeit, als sie sich in Venedig niederließ, hatte Luisa die Erschaffung ihres mythischen Alter Ego praktisch vollendet. Wie die exzentrischen Idole ihrer Jugend setzte sie dafür vor allem theatralische Kostümierungen und Effekte ein. Der fahle Puder verlieh ihrem Gesicht einen leichenfarbenen Teint. Die dicke Kajalumrandung, die von ihren markanten Backenknochen fast bis an die Augenbrauen reichte, ließ ihre ohnehin riesigen grünen Augen noch größer erscheinen. Die Lider färbte sie mit chinesischer Tusche oder beklebte sie mit dünnen, schwarzen Samtstreifen, ihre falschen Wimpern wurden immer noch länger und die zinnoberroten Lippen konkurrierten mit dem flammenden Hennarot ihres Haars, das dieses fremdartige Antlitz krönte. Ihre Garderobe orientierte sich ohnehin nie an gängigen Trends; paradoxerweise verlor sie gerade zur Zeit ihres Umzugs nach Venedig das Interesse an ihren berühmten venezianischen Spitzenkleidern. Auf ihrer ungeduldigen Suche nach immer neuen exotischen Herausforderungen war sie auf Mariano Fortuny y Madrazo gestoßen.

Fortuny, der Sohn eines angesehenen spanischen Malers, hatte sich zunächst mit Malerei und Fotografie befasst, bevor er sich der Chemie und dem Färben von Stoffen zuwandte. In den Labors seines Palazzo wurden große Ballen Seide, Satin und Leinen in gigantische, mit dampfender Pflanzenfarbe gefüllte Bottiche getaucht. Seinen Ruhm verdankte Fortuny den scheinbar mystischen Formeln und Techniken, die er durch seine Experimente entwickelte. Für seine täuschend einfachen Entwürfe von unleugbarer Modernität ließ er sich von ägyptischen, griechischen, asiatischen und indischen Einflüssen oder von der Renaissance inspirieren; plissierte Stoffe und lose Schnitte, die an Kimonos oder Saris erinnerten, waren charakteristisch für seine Roben und Abendmäntel.[3] Luisa schätzte vor allem die unverkennbare künstlerische Qualität von Fortunys Kreationen; eine besondere Vorliebe hegte sie für seine samtenen Umhänge und Capes. Ihre übersteigerten kosmetischen und modischen Marotten in Kombination mit ihrer ungewöhnlichen Größe und Schlankheit verliehen der Marchesa eine makabre Schönheit.

Schließlich war alles bereit für den Einzug der vielleicht exzentrischsten neuen Mitbürgerin in Venedig. Die neugierigen Venezianer wurden nicht enttäuscht: Luisas erster großer Auftritt auf der Piazza San Marco ging in die Stadtgeschichte ein. Angetan mit einem Cape von Fortuny aus altem roten Brokat, einer schweren goldenen Halskette und einer schwarzen Pelzmütze schritt sie Seite an Seite mit ihrem schwarzweißen Windhundpaar, das mit Halsbändern aus Türkis geschmückt war, über den Platz, gefolgt von Garbi mit Turban und Weste, der einen Sonnenschirm aus Pfauenfedern hoch über dem Haupt seiner Herrin schwenkte. In diesem Augenblick, der ganz Venedig in Erstaunen versetzte, wurde sie endgültig zu „La Casati".

Die Flucht seiner Gattin aus Rom schien Camillo nicht sonderlich zu beunruhigen. Im September 1909 hatte das Ehepaar Casati noch gemeinsam die ersten internationalen Flugtage Italiens in Brescia besucht, eine spektakuläre Flugschau, der u.a. auch Giacomo Puccini, Franz Kafka, Max Brod oder Luigi Barzini beiwohnten – und Gabriele D'Annunzio, der das Flugzeug zu seiner neuesten Leidenschaft erkoren hatte. Doch Luisas Entscheidung, den Palazzo in Venedig zu mieten, besiegelte endgültig die Entfremdung des Paares, wenn auch bis zur offiziellen Trennung noch vier Jahre vergehen sollten. Der Marchese widmete sich weiterhin seinen Pflichten im Jockey Club und verbrachte den Rest seiner Zeit in Cinisello Balsamo oder in seinem Jagdschloss in Cusago. Da beide Eltern mit ihren jeweiligen Steckenpferden beschäftigt waren, schickte man die neunjährige Cristina nach Frankreich in ein strenges, von katholischen Nonnen geführtes Internat.[4]

1910 war auch das Jahr, in dem Gabriele D'Annunzios Roman *Forse che sì forse che no* erschien, eines seiner populärsten Werke, dessen Protagonistin Isabella Inghirami die erste Romangestalt ist, die direkt von der Person Luisa Casati inspiriert wurde. Es gibt zahlreiche andere Beispiele für ihren Einfluss auf D'Annunzio, doch die mit sinnlicher Begeisterung und fast schon religiöser Ekstase beschriebene exzentrische weibliche Hauptfigur dieses Romans ist sein offensichtlichster Versuch, Luisas außergewöhnliche Persönlichkeit auf Papier zu bannen:

> *Sie liebte es, mit Schwarz und Rot die Frische ihrer 25 Jahre zu unterstreichen. Immer zog sie einen Trauerrand an den Lidern rings um die helle Iris und gab dem Mund zuweilen ein künstliches Karmin. Aber ihre „Alchimie" war viel kühner und tiefer und voll unerhörter Wunder. Mit was für geheimen Feuern vermochte sie die Materie ihres Lebens in Schönheiten von so pathetischer Macht umzuschmelzen? … Eine beliebige Handlung im täglichen Leben – wenn sie den Handschuh abstreifte, indem sie das Leder langsam über den leichten Flaum der Arme wegstreichen ließ, wenn sie, auf dem Bett sitzend, den langen seidenen Strumpf zart wie eine Blüte, die im Augenblick in sich zusammenfällt, abzog, wenn sie beim Abnehmen der Hutnadel die Arme in einer runden Biegung hochhob und die Ärmel zurückfallen ließ bis zum gekräuselten Gold ihrer Achselhöhlen … Und darin lag trotz der Zartheit, trotz der Elastizität, trotz der Verderbtheit ihrer Natur ihre Verwandtschaft mit den großen Geschöpfen Michelangelos … Ihre Kleider nahmen am Leben ihres Körpers teil, wie die Asche mit der Glut lebt … Sie war ein Beweis dafür, wie wahr der gesprochen hatte, der da sagte, dass jeder Zauber nichts anderes sei als ein künstlich erzeugter Wahnsinn.*[5]

Der Titel des Romans, *Forse che sì forse che no* – „Vielleicht – vielleicht auch nicht" –, ist der Inschrift an der Decke eines Saals im Palazzo Ducale in Mantua entnommen[6] und beschreibt wohl perfekt die unberechenbare Persönlichkeit der fiktiven Isabella Inghirami und ihres realen Vorbilds

Luisa Casati, die an einer Stelle des Romans als angebliche Rivalin der Protagonistin genannt wird. Isabella hat wie Luisa eine Vorliebe für Windhunde und schnelle Automobile; ihr inzestuöses Verhältnis und den Verfall in den Wahnsinn allerdings verdankt sie der lebhaften Fantasie ihres Erfinders. D'Annunzio schrieb zwei Jahre an dem Roman, bevor er 1910 endlich erscheinen konnte, fast ein Jahrzehnt nachdem seine Bekanntschaft mit den Schwestern Amman ihn zu der Idee inspiriert hatte. Francesca taucht in der Person Vanas, der Schwester Isabellas auf.

Im Frühsommer 1910 quartierte Serge Diaghilew sich im Grand Hôtel des Bains am Lido ein, in Begleitung von Waslaw Nijinsky, Startänzer der Ballets Russes und Diaghilews bisexueller Liebhaber, sowie von Léon Bakst und Alexandre Benois, den Schöpfern der Bühnenbilder und Kostüme für die Compagnie. Etwa zur selben Zeit lernte die Casati Isadora Duncan kennen, die, obwohl sie mit ihren über 30 Jahren gewiss kein junges Talent mehr war, Diaghilew hartnäckig, doch letztlich erfolglos mit dem Ansinnen verfolgt hatte, sich seinem Starensemble anzuschließen.

Luisa ignorierte großzügig die Verbindung Duncans zu Winaretta Singer, ihrer Konkurrentin um die Vormachtstellung in der Grand Monde, und bat die Tänzerin zum Lunch in den Palazzo dei Leoni. Auch D'Annunzio war eingeladen und machte Duncan, deren üppige Formen so gar nicht an die griechischen Nymphen erinnerten, die sie darzustellen suchte, auf seine übliche Art den Hof. Noch Jahre später prahlte Duncan damit, wie entschieden sie die Avancen dieses Flegels bei jener Begegnung und allen späteren Gelegenheiten zurückgewiesen hatte.[7]

Eines Nachmittags erschien die Danseuse in einem ihrer hellenischen Kostüme, kombiniert mit einem überdimensionalen japanischen Sonnenschirm, am Strand des Lido, um als Abgesandte Luisas das Quartett der Ballets Russes einzuladen. Die Gastgeberin war mit einer Unzahl von Perlen geschmückt, wobei, wie Nijinskys Gattin Romola schreibt, „manche wiederum beschworen, dass sie an jenem Abend nichts am Leibe trug als eine Schlange".[8]

D'Annunzio war auch diesmal unter den Gästen. Das Essen wurde von im Stil des 18. Jahrhunderts livrierten Dienern serviert und zum Dessert erfreuten Nijinsky und Isadora Duncan die Gesellschaft mit einem improvisierten Pas de deux, ein Erlebnis, das Duncan über die Maßen entzückte: „Das war besser als ein Schäferstündchen mit einem schwarzen Boxer auf Mr. Singers Billardtisch."[9]

Später wurde Nijinsky auf seinem Streifzug durch den Palazzo von D'Annunzio aufgespürt. Der mit der Vorstellung unzufriedene Dichter herrschte Nijinsky an: „Na los! Tanzen Sie mir etwas vor!", worauf der Tänzer zornig erwiderte: „Wieso dichten Sie mir nicht etwas vor!" Die Stimmung wurde nicht eben verbessert durch den Beitrag eines zahmen Affen der Marchesa, der Isadora Duncans Tanzstil zu imitieren pflegte.[10] Der Abend, der so hoffnungsvoll begonnen hatte, entwickelte sich zur katastrophalsten Einladung Luisas seit einem früheren Vorfall in Rom, der beinahe mit einem Duell geendet hatte, nachdem ein Gast des Falschspiels beschuldigt worden war.

Die zahllosen erfolgreichen Bälle und Soireen, die Luisa inszenierte, machten solche gelegentlichen missglückten Abende mehr als wett, doch die Summen, durch deren Einsatz sie in nachgerade aberwitziger Besessenheit ihre fantastischen Träume zu verwirklichen suchte, waren enorm:

> *Coré war größenwahnsinnig, in künstlerischer ebenso wie in poetischer Hinsicht … die „Luisa Casati-Maschine" … eine Erfindung, um tonnenweise Papiergeld, Schecks, Wertpapiere wie Heuballen hochzustemmen. Sie war eine Verschwendungsmaschinerie … die Lire, Francs, Pfund und Mark zerstampfte oder was immer sonst sie sich einverleiben wollte – Kunstwerke, Schmuckstücke, Leoparden. Geld schien in keinem Fall eine Rolle zu spielen … Das Geld, das floss, öffnete alle Türen, gab Coré die Möglichkeit, alles zu bekommen, was ihr Herz begehrte … wurde früher oder später zu einer monströsen Selbstbesessenheit … Das Vorhaben, alles, was man will und begehrt, um jeden Preis in seinen Besitz zu bringen, ist ein kompliziertes Unterfangen. Man muss Kompromisse eingehen. Und Coré wusste nicht einmal, was das Wort bedeutet.*[11]

Mit einer Unbeirrbarkeit, die einer Herrscherin aus dem Morgenland zur Ehre gereicht hätte, betrieb La Casati die Verwirklichung ihrer Träume, ohne auch nur einen Gedanken an die Zukunft zu verschwenden.

2

Sozusagen als Kostümprobe für den nie enden wollenden Karneval, der sich bald im Palazzo dei Leoni entfalten sollte, lud Luisa zu zahllosen kleineren Soireen und beehrte andere mit ihrer unvergesslichen Präsenz, ob sie nun über und über mit Perlen und seltenen ägyptischen Lotusblüten geschmückt war oder in einer Kreation erschien, die wahrhaftig einer „weißen Sinfonie"[12] glich – in elfenbeinfarbener Seide mit Schleiern und einem Bukett weißer Orchideen, das mit einer rubinbesetzten Brosche in Form eines Drachens an ihre Brust geheftet war –, oder ob sie sich von Kopf bis Fuß in Schwarz hüllte, sodass Uneingeweihte, die in ihr eine mondäne Witwe vermuteten, darüber aufgeklärt werden mussten, dass der von ihr getrennt lebende Gatte gerade in Gallarate, Bracciano oder England seiner Jagdleidenschaft frönte. Rita Lydigs Schwester Mercedes de Acosta, die berüchtigte Lesbierin und Femme fatale, berichtet in ihren Memoiren von einer bezeichnenden Begegnung mit Luisa während dieser unwirklichen Jahre in Venedig:

> *[Ich besuchte] die Marchesa Casati. Ich wollte sie kennen lernen, weil ich so viel über ihre exzentrischen Anwandlungen gehört hatte. Sie empfing uns in ihrem Garten, weiß gekleidet und die Augen von schwarzen Heftpflasterstreifen umrahmt. Während sie heranschritt, um uns zu begrüßen, trug sie eine Lilie in der Hand und führte mit der anderen eine kleine Löwin an der Kette. Ich fand, sie war „schlechtes Theater", obwohl ihre Vorstellung damals nicht so schmierenhaft wirkte, wie man sie heute fände. Es war eine andere Zeit und man erlaubte sich Ausflüge der Fantasie, indem man sich als jemand kleidete, der man insgeheim zu sein wünschte. Ich selbst hatte mich oft als Kosake oder Husar kostümiert und einmal verstieg ich mich sogar dazu, mich als Franziskanermönch zu verkleiden – komplett mit Kutte, Sandalen und allem –, und ich sollte daher die Casati vielleicht nicht kritisieren, die sich offenbar für eine Jungfrau hielt, welche eine symbolische Lilie vor sich hertrug.*[13]

Allmählich wurde Luisa allerdings des schwarzweißen Farbschemas, das mittlerweile zu ihrem Markenzeichen geworden war, überdrüssig. Dasselbe galt für Fortuny; je populärer er wurde und je mehr reiche Touristinnen in sein Atelier strömten, desto weniger vermochte die Marchesa dem antiquierten Charme seiner Kreationen abzugewinnen, deren klare Eleganz ihr ohnehin zu wenig offensichtliche Theatralik bot. Dazu bedurfte es wohl der Fantasie und Kunstfertigkeit eines erfahrenen Kostümbildners, und so war der ideale Kandidat zweifellos Léon Bakst von den Ballets Russes. Die faszinierende Wirkung seiner Entwürfe für die Bühne hat ein Kritiker so beschrieben: „Eine fantastische Orgie der Farben …, die Bühnenbilder und Kostüme von Bakst loderten in einem feurigen Schein, grellem Orange, leuchtendem Blau, schreiendem Grün und spien exotische Schätze vor das verblüffte Publikum. Mit einem Mal war der barbarische Osten en vogue."[14] Der Künstler selbst formulierte es kürzer: „Ich wurde geboren …, um für meine Zeitgenossen die Schönheit und Frische der Farbe wieder zu entdecken, die Menschen von Geschmack so lange missverstanden und unterdrückt haben."[15] Seine Befähigung für diese große Aufgabe, so behauptete er einmal scherzhaft, verdanke er der Tatsache, dass er als Kind tubenweise Farben gegessen habe. So sehr Luisa Baksts überschäumende Kreativität bewunderte, so uninteressant fand sie ihn allerdings als Person, woran seine unendlich eintönige Vortragsweise vielleicht nicht ganz unschuldig war.

Baksts exzentrischste Kreationen neben seinen Arbeiten für die Ballets Russes waren die Maskeraden und Roben, die er für die Marchesa entwarf. Zuweilen war es allerdings schwierig zu unterscheiden, was für Luisa Verkleidung war und was „normal". Mit dem Einzug in ihr venezianisches Wunderland verschwamm mehr und mehr die Grenze zwischen Alltagsleben und märchenhafter Illusion. Die Wandlung von der sittsamen reichen Gattin zur extravaganten Verführerin genügte ihr nicht mehr, sie brauchte immer noch ausgefallenere Verkleidungen, um die, die darunter lagen, zu verbergen.

Die genaue Zahl der Kreationen, die Bakst für sie entwarf, ist unbekannt. Eine Quelle spricht von 40, während der Künstler selbst einmal scherzhaft von „tausenden" von Entwürfen sprach, die aus seiner fruchtbaren Zusammenarbeit mit Casati entstanden.[16] Die meisten davon sind verschollen, doch die wenigen, die wir kennen, bezeugen Baksts unglaubliche Fantasie. Zu den berühmtesten zählen etwa seine üppige Interpretation des *Arlecchino biancho* oder der Tierbändiger, mit einem Ara auf der

Schulter und einem lebendigen Affen auf dem Arm. In *Danse Indo-Persane*, einer Kreation aus blauen und goldenen Schleiern, einem konischen, mit Perlen verzierten Kopfschmuck, Pantoffeln mit nach oben gebogenen Spitzen und goldenen Krallen für die Finger, ist die Marchesa auf einer Fotografie gemeinsam mit Boldini abgebildet: Sie hält ihn an der Hand, während er auf einem Podest steht, um zu ihr hinaufzureichen.

Boldini wurde oft zu Luisas extravaganten venezianischen Inszenierungen eingeladen und bedankte sich für ihre Gastfreundschaft mit einer Zeichnung, die sie in romantischer Pose in ihrer opulent ausgestatteten Gondel zeigt. Auch Bakst ließ sich 1912 von der ungewöhnlichen Schönheit seiner Auftraggeberin zu zwei Kohlezeichnungen inspirieren.

Es waren allerdings nicht nur ihre prunkvollen Kostümierungen, mit denen Luisa Aufsehen zu erregen verstand. Auch ihre unorthodoxen nächtlichen Spaziergänge sorgten für Furore: eine geisterhafte Erscheinung, unter den voluminösen Falten ihres Pelzcapes völlig unbekleidet, die zahme Geparden an juwelenbesetzten Leinen über die Piazza San Marco führte. Ein schwarzer Diener mit zwei brennenden Fackeln in der Hand begleitete sie, um das Spektakel für die Blicke entgeisterter Passanten ins rechte Licht zu tauchen. Die Marchesa, von der es hieß, sie trüge mehr Parfüm als Stoff am Leib, setzte auch in späteren Jahren oft und gern ihre Nacktheit ein, um einen wirkungsvollen Auftritt zu inszenieren.

Diese nächtlichen Streifzüge „au naturel" über die Piazza wurden nach dem anfänglichen Schock, den sie unter zufälligen Beobachtern auslösten, zu einer Attraktion für Touristen ebenso wie für einheimische Aristokraten. Der britische Schriftsteller Cecil Roberts war Zeuge des Schauspiels: „[Casati erschien] totenblass, in einem scharlachroten Umhang … exotisch wie eine Zeichnung von Aubrey Beardsley. Vor ihr schritt ein dunkelhäutiger Page, der einen Panther an einer goldenen Kette führte. Es war reinster Tintoretto."[17]

Spektakuläre Auftritte wie diese festigten ihren Ruf als skandalöse Femme fatale. Doch zur internationalen Legende machten sie erst ihre sensationellen Maskenbälle, jene penibel geplanten und verschwenderisch inszenierten Feste, die in der Erinnerung ihrer Besucher fast mythische Dimensionen annahmen. In der europäischen High Society riss man sich bald um Einladungen in die wundersame Ruine am Canal Grande.

Der Palazzo dei Leoni ähnelte inzwischen mehr und mehr einem dekadenten Vergnügungspark – aus goldenen Käfigen trällerten mechanische Vögel, der Garten war mit aromatischen Blumen bepflanzt, die den aus umliegenden Kanälen zuweilen aufsteigenden üblen Geruch überduften sollten. Als botanische Kulisse für zahllose Festlichkeiten war das Gelände um den Palazzo nachts mit Fackeln und geheimnisvollen blauen und grünen Lichtern beleuchtet. In den Bäumen tummelten sich Albinoamseln, deren Gefieder je nach Lust und Laune der Marchesa gefärbt wurde, während im dichten Grün verborgene, mit Blattgold überzogene klassische Statuen den Schein der Fackeln reflektierten. Ein Diener war ausschließlich dazu abgestellt, einen der weißen Pfauen ständig mit Körnern zu versorgen, damit er sich ja nicht von seinem Platz auf dem Fensterbrett entfernte, wo er eine malerische Silhouette über dem Wasser abgab.

Pfauen, Amseln, Windhunde und Geparden mochten Luisas Gästen als Auswahl an Haustieren exzentrisch genug erscheinen, sie selbst allerdings gab sich damit nicht lange zufrieden; neue, noch spektakulärere Attraktionen waren gefragt. Zur ursprünglichen Menagerie gesellten sich bald Primaten verschiedenster Größen und Rassen, farbenfrohe Papageien und neue exotische Raubkatzen wie Ozelote und Tiger. Für J. B. Priestley war Luisa „die berüchtigte Marchesa Casati, die praktisch einen Zoo betrieb“[18], einen Zoo, den sie, wie Prinz Alphonse Clary berichtete, auch auf Ausfahrten in der Gondel mitzunehmen pflegte.[19]

Mrs. Hwfa Williams beschreibt in ihren Memoiren Luisas besonderes Verhältnis zu ihren ausgefallenen Hausgenossen: „Sie war leidenschaftlich tierlieb und eine jener seltenen Frauen, denen selbst die wildesten Raubtiere aufs Wort zu gehorchen scheinen.“[20] Erstaunlicherweise waren keinerlei ernstliche Zwischenfälle zu verzeichnen, höchstens gelegentliche Kabbeleien zwischen Angehörigen verschiedener Arten und bei einer Gelegenheit ein behördlicher Verweis, als Gäste einer Soiree sich mit einem Geparden davonmachten, um mit ihm auf der Piazza San Marco zu promenieren.[21]

Die Beherbergung so exotischer Kreaturen zeitigte nicht immer nur pittoreske Ergebnisse. Der unangenehme Geruch, der einem großen, in einem goldenen Käfig im Palazzo gehaltenen Affen entströmte und den selbst der Duft des Flieders nicht neutralisieren konnte, den man rund um den Käfig arrangiert hatte, verleitete einen Besucher zu der angewiderten Frage, wozu denn ein so ekelhaft stinkendes Haustier gut sei. Die Marchesa reichte einen Fliederzweig durch die Gitterstäbe, den der Affe so heftig an sich riss, dass ein Schauer lilafarbener Blütenblätter niederging, und bemerkte dann zu ihrem erschrockenen Gast: „Verstehen Sie jetzt, wozu der Affe gut ist? Sieht das nicht schön aus? Sieht es nicht aus wie chinesische Malerei?“[22]

Die nächste Spezies, die Luisa für sich entdeckte, waren Schlangen. Die Idee, sich welche zuzulegen, kam ihr angeblich während einer Ausfahrt in der Gondel gemeinsam mit Mariano Fortuny.[23] Diese Leidenschaft nahm solche Dimensionen an, dass Luisa sich weigerte, ohne ihre Schlangen zu verreisen und kostspielige, mit Satin ausgekleidete Kisten anfertigen ließ, um ihren biegsamen Gefährten jede Unbequemlichkeit zu ersparen. Die Reptiliensammlung wurde um immer noch größere Exemplare erweitert, bis hin zu einer gewaltigen Boa constrictor namens Anaxagarus, die die Marchesa auf ihren Spritztouren kreuz und quer durch Europa begleitete.

Ihre Tierliebe tat Luisas exorbitanter Vergnügungssucht keinen Abbruch. So veranstaltete sie etwa innerhalb eines Zeitraums von nur sechs Wochen insgesamt zehn kostümierte Wasserprozessionen und drei Maskenbälle, darunter einen persischen Ball, auf dem die Gäste von Weihrauchschwaden und nackten Sklaven begrüßt wurden, die Gongs ertönen ließen.[24] Eine genaue Chronologie dieser Spektakel zu erstellen, ist unmöglich, doch zahllose Berichte faszinierter Besucher geben Aufschluss über Luisas Eskapaden. Wie etwa über jenen heißen Sommerabend, als die Marchesa mit dem Ruf „Ich ersticke!“ ein Fleischmesser an sich riss und vor den Blicken fassungsloser Gäste ihr Kleid vom Hals bis zum Saum aufschlitzte. Auf einem anderen Fest, bei dem sie als ihr Jugendidol Sarah Bernhardt auftrat, schleuderte sie plötzlich mit gebührender Melodramatik einen Arm nach oben und fiel wie tot auf den schwarzen Samtteppich nieder. Der Romancier Michel Georges-Michel berichtet weiter:

Sie wurde noch weißer als ihre geheimnisvollen Puder. Ihr Körper versteifte sich. Alle waren beunruhigt. Hatte sie irgendeine Droge eingenommen? Baron Panatelli, verkleidet als Heiland, beruhigte die Gäste. Er verlas das Testament von „Sarah Bernhardt“, in dem sie den Wunsch äußerte, die ganze Gesellschaft solle ihrem Leichnam, der in eine mit Kerzen beleuchtete Gondel gebettet war, zum kleinen Lagunen-Friedhof von Attila hinter Torcello folgen.[25]

Der Opern- und Ballettbühnenbildner Oliver Messel, mit dem Luisa eine lebenslange Freundschaft verband, schreibt über ihre erste Begegnung in Venedig:

[Casati] stand auf der Treppe zu ihrem Palazzo … mit einem Leoparden an jeder Seite, gleich Baksts „Schéhérazade". Die Raubkatzen schnappten nach den ankommenden Gästen und zwei als nubische Sklaven verkleidete Diener, die man mit Gold überzogen hatte, überlebten den exotischen Empfang nur mit knapper Not.[26]

Diese Anekdote spielt auf jene vielfach kolportierten, wenn auch völlig übertriebenen Legenden an, die vom Tod diverser Bediensteter infolge von Erstickung berichten, nicht nur während der venezianischen Jahre, sondern auch später auf Capri und in Paris. Tatsächlich gab es vereinzelte Fälle, in denen die bizarre Vergoldung zu Erkrankungen führte, gestorben ist allerdings niemand daran.

Es überrascht nicht, dass Luisas Überspanntheiten solche Halbwahrheiten provozierten. Weibliche Mitglieder der italienischen, österreichischen, russischen oder persischen Fürstenhäuser waren angeblich zu schockiert über den Ruf der Marchesa, um ihre Feste zu besuchen, obwohl ihre männlichen Pendants dort in erklecklicher Zahl zu finden waren. Der englische Maler Christopher Wood liefert in einem Brief an seine Mutter eine andere Erklärung dafür, dass Luisa sich nur mit Männern und Tieren abgab: „Sie verabscheut Frauen, man sieht nie irgendeine Frau bei ihr."[27] Wahrscheinlicher ist wohl, dass sie sich der absoluten Aufmerksamkeit ihrer männlichen Verehrer versichern wollte. Das legt auch jene Legende nahe, die von einem jungen britischen Edelmann berichtet, der auf einem Ball der Marchesa eine bestimmte englische Lady als schönste Frau der Welt bezeichnet haben soll; auf einen Wink der erzürnten Gastgeberin wurde er von ihren Dienern gepackt, seines Kostüms entledigt und auf die Vordertreppe gesetzt, wo er bleiben musste, bis er seine Behauptung widerrufen hatte. Ein anderes Gerücht sprach davon, dass die Furcht erregende Herrin des Palazzo sich einen schönen, stummen tunesischen Prinzen als Lustsklaven hielt. Zum Entsetzen ihrer illustren Gästeschar soll sie auch gruselige Vorstellungen à la Grand Guignol inszeniert haben, in denen diverse ihrer Diener hingerichtet und die „Leichen" der vermeintlichen Opfer sodann in einer dramatischen Zeremonie inmitten des dichten Gebüschs im Garten begraben wurden.

Ein ganz besonderer Coup Luisas war die Okkupation der Piazza San Marco als Schauplatz für ihre Bälle. Beeindruckt von ihrem Vermögen und ihrer außergewöhnlichen Persönlichkeit erteilten Bürgermeister Grimani, der Polizeichef und die Präfektur ihr die erforderliche Genehmigung und stellten für einige ihrer Festlichkeiten sogar ein Aufgebot an Polizisten in Galauniform zur Verfügung, um für den Schutz der Gäste zu sorgen und Tumulte unter den Zuschauern zu verhindern.[28] Dass die gesamte Stadtverwaltung nach ihrer Pfeife tanzte, muss ihr wie die Erfüllung ihrer größenwahnsinnigen Träume erschienen sein. Die wahren Beweggründe für das Entgegenkommen der Behörden waren möglicherweise eher politischer Natur. Angeblich nutzte die italienische Regierung ihre Bälle, um geheime diplomatische Zusammenkünfte zwischen den eingeladenen Botschaftern und Attachés unbeobachtet abwickeln zu können.[29]

Der Höhepunkt in Luisas venezianischer Karriere war vielleicht der Grande Ballo Pietro Longhi, ein Maskenball im Stil des 18. Jahrunderts, der im September 1913 auf der Piazza San Marco in der Nähe des Caffè Florian stattfand. 200 schwarze Diener in weißen Perücken und samtenen roten Frackmänteln, geschmückt mit Perlenschnüren, erleuchteten mit Kandelabern den Weg zu den über den Platz verstreuten Tischen. Die Mitglieder der britischen, französischen und italienischen Aristokratie entstiegen in barocken Krinolinen, gepuderten Perücken und bestickten Westen oder in traditionellen Kostümen der Commedia dell'Arte ihren Gondeln. Viele hatten ihre Kostüme bei Bakst in Auftrag gegeben, der auch die Uniformen für die Dienerschaft der Marchesa entworfen hatte. Fortunys Atelier lieferte die eigens gefärbten Samt- und Seidenstoffe. In seinen Memoiren erinnert sich Alex Ceslas Rzewuski an „Polizeikordons ... [die] wachsame Reihen an den Ein- und Ausgängen zu beiden Seiten des Dogenpalasts bildeten. Alle Fenster, die Blick auf den Platz boten, waren um Unsummen vermietet worden, sogar auf den Dächern fanden sich Schaulustige ein."[30]

Der große Auftritt der Gastgeberin vom Wasser her wurde angekündigt durch Fahnenträger, Trompetenspieler und drei Falkner. Ein Orchester folgte ihr in einer Gondel, die mit zahllosen chinesischen Lampions beleuchtet war. Die Marchesa betrat die Piazzetta wie eine von Tiepolo gemalte Gottheit, gekleidet in eine goldene Satinrobe mit einem immensen Reifrock und einen Umhang aus schwarzer Spitze, dessen lange Schleppe von zwei federgeschmückten Lakaien getragen wurde. Die Geparden führte sie an türkisbesetzten Leinen hinter sich her. Der Anblick Luisas entfesselte stürmische Ovationen unter den Ballgästen und den Zuschauern, die sich an der Riva degli Schiavoni drängten.

Obwohl es fast unmöglich scheint, fand Luisa während ihrer Jahre in Venedig neben den aufwändigen Vorbereitungen für ihre zahlreichen Feste noch Zeit für andere Interessen. Vor allem trat sie auch hier als Förderin verschiedener Porträtisten auf, etwa des jungen Florentiners Umberto Brunelleschi, den sie 1911 kennen lernte. Sein Gouacheporträt *La belle rencontre* zeigt die Marchesa nackt, bekleidet nur mit blauen Strümpfen; außerdem trägt sie eine blassblaue Perücke und eine marineblaue Maske. Auf ihrer Schulter sitzt ein blaugoldener Papagei, auf ihrem ausgestreckten Finger ein mechanischer Singvogel und um ihren rechten Oberschenkel windet sich eine vergoldete Schlange. Neben ihr steht ein rosa- und lavendelfarbener Windhund, während ein Pierrot sich bewundernd vor ihr verbeugt.

Auch der venezianische Künstler Guiglio de Blaas, der zuvor schon Anita Loos, Consuelo Vanderbilt und den Opernstar Lucrezia Bori porträtiert hatte, war für die Marchesa tätig. Auf zwei 1913 entstandenen Ölgemälden verewigte er sie in ihren zwei berühmtesten Maskeraden: Das erste zeigt sie als Baksts *Arlecchino bianco*, im Hintergrund der Garten ihres Palazzo, das zweite in ihrem majestätischen Barockkostüm aus goldenem Satin und schwarzer Spitze.

Während der folgenden Jahre erweiterte Luisa ihren Wirkungsbereich weit über Venedig hinaus und unterstützte eine Gruppe neuer Maler, Modeschöpfer, Fotografen und Komponisten. Ihre unersättliche Gier nach neuen und immer noch spektakuläreren Erfahrungen führte sie mit den Begründern jener künstlerischen Bewegungen zusammen, die bald ton-

(1) Das 1912 entstandene berühmte Fotoporträt der Marchesa Luisa Casati von Adolph de Meyer

(2–3) Luisas Eltern: Conte Alberto Amman und Contessa Lucia Amman (Porträts von Felice Zennaro)

(4–5) Darunter Conte Amman auf der Kutsche vor der Amman-Wepferischen Baumwollfabrik in Pordenone (um 1880) und die Villa Amalia in Erba, der Familiensitz bei Mailand (um 1900)

(6–7) Luisa Amman (rechts) mit Schwester Francesca (ca. 1884), das rechte Bild wurde ein paar Jahre später aufgenommen.

(8–9) Unten: Foto von 1899 und ein Porträtgemälde der heiratsfähigen Industriellentochter von Vitellini

(10) Mit ihrem Mann Camillo Casati kurz nach der Hochzeit (1900)

(11) Unten die junge Mutter mit Tochter Cristina (ca. 1902)

(12) Die Marchesa Casati, wie sie ihrem Gatten gefiel, und
(13) als Kaiserin Theodora auf einem Ball in Rom (1905)

(14) Camillo Casati mit Gesellschaft bei der Jagd

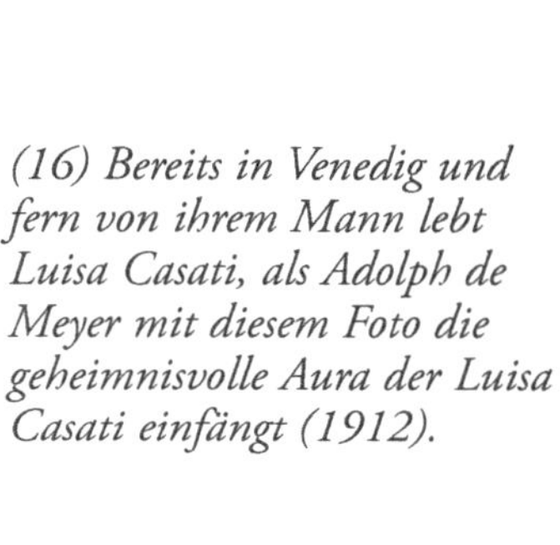

(15) Gabriele D'Annunzio, Luisa Casatis früher Verehrer, Gleichgesinnter und Geliebter

(16) Bereits in Venedig und fern von ihrem Mann lebt Luisa Casati, als Adolph de Meyer mit diesem Foto die geheimnisvolle Aura der Luisa Casati einfängt (1912).

(17) Der „Palazzo dei Leoni“ am Canal Grande,

(18) rechts Luisas Gondel bei den Löwenköpfen,

(19–20) darunter Schnappschüsse früher Paparazzi mit der Marchesa und ihren seltsamen Haustieren, den Geparden

(21) Das zweite Adolph-de-Meyer-Portät von 1912 und die Unterschrift der Marchesa:

angebend sein würden. Für viele von ihnen wurde Luisa zu einer medusenäugigen Galionsfigur, die ihren Aufbruch in die revolutionäre Kunst des 20. Jahrhunderts erst möglich machte.

3

Eines späten Abends, im spärlich beleuchteten Komfort des Hotels Vier Jahreszeiten in München, hatte der junge polnische Pianist Artur Rubinstein eine übernatürliche Erscheinung. Er saß vermeintlich alleine in einem der Salons und beendete gerade einen Brief, als sich plötzlich vor ihm eine Gestalt aus der Dunkelheit erhob – laut seinen Memoiren ein Wesen mit malvenfarbenem Haar, bemalten Augen und langen gelben Zähnen. Er schreibt nicht, was danach geschah, doch diese Grauen erregende Vision, bei deren Anblick er einen lauten Schrei ausstieß, prägte sich unauslöschlich in sein Gedächtnis ein.[31]

Einige Jahre später, um 1910, reiste Rubinstein durch Italien und versuchte sich eine Karriere als Pianist aufzubauen. Sein Landsmann, Freund und Förderer Graf Alexander Skrzynski, Attaché an der österreichischen Botschaft im Vatikan, hatte für ihn einige private Konzerte bei Angehörigen der römischen Oberschicht organisiert. Der Graf kündigte ihm an, er würde ihn einer faszinierenden Frau vorstellen, und fuhr mit ihm zu einer großen modernen Villa an der Via Piemonte, wo ein Butler sie zu ihrer Gastgeberin geleitete. Rubinstein fährt fort:

> *Nach Skrzynskis Andeutungen erwartete ich eine unwiderstehliche blonde oder schwarze Schönheit, und so konnte ich einen Schreckensschrei kaum unterdrücken, als wir den Salon betraten, denn die Dame auf dem Sofa war niemand anderer als jener Geist, der damals im dunklen Lesezimmer des Hotels Vier Jahreszeiten in München hinter meinem Schreibtisch aufgetaucht und mich fast zu Tode erschreckt hatte.*[32]

Die Dame hatte ein ausgezeichnetes Gedächtnis und erkannte ihren Gast sofort: „Keine Angst – ich weiß noch, wie Sie in München geschrien haben, und ich verspreche, Ihnen nichts zu tun.“[33] Rubinstein war von der Marchesa bezaubert: „Sie besaß eine unvergessliche Persönlichkeit (das meine ich jetzt nicht sarkastisch) und bemerkenswerte Intelligenz … An jenem Nachmittag wurden wir gute Freunde und blieben es über viele Jahre.“[34] Luisa arrangierte eine musikalische Soiree für den jungen Pianisten, der nicht nur von der Höhe des Honorars, sondern auch von der Auswahl der Gäste beeindruckt war:

> *Neben einer Vielzahl illustrer Namen hatte sie auch die wahren Intellektuellen, die wahren Musikliebhaber, die ein Konzertpublikum ausmachen, versammelt … Am Tag meiner Abreise lud Skrzynski mich zum Lunch ins Grand Hotel ein und gab mir 2.000 Lire Honorar für das Konzert … und ein wunderschönes silbernes Zigarettenetui mit goldenem Monogramm.*[35]

Für dieses Debüt, das von allen Anwesenden als künstlerischer Erfolg gewertet wurde, blieb Rubinstein der Marchesa in Dankbarkeit verbunden. Wann immer die beiden in den folgenden Jahren gleichzeitig in Rom waren, erneuerten sie ihre Freundschaft. Luisas Großzügigkeit trug dazu bei, den Ruf des jungen Pianisten am Beginn seiner, wie sich zeigte, grandiosen Karriere zu festigen.

Dass der Gatte der Marchesa stets durch Abwesenheit glänzte, wenn Rubinstein sie besuchte, ist nicht verwunderlich. Bis 1910 hatte das Paar sich so weit entfremdet, dass sie nie zur selben Zeit im selben Domizil logierten. Wenn Luisa in Rom war, flüchtete Camillo nach Cinisello Balsamo oder ging in Gallarate auf die Jagd. Und obwohl Quellen davon sprechen, dass die beiden im September 1913 gemeinsam ein Fest im Palazzo dei Leoni gaben, gibt es kaum Hinweise darauf, dass der Marchese sich öfter in Venedig aufhielt.

Während der Belle Époque pflegte der Lieblingsfotograf der europäischen Hautevolee, Baron Adolph de Meyer, jeden September nach Venedig zurückzukehren, wo er sich gemeinsam mit seiner Frau Olga für eine Saison im kleinen Palazzo Balbi-Valier am Canal Grande einmietete. Die beiden verband nicht nur ihre jeweilige Homosexualität, sondern auch ihre gemeinsame Leidenschaft für Kokain. Das unbestreitbare fotografische Genie des Barons trat vor allem in der perfekten Bildkomposition und dem sinnlichen Einsatz von Licht in seinen Arbeiten zutage. Die luxuriöse Ausstrahlung und unterschwellige Erotik seiner Fotografien brachte ihm Aufträge von Modejournalen wie *Vogue* oder *Harper's Bazaar* ein, für die er auch Artikel über Geschmack und Stil der Schönen und Reichen verfasste. Sein wachsender Ruhm machte ihn bis Mitte der 1920er Jahre – neben Edward Steichen – zum höchstbezahlten Fotografen der Welt.[36]

In Venedig lernten die De Meyers natürlich irgendwann auch Luisa Casati kennen. Unter ihrer erfindungsreichen Anleitung organisierte das Paar diverse Abendgesellschaften. Bei einer besonders surrealistischen Soiree befand sich unter den Gästen auch eine lebensgroße männliche Wachsfigur, über die später behauptet wurde, sie enthielte an der Stelle des Herzens eine Urne, gefüllt mit der Asche eines früheren Liebhabers der Marchesa.[37] Die Parallelen zwischen dieser nekrophilen Legende und jenen über Cristina Trivulzio sind offensichtlich. Luisa war beglückt zu hören, dass die makabre Aura ihres Idols auf sie übergegangen war.[38]

1912 schuf De Meyer seine zeitlosen Porträts der Marchesa. Eines der noch erhaltenen zeigt sie sitzend, in der Hand eine Zigarettenspitze, wie sie sich über die Stuhllehne der Linse zuneigt, ihr verstohlenes Anti-Gioconda-Lächeln auf den Lippen. Luisa schenkte D'Annunzio später einen Abzug dieses Porträts, den er mit dem Sinnspruch versah: „Fleisch ist nichts als Geist vermählt mit Tod." Er verwahrte die gerahmte Fotografie in seinem Schlafzimmer, wo sie nach seinem Tod gefunden wurde.

Ein weiteres Porträt ist eine Ganzkörperaufnahme, auf der Luisa eine ihrer langen Perlenschnüre trägt. Die letzten zwei sind Nahaufnahmen: Eine davon ist sehr dunkel und geheimnisvoll, die andere wohl die aufschlussreichste Fotografie, die je von dieser außergewöhnlichen Persönlichkeit gemacht wurde. Ein Kritiker hat später die Wirkung des Bildes so beschrieben:

> *Das Porträt der maßlos exzentrischen Marchesa Casati ist ein Frontalangriff auf den Betrachter, eine Art der Konfrontation, die in De Meyers Porträts neu war … Ihr Blick ist unentrinnbar, sie starrt uns nieder mit diesen Augen, die ihr ausdrucksstarkes Gesicht dominieren. Ihr Körper ist in einen dunklen Umhang gehüllt, der uns keinerlei Aufschluss darüber gibt, welchem Geschlecht sie angehört.*[39]

Anders als De Meyer, der Casati erst in Venedig kennengelernt hatte, war Alberto Martini bereits einer ihrer Bewunderer, als sie sich um 1912 wieder begegneten. Martini war für einen längeren Aufenthalt nach Venedig gekommen – eine ideale Gelegenheit für den Künstler und seine Muse, denen die Vergöttlichung Luisas gleichermaßen ein Anliegen war. Sie schlossen einen regelrechten Vertrag – inklusive festgelegter Abgabetermine, Vorauszahlungen und Reisespesen –, mit dem Martini sozusagen zum Hofmaler der Marchesa avancierte.[40]

Dieser ungewöhnliche Pakt würde über mehr als zwei Jahrzehnte Früchte tragen. Luisa war entzückt über das Arrangement, das ihrer Porträtgalerie beträchtlichen Zuwachs bescherte. Neben zahlreichen Skizzen und kleineren Darstellungen vollendete Martini insgesamt zwölf große Porträts, die Luisa in der Pose verschiedenster bemerkenswerter Charaktere und Typen, realer wie fiktiver, darstellten, darunter Jeanne d'Arc, eine Amazone zu Pferd oder La Camargo, die Primaballerina des 18. Jahrhunderts. Diese Porträts sind leider nicht erhalten, andere zum Glück schon. Ein Pastell von 1925 zeigt das Modell in der vergoldeten Rüstung und dem federgeschmückten Helm von Cesare Borgia; die zahme Boa constrictor liegt zusammengerollt zu ihren Füßen. Als Muster für den Dolch in ihrer Hand verwendete Martini das einst im Besitz Borgias befindliche Original aus Luisas Sammlung. Auf einem anderen Blatt schwebt ihr körperloser Kopf als Medusenhaupt vor dem nächtlichen Himmel, während sie im *Portrait de la Marquise Casati dans mon atelier a Paris* mit einem Vergrößerungsglas in der Hand einige ungerahmte Gemälde in Martinis Atelier in Montparnasse inspiziert.

Unter den zahlreichen anderen Skizzen und Entwürfen Martinis finden sich auch eine Tuschezeichnung, auf der Casati kostümiert ist und Banjo spielt,[41] oder eine Skizze, die sie während einer Ausfahrt in der Gondel zeigt; ihr Gesicht unter dem unmöglich gewölbten Hut wird von einem weißen Oval angedeutet, in dem zwei tiefschwarze Löcher klaffen. Diesem beklemmenden Detail maß Martini offenbar wesentliche Bedeutung bei, jenen – wie er einmal sagte – „riesengroßen, ja übermächtigen schwarzen Augen, die sie so sehr akzentuierte, dass sie wie eine Maske wirkten. Die künstlich erweiterten Pupillen verliehen ihren Augen etwas Unwirkliches, wie die jener unübertroffenen ägyptischen Skulpturen."[42]

Diese unnatürlich großen Pupillen waren auf Atropin zurückzuführen, auch bekannt als Belladonna, jene aus den Wurzeln und Blättern der Tollkirsche gewonnene Tinktur, die nicht nur zur Erweiterung der Pupillen dient, sondern den Augen auch besonderen Glanz verleiht. Bei den Damen der Jahrhundertwende waren mit Belladonna versetzte Augentropfen groß in Mode. Auch Luisa verwendete sie regelmäßig und trotz der gefährlichen Nebenwirkungen, die nach und nach bekannt wurden, wird sie dieses tägliche Ritual fast bis an ihr Lebensende beibehalten – so riskant die Prozedur auch sein mochte, sie verhalf ihren wertvollsten physischen Attributen zu noch stärkerer Ausdruckskraft, und das war alles, was für sie zählte.

Das bemerkenswerteste Porträt, das Alberto Martini von Casati schuf, ist zweifellos das 1912 entstandene, nach Verlaines Gedicht „Kaléidoscope" benannte *Un lent réveil après bien des metempsychoses* – oder schlicht *Nachtfalter* –, ein an die drei Meter hohes Pastell, das bei der Esposizione Internazionale 1914 ausgestellt wurde. Es zeigt Luisa stehend am Ufer der mondbeschienenen venezianischen Lagune, während ihr schlanker Körper sich gerade in einen Nachtfalter verwandelt. Ihre rechte Schulter geht an Stelle eines Arms in einen fantastisch gemusterten Insektenflügel über. Die Arbeit an diesem Bild scheint für die gefiederten Haustiere der Auftraggeberin höchst faszinierend gewesen zu sein, wie der Künstler sich erinnert:

> *Ich musste auf zwei miteinander verbundenen Leitern arbeiten, während Papageien sich mit ihren Schnäbeln nach oben hievten oder ein riesiger Vogel aus dem Grand Canyon oben auf der Leiter landete, wo ich gerade herumbalancierte … Die ganze Veranstaltung muss ungemein unterhaltsam und akrobatisch gewirkt haben.*[43]

Der Zusammenhang zwischen dem Modell des Porträts und seinem Thema, der Metempsychose, also dem Übergang der Seele nach dem Tod in eine andere menschliche oder tierische Hülle, ist offensichtlich: Schließlich hatte Luisa mit Hilfe ihrer extravaganten Vorstellungskraft und ihres immensen Vermögens die Macht erlangt, sich selbst nach Belieben zu verwandeln und neu zu erfinden – eine zu jener Zeit vor allem für Frauen gleich welcher Gesellschaftsschicht kaum erreichbare Ausnahmestellung. Die Marchesa Casati hatte sich des Kokons der unscheinbaren Luisa Amman längst entledigt.

Martini hat die sich ständig wandelnde Persönlichkeit und die unberechenbaren Launen seines Modells in seinen Memoiren auch mit Worten porträtiert:

Die Marchesa … war zuweilen die Sklavin ihrer Traumwelt. Sie war eine große Künstlerin, doch unverstanden von gewöhnlichen Menschen oder selbst ihren Freunden, die ihre künstlerischen Erfolge mit Neid betrachteten. Ihre Arena waren ihre Paläste und ihre aristokratischen Kreise, Bühnen, auf denen üblicherweise jeder seine eigene Vorstellung gab; doch wenn sie ins Rampenlicht trat, wurden alle anderen automatisch zu Statisten und Zuschauern. Nüchterne, banale Kritik verachtete sie ebenso wie das ambivalente Lob ihrer Freunde. Aber sie war überaus zufrieden mit dem Erfolg, den sie stets erzielte …
Ihr goldenes Haar, wallend wie eine Löwenmähne im Wind, nahm medusenhafte Dimensionen an. „Malen Sie mir einen Löwenkopf", sagte sie selbstgefällig zu mir, während sie posierte. Sie betrachtete sich mit ernstem, konzentriertem Blick in den vielen Spiegeln: „Ich sehe mich als Löwe, fühle mich als Löwe." … „Sie sind eine Metamorphose", erklärte ich mit jener Ruhe, die sie so aus der Fassung brachte. „Zuerst wollen Sie ein Porträt als Medusa, dann als Löwe. Sind Sie alle zwei Tage etwas anderes? Gestern ist tot; morgen ist ein Rätsel. Morgen früh werden Sie aus dem Bett springen und im Spiegel eine neue Offenbarung erblicken. Neulich waren Sie doch vom Phönix inspiriert. Ich glaube, Sie wollen mit dem Feuer spielen."[44]

Die Beziehung zwischen den beiden war nicht immer ungetrübt. Martinis Wunsch, ihre Porträts in Frankreich auszustellen, stieß bei Luisa auf Unverständnis:

Einige meiner Freunde, darunter auch die Direktoren einer großen Galerie, planten eine Ausstellung ihrer von mir gemalten Porträts. Sie versuchten ein Jahr lang, die Bilder zu bekommen, aber ohne Erfolg. Die Marchesa ging so weit zu erklären, meine Kunst sei nicht kommerziell und sie würde es niemals zulassen, dass ihre Porträts für so eine Veranstaltung missbraucht würden. Dadurch entging mir ein Vermögen, denn das Interesse an ihr war damals immens.[45]

Luisas beharrliche Weigerung in diesem Fall entbehrt nicht einer gewissen Ironie, wenn man sich an ihre wütende Reaktion einige Jahre zuvor erinnert, als Boldini Reproduktionen ihres Porträts untersagte. Martini gegenüber deklamierte sie: „Was bedeutet schon Geld verglichen mit der Würde der Kunst? Nichts!"[46]

Gabriele D'Annunzio befand sich währenddessen in seinem freiwilligen Schuldnerexil in Paris, wo er unter anderem Bekanntschaft mit Prinz Paul Troubetzkoy schloss. Der junge russische Künstler konnte bereits auf eine glanzvolle Karriere als Bildhauer zurückblicken. Zu den Käufern seiner Bronzestatuen und Büsten zählten so illustre Persönlichkeiten wie Boldini, Montesquiou, Leo Tolstoi und bald auch D'Annunzio, ja selbst Rodin saß für ihn Modell.

Auch Luisa gab 1913 ein Porträt bei ihm in Auftrag. Troubetzkoys Skulptur, eines seiner bekanntesten Werke, stellt sie im Stehen dar, in einem kurzärmeligen Kleid mit einer großen Blume auf der Schulter, während sie die Schnauze eines Windhundes liebkost. Daneben schuf der Künstler noch eine Bleistiftskizze und ein Ölbildnis der Marchesa.

Die Esposizione Internazionale d'Arte della Citta di Venezia von 1914 fand knapp vor Ausbruch des Ersten Weltkrieges statt. Gleich zwei Porträts der Casati wurden dort gezeigt: die Bronzefigur von Troubetzkoy auf einem Podest in der Skulpturenhalle, und nicht weit davon Martinis Meisterwerk eines Halb-Mensch-halb-Nachtfalter. Guiglio de Blaas' Ansuchen, auch seine beiden Casati-Porträts zu präsentieren, wurde mit der Begründung abgelehnt, das Modell wäre auf der Ausstellung schon ausreichend vertreten.

Unwissende Besucher der Esposizione Internazionale nahmen wohl an, Martinis fantastisches Insekt wäre allein der Vorstellungskraft des Künstlers entsprungen. Doch in Wahrheit erschienen die äußerlichen Charakteristika der Marchesa ebenso wie ihr Benehmen nicht weniger bizarr als das Gemälde. Davon konnten auch die zahlreichen Gondolieri ein Lied singen, die sich in ihrem Dienst das Ruder in die Hand gaben, bevor sie endlich einen fand, der für ihre grandiosen Pläne Verständnis aufbrachte: Emilio Basaldella, seiner Herrin treu ergeben, fügte sich ihren ungewöhnlichen Anordnungen, ohne dass je ein Widerspruch über seine Lippen gekommen wäre.

Seine Loyalität blieb nicht unbedankt. Mit Besorgnis bemerkte seine Herrin nach einiger Zeit, dass ihr üblicherweise so kompetenter Gondoliere ganz plötzlich sein Handwerk verlernt zu haben schien. Der Grund für Basaldellas Zerstreutheit war, wie sich bald herausstellte, Italia Paoluzzi, eine schöne junge Frau, die einer vermögenden Familie aus der Giudecca entstammte. Ihr Vater beäugte den nicht standesgemäßen Verehrer seiner Tochter mit Missfallen. Luisa beschloss sich zur Fürsprecherin der jungen Liebenden zu machen – wohl auch aus der Befürchtung heraus, dank Basaldellas chaotischem Fahrstil demnächst aus der Gondel in einen Kanal geschleudert zu werden. Es folgte eine Flut von Briefen an Italias Familie, in denen Luisa die Tugenden ihres Gondoliere pries und sie beschwor, dem Glück ihrer Tochter nicht im Wege zu stehen. Angesichts dieser stürmischen Kampagne und im Wissen, dass die Marchesa ihren illustren Freunden die Romanze in dramatischen Farben schilderte, gaben die Eltern schließlich nach und Emilio Basaldella und Italia Paoluzzi gaben sich am 25. April 1914 das Jawort. Das Paar blieb der Marchesa, die den Kampf für ihre Liebe so erfolgreich unterstützt hatte, in Dankbarkeit verbunden.

Etwa um diese Zeit fand Luisa Gelegenheit, ihre aus einem früheren Aufenthalt in Paris datierende flüchtige Bekanntschaft mit Roberto Montenegro zu erneuern, einem jungen mexikanischen Künstler, dessen Tuschezeichnungen an die dekadenten Werke Aubrey Beardsleys und Harry Clarkes erinnerten.[47] Montenegro verließ gerade eine Galerie auf Murano, der berühmten venezianischen Glasbläserinsel, wo er eine schwarze Vase mit Henkeln in der Form von Delfinen gekauft hatte, als ein Verkäufer ihn aufhielt, um ihm einen unerwarteten Vorschlag zu unterbreiten: Eine andere Kundin – eine extravagant gekleidete Dame – war so versessen auf seine Vase, dass sie Montenegro anbot, sich im Tausch dafür irgendein anderes der in der Galerie ausgestellten Objekte auszusuchen, egal zu welchem Preis. Fasziniert stimmte der Künstler zu und wurde der hartnäckigen Interessentin vorgestellt: „Die Frau war groß, schlank, in Pelz gehüllt und trug einen Hut mit schwarzem Schleier, der ihr mysteriöses Gesicht zum Teil verbarg. Dahinter funkelten ihre Augen hervor. Mit einem perfekten Lächeln auf den Lippen streckte sie mir ihre Hand entgegen und fragte nach meinem Namen."[48]

Als Entschädigung für den Verlust der Vase bat die exzentrische Dame – natürlich Luisa Casati – Montenegro für den nächsten Abend zum Diner. Zum Abschied überreichte sie ihm noch ihre Karte und erkundigte sich, ob er an einem Auftrag für ein Porträt interessiert sei. Zur festgesetzten Stunde fand Montenegro sich wie vereinbart am Palazzo ein:

> *In der massiven Mauer befand sich eine schmale Durchfahrt, kaum breit genug für meine Gondel. Ein enger Kanal führte zwischen Gärten und Bäumen hindurch, wo indirekt beleuchtete, vergoldete klassische Statuen zu bewundern waren und verfallene Marmorbalustraden, geschmückt mit gemeißelten Blumen und Früchten. Das Gebäude selbst war unter den wuchernden Weinranken kaum zu sehen … Im Inneren befand sich ein großer Salon mit goldenen Wänden, Teppichen, Verzierungen, Türen, von einem Gold, dessen Glanz vergangen und das verblasst und alt war. Die Dame des Hauses war ausgefallen und exzentrisch, doch elegant gekleidet und stellte mich dem Direktor der Akademie der Schönen Künste, einem russischen Prinzen und anderen illustren Gästen vor. Das Mahl war vorzüglich, die Bedienung erstklassig, die Gespräche an-regend. Man bestürmte mich mit Fragen über meine Heimat Mexiko.*
>
> *Die Gesellschaft endete um zwei Uhr morgens, doch nicht bevor die Marchesa mir mitgeteilt hatte, wann sie Modell sitzen würde.*[49]

Montenegros Porträt zeigt sein androgynes Modell auf den Stufen des Palazzo dei Leoni in einem persischen Kostüm von Poiret. In der Hand hält sie einen halbierten Granatapfel, möglicherweise eine Anspielung auf Luisas d'annunzianisches Pseudonym, da diese Frucht im Kore-Mythos eine Rolle spielt. Zu Füßen der Marchesa steht ein maskierter Lakai und bietet eine übervolle Schale dar, deren Inhalt aus fantasievoll gezeichneten Herzen zu bestehen scheint. Luisa war so begeistert, dass sie die Zeichnung als persönliche Weihnachtskarte auf Goldpapier drucken ließ.

4

Es wurde behauptet, dass die Marchesa Casati nicht unbeteiligt daran war, St. Moritz als bevorzugten Wintersportort der Hautevolee zu etablieren. Noch in den ersten Jahren des 20. Jahrhunderts war der kleine Schweizer Kurort ein beliebtes Urlaubsziel vor allem für die wärmere Jahreszeit gewesen. Doch Luisa war hingerissen vom Anblick der schneebedeckten alpinen Gebirgslandschaft. Um ihn entsprechend genießen zu können, mietete sie sich üblicherweise im Montreux Palace oder im Carlton ein, wobei die Ausstattung der Räume selbstverständlich gemäß ihren persönlichen Vorstellungen verfeinert werden musste – mit Brokatbehängen an den Wänden, Samtkissen, Bären- und Tigerfellen auf dem Boden, die Tische beladen mit Kristallkugeln und diversen anderen magischen Utensilien.

Tagsüber vergnügten die Gäste sich auf den Schipisten. Ein Foto zeigt Luisa in Pelzmantel und Kosakenhut, wie sie einen Schistock schwenkt – wenn das auch kein direkter Beweis für ihre Geschicklichkeit als Schifahrerin ist. Nach Einbruch der Dunkelheit pflegte die Marchesa ihrem Kindheitsidol König Ludwig nachzueifern und wilde Schlittenfahrten durch den Pulverschnee zu unternehmen, eingehüllt in Hermelin in einem von weißen Pferden gezogenen Schlitten.

In St. Moritz machte Luisa die Bekanntschaft Prinz Adalberts von Preußen, Offizier der kaiserlichen Marine und ein Sohn Kaiser Wilhelms II. Wie Michel Georges-Michel berichtet, zog der Prinz sich eines Nachmittags den Zorn der Marchesa zu, als er an ihrer Stelle die Marchesa di Rudini, eine gefeierte Schönheit, zu einer Ausfahrt in der Kutsche einlud.[50] Luisa ließ unverzüglich Rennpferde vor eine Kutsche spannen und befahl dem Kutscher, dem Paar zu folgen und den Prinzen zu überholen. Als ihr schockierter Kutscher Einwände gegen eine solche offensichtliche Beleidigung äußerte, schrie sie nur: „Überholen Sie! Er soll toben vor Wut!" Als die Kutsche der Marchesa zum dritten Mal an jener des Prinzen vorbeizog, rief sie aus: „Dieser junge Mann sieht sehr gut aus, aber Geschmack hat er keinen. Er wird noch als Vertreter enden!" Ein prophetischer Ausruf, wie sich zeigte: Nach dem Ende des Ersten Weltkrieges musste der Prinz sich seinen Lebensunterhalt tatsächlich als Autoverkäufer verdienen.

Dem Ruf seiner Muse folgend, stattete Anfang 1913 auch Gabriele D'Annunzio St. Moritz einen Besuch ab. Luisa pflegte ihn von Zeit zu Zeit – mit einer Notiz in goldener Tinte auf schwarzem Pergament, verziert mit einem Totenkopf und einer Rose – zu sich zu zitieren, wo immer sie sich auch gerade aufhielt und war stolz darauf, dass es ihr immer wieder gelang, ihn von seiner jeweils aktuellen Geliebten wegzulocken. Sobald D'Annunzio sie von seiner bevorstehenden Ankunft in St. Moritz unterrichtet hatte, mobilisierte die Marchesa die Belegschaft des Carlton und bläute ihnen ein, welch große Ehre ihnen durch den Besuch dieses Genies widerfuhr. Für den Dichter war die amouröse Begegnung mit Luisa nicht das einzige Ergebnis seines Aufenthalts in St. Moritz. Hier traf er auch Giovanni Pastrone, einen Pionier des italienischen Stummfilms; aus dieser Begegnung entstand D'Annunzios erfolgreiche Mitarbeit an dem Filmepos *Cabiria*.[51]

Während ihrer venezianischen Jahre kehrte Luisa häufig nach Rom zurück, um Francesca und deren Kinder zu besuchen. Francesca hegte immer noch große Zuneigung für ihre jüngere Schwester, bedachte ihre Exzentrizitäten mit Nachsicht und ignorierte kritische Bemerkungen oder die scheinbar unglaublichen Gerüchte, die über die Marchesa kursierten. Was sie allerdings von der kühlen Beziehung zwischen Luisa und ihrer eigenen Tochter hielt, ist nicht bekannt. Cristina musste immer noch den Großteil des Jahres in ihrem katholischen Internat in Frankreich verbringen, während sie in den Ferien der nicht minder strengen Aufsicht ihrer deutschen Gouvernante unterstand. Überdies wurde Cristina auf Anordnung der Marchesa fast bis zu ihrem 13. Geburtstag mit Kleidchen und Hauben wie ein viel jüngeres Mädchen ausstaffiert, obwohl sie die Größe ihrer Mutter geerbt hatte. Vermutlich sollte die Illusion eines jüngeren Kindes dazu beitragen, Luisas eigenes Alter zu verschleiern.[52]

In Familien der Oberschicht war ein distanziertes Verhältnis zwischen Eltern und Kindern zwar keine Seltenheit, doch Luisa und Camillo scheinen sich beide so gut wie gar nicht für ihre Tochter interessiert zu haben. Die extreme Egozentrik der Marchesa beeinträchtigte schließlich auch die enge Beziehung zu ihrer Schwester. Nachdem Francesca durch eine schwere Meningitiserkrankung entstellt worden war,[53] blieb der private Kontakt zwischen den Schwestern zwar durchaus herzlich; doch zu Luisas großen Gesellschaften, bei denen nur das Äußere zählte, wurde Francesca nicht mehr eingeladen. Vielleicht war diese grausame Entscheidung ihre – wenn auch unbewusste – Rache für jene Jugendjahre, in denen sie neben Francescas Schönheit so unscheinbar gewirkt hatte.

Mit ihrem Hang zu skandalösen Darbietungen und protziger Zurschaustellung machte Luisa sich weder bei den Ammans noch bei den Casatis beliebt. Ihr war durchaus bewusst, dass ihre Verwandten über sie die Nase rümpften, wenn auch beide Familien ihr angesichts ihres Reichtums und gesellschaftlichen Rangs widerstrebend Respekt zollten. Und natürlich wollte niemand einen offenen Bruch mit einer so berühmten Persönlichkeit provozieren – lieber warteten sie, bis die Marchesa sich mit ihren unvorhersehbaren narzisstischen Exzessen selbst ins Aus katapultieren würde. Mit Ausnahme von Francesca besuchte kein Familienmitglied der Ammans je eine ihrer Residenzen.

Unter all den internationalen Schauplätzen, zwischen denen Luisa unablässig hin und her pendelte, wählte sie Paris, das Zentrum der europäischen Kunstszene der Belle Époque, als Kulisse für ihre spektakulärsten Inszenierungen, deren Extravaganz selbst die surrealen Feste im Palazzo dei Leoni oder die Maskeraden auf der Piazza San Marco in den Schatten stellte. Viele ihrer Auftritte in Paris erlangten legendären Ruf, etwa jener Ball, auf dem auch die erlesensten Schönheiten neben der schieren Theatralik von Luisas Lady Macbeth verblassten – ganz in Schwarz gekleidet, um den Hals eine blutbefleckte Hand aus Wachs, die einen Dolch umklammerte. Dieses schaurige Spektakel überbot sie noch mit dem Einzug in ihre Loge in der Pariser Oper: Ihr flammendes Haar war gekrönt von einem Fächer aus weißen Pfauenfedern, während über die bleiche Haut ihres rechten Arms Blut nach unten strömte, das aus dem Hals eines frisch geschlachteten Huhns stammte. Bei ihrem Anblick fielen angeblich einige der anwesenden Damen vor Schreck in Ohnmacht.

Bei einer Vorstellung der Ballets Russes gelang es Luisa mit einem Ensemble aus Reiherfedern alle zu schockieren, die ihren Weg kreuzten. Aus ihrer Robe lösten sich bei jeder Bewegung kleine Wölkchen flockiger Daunen, bis von dem Kleid praktisch nichts mehr übrig war und die Trägerin mehr oder weniger nackt durch die Gänge flanierte. An einem anderen Abend stieg der künstlerische Bonvivant Sir Francis Rose nach einer Soiree versehentlich in Luisas Limousine, trat jedoch sofort entgeistert den

Rückzug an, als ihm aus der Dunkelheit ein goldbemaltes Gesicht, gekrönt von einem Kopfschmuck aus sich windenden ausgestopften Schlangen entgegenblickte.[54] Solche Perücken waren Luisas neueste Methode, um ihre außergewöhnlichen Gesichtszüge noch spektakulärer zur Geltung zu bringen. Manchmal färbte sie auch ihre Haare um – grün, golden, schwarz oder getigert – oder schmückte ihre Schläfen mit vergoldeten Widderhörnern[55] und zuweilen trug sie an einem ihrer langen, schmalen Finger einen winzigen mechanischen Vogel spazieren. An dezenteren Tagen flanierte sie in einem schwarzen Kleid von Madeleine Vionnet, Tigerfellzylinder und schwarzer Augenklappe die Boulevards entlang,[56] streifte mit einem lebenden Krallenäffchen auf der Schulter durch die Boutiquen, führte ein winziges Krokodil an der Leine durch die Rue Royale oder besuchte mit ihrem weißen Windhund die Rennbahn, den sie für diesen Anlass allerdings blau gefärbt hatte, damit er zu den Federn auf ihrem Hut passte.

Diese Szenen lassen erahnen, welch absurde Dimensionen die Leidenschaft der Marchesa für provokative Auftritte mittlerweile erreicht hatte. Gut möglich, dass dieser unstillbare Drang, ständig sich selbst und alle potenziellen Rivalinnen aufs Neue übertreffen zu müssen, auf eine wachsende Verunsicherung zurückzuführen war. Anders als in Venedig war ihre Stellung als die unumstrittene Königin der Extravaganz in der kosmopolitischen Seinemetropole durchaus nicht unantastbar; hier gab es genügend ebenso reiche und schöne – und viel jüngere – Konkurrentinnen um den begehrten Titel. Doch Luisa hatte durchaus ihre Verehrer.

„Medusa oder Tigerin, sie lächelt, als würde sie gleich zubeißen."[57] Diese treffende und doch angeblich liebevolle Beschreibung aus der Feder des Comte Robert de Montesquiou illustriert die wachsende Verbundenheit zwischen ihm und Casati. Ihr widerfuhr die seltene Ehre, in Montesquious Universum den Status einer „Göttin" zu erlangen, in Würdigung ihrer individuellen persönlichen Ästhetik und einzigartigen Fantasie, durch die sie sich so sehr von den meisten anderen Frauen der vornehmen Welt mit ihren traditionellen Vorstellungen von Schönheit und Benehmen abhob. Ihr kühne Theatralik bewahrte sie auch davor, zum Opfer von Montesquious giftiger Zunge und Feder zu werden; hin und wieder widmete er ihr sogar ein Gedicht[58], und als besondere Hommage verewigte der Amateuraquarellmaler sie als Königin von Sheba.[59] Als Kenner der kostspieligsten Frivolitäten, die in Paris zu haben waren, stellte er Luisa seine Liste der ästhetischsten (und teuersten) Geschäfte zur Verfügung, darunter etwa die Werkstatt von René Lalique, bei dem die Marchesa sich mit smaragdbesetzten Haarnadeln oder mit Sardonyx, Mondstein und Topas verzierten Gürteln, Anhängern und Diademen eindeckte.

Zwischen 1912 und 1914 galt Luisa als beste Kundin des wichtigsten Modeschöpfers der Seinemetropole: Paul Poiret. Sie war angeblich auch die Erste, die sein „Minarettkleid" oder seinen „Humpelrock" trug. Nur Ida Rubinstein, die Primaballerina der Ballets Russes, gab vergleichbare Summen in seinem Atelier aus. Poiret war es auch, der Luisa für eine Abendgesellschaft in die personifizierte schwarze Magie verwandelte. Seine Kreation kombinierte Schwarz mit leuchtendem Smaragdgrün und war verziert mit schwarzen Perlen und Quasten; unter dem mit schwarzen Federn geschmückten Helm leuchtete eine grellgrüne Perücke hervor. Solche makabren Kostümierungen trugen ihr den Beinamen „Venus vom Père Lachaise" ein.[60]

Die zahlreichen Séancen und übernatürlichen Soireen, die Luisa besuchte, dokumentieren ihre ungebrochene Begeisterung für das Okkulte. Gemeinsam mit D'Annunzio war sie ein häufiger Gast der Baronin Ernesta Stern, in deren Räumlichkeiten an der Rue Faubourg Saint-Honoré sich Hellseher und Medien aller Art tummelten. Bei einer Sitzung prophezeite eine ältliche Zauberin D'Annunzio, er würde fantastische Erfolge feiern, was den Dichter natürlich überaus entzückte. Leider stellte sich bald heraus, dass genau das Gegenteil der Fall war. Nicht nur wurden D'Annunzios Werke vom Vatikan und vom Pariser Erzbischof offiziell verdammt, darüber hinaus geriet auch noch die Produktion des Ballettdramas *Le Martyre de Saint Sebastian*, an der der Dichter beteiligt war, zu einem Debakel.[61] D'Annunzio hatte das Libretto zu Claude Debussys Partitur verfasst, Kostüme und Bühnenbild stammten von Léon Bakst und Ida Rubinstein tanzte die Hauptrolle. Nach der durchaus erfolgreichen Uraufführung, der auch die Marchesa beiwohnte, musste *Saint Sebastian* aufgrund mangelnden Publikumsinteresses nach nur zwölf Tagen abgesetzt werden.

Nach diesem Fehlschlag suchte der gedemütigte Dichter Trost bei Luisa oder flüchtete sich zu seinen geliebten Hunden, die er in der Nähe von Meudon hielt und angeblich nur mit dem zartesten Fleisch und altem Cognac ernährte. Luisa begleitete ihn oft nach Meudon und ließ sich die

Kunststücke vorführen, die D'Annunzio den Hunden beigebracht hatte. Vielleicht liebte er diese Tiere wegen ihrer Loyalität so sehr, eine Eigenschaft, die er jetzt umso mehr schätzte, da er überzeugt war, dass der Rest der Welt ihn verachtete. Coré, so wusste er, hielt mit derselben Treue zu ihm. In seinem Leben, das geprägt war von der unbeständigen Zuneigung des Publikums und den ständigen Forderungen wechselnder Musen, war Luisa Casati eine Konstante, eine Frau, die nie mehr von ihrem fehlgeleiteten Helden erwartete, als er zu geben vermochte.

5

Eine der Konstanten im Leben der Marchesa war ihre – wenn auch platonische – Beziehung zu Giovanni Boldini. Ihr früherer Streit war vergessen. Luisa besuchte ihren ältlichen Verehrer oft in seinem Pariser Atelier und nahm ihn in ihren engsten Freundeskreis auf. Kleine Unstimmigkeiten schlichen sich dennoch hin und wieder ein, üblicherweise weil Boldini sich weigerte, Luisas egozentrische Ansprüche zu akzeptieren. Dann herrschte eine Zeit lang Funkstille, bis der Maler schließlich reumütig einlenkte. Einmal schrieb er in geradezu flehentlicher Naivität: „Ich bin krank vor Kummer. Telegrafieren Sie mir, aber schließen Sie mich nicht aus. Mehr verlange ich gar nicht."[62]

Ursache für diese kleinen Differenzen waren meist Luisas unablässige Forderungen nach einem neuen Porträt, die sie nicht nur verbal vorbrachte, sondern auch in einer Flut von Briefen, denen Fotografien beilagen, die sie in aufwändigen Kostümierungen zeigten. Sie unterbreitete ihm zahllose Vorschläge zur Inspiration – er könne sie doch in Pluderhosen malen oder als Russin im Pelz oder besser noch als verführerische Salome oder anmutige Salammbô? Aus St. Moritz schickte sie ihm ein Foto, das sie in einem exotischen, asiatisch angehauchten Kostüm zeigte. Boldini, der keine Lust hatte, einer ihrer Hofmaler zu werden, nutzte sein diplomatisches Geschick, um die hartnäckige Marchesa zu besänftigen, nicht ohne Erfolg, wie seine Reaktion auf ihren orientalischen Vorschlag beweist: „Das orientalische Kostüm ist fantastisch; das einzige, was ich beanstanden muss, ist, dass die Absätze zu hoch sind. Als wären Sie nicht schon groß genug! Und überhaupt, eine Orientalin mit hohen Absätzen – die tragen doch keine!“[63]

Endlich nahm Boldini doch ein zweites Porträt in Angriff. Das 1911 begonnene Gemälde ist in Konzept und Ausführung um einiges extravaganter als das frühere Porträt und die Darstellung Luisas entspricht wohl viel eher dem Bild, das sie selbst von sich hatte. Sie ist im Profil abgebildet, in einem eng anliegenden silbernen Kleid, während sie katzengleich auf einem Berg von Pelzkissen kauert. Lange Pfauenfedern schmücken ihr schwarzes Stirnband und fallen über ihren bloßen Rücken. Ursprünglich hatte Luisa mit ihren Windhunden posiert, doch im Laufe der folgenden Jahre überarbeitete Boldini das Gemälde wieder und wieder, bis die Hunde zur Gänze übermalt waren und nichts mehr von der opulenten Sirene ablenkte, die dem Betrachter einen hintergründigen Blick von der Seite zuwirft.

Verglichen mit Boldinis Stil waren die Arbeiten des populären französischen Karikaturisten Georges Goursat, besser bekannt als SEM, von trügerischer Einfachheit. Mit seinen in *L'Illustration* veröffentlichten Zeichnungen verspottete er vor allem die Spitzen der Gesellschaft. Goursat war eng mit Boldini befreundet, der ihn 1901 auch porträtierte. Dennoch war Boldini ein beliebtes Ziel für SEMs boshafte Feder; die geringe Körpergröße und der beträchtliche Körperumfang des Künstlers wurden zum Thema zahlloser Karikaturen. Boldini stellte die Marchesa und Goursat einander vor und auch sie wurde auf mehreren Zeichnungen verewigt. Die detaillierteste dieser Karikaturen zeigt Luisa und Boldini, wie sie einen wilden Walzer aufs Parkett legen. Boldinis mangelnde Körpergröße ist so überspitzt dargestellt, dass er sich an den Kniekehlen seiner Partnerin festhalten muss, während Luisa, groß und schlank, ihre Pose aus dem ersten Boldini-Porträt parodiert und lange Perlenschnüre hinter sich herschwingt, ähnlich der Kette, die sie bei ihrer ersten Begegnung mit Boldini trug.

Durch ihre Verbindung mit Diaghilew und den Ballets Russes lernte Luisa neben anderen bemerkenswerten Persönlichkeiten auch Jean Cocteau kennen. Der junge Künstler und Schriftsteller mit seinen avantgardistischen Visionen war von Luisas ausgefallenem Stil und ihren extravaganten Interessen sofort angetan, eine Faszination, die sich im Laufe ihrer Bekanntschaft über die folgenden Jahre noch verstärkte. In einem Brief an seine Mutter 1913 bezeichnete er sie als „die schöne Schlange des irdischen Paradieses“.[64]

Wie mehrere Quellen andeuten, scheint Luisa sogar gemeinsam mit den Ballets Russes aufgetreten zu sein. Zwar sind weder von Diaghilew selbst entsprechende Hinweise überliefert, noch findet sich ihr Name in den Programmheften des Ensembles; doch im Jahr 1914 wandte sich Robert de Montesquiou in einem Telegramm mit der Anfrage an Luisa, ob „Mme Casati bereit wäre, die Rolle, die für sie in Erwägung gezogen wurde, unverzüglich zu übernehmen. In diesem Fall könnte ich ihr, so glaube ich, eine Gelegenheit zusichern, die ihr für die laufende Londoner Saison wohl die Möglichkeit eines sensationellen Auftritts bieten würde – auch verlängerbar."[65]

Auch ein Kostümentwurf von Bakst mit der Bezeichnung *La Marchesa Casati en costume romantique masculin* scheint auf dieses mysteriöse Engagement hinzudeuten. Er wurde später in einem Ausstellungskatalog so beschrieben: „Luisa Amman, die Marchesa Casati, berühmt für ihre Schönheit und ihren extravaganten Stil, war mit Bakst befreundet, der Diaghilew dazu überredete, die Marchesa in *Le Dieu Bleu* auftreten zu lassen. Zu diesem Zweck entwarf er 1912 ein Kostüm für die Produktion."[66] Die Memoiren von Mrs. Hwfa Williams enthalten einen weiteren Hinweis auf einen Auftritt Luisas mit den Ballets Russes bei zumindest einer Gelegenheit:

> *Es war bekannt, dass Diaghilew … ihr jede Summe dafür geboten hatte, dass sie in einem Ballett auftrat. Das hörte sich so beeindruckend an, dass wir alle eine außerordentliche Darbietung von ihr erwarteten. Wie verblüfft waren wir, als sich herausstellte, dass sie überhaupt nicht tanzte! Diaghilew hatte sie wegen ihrer großartigen Silhouette engagiert.*[67]

Der Bericht von Mrs. Williams erscheint glaubhafter als die Vorstellung, dass Luisa in den Reihen des weltberühmten Ensembles getanzt hätte. Obwohl sie Ballett sehr schätzte und die Programmhefte der Aufführungen sammelte, hat sie sich wohl nie ernsthaft mit dem Gedanken an eine Karriere in diesem Metier getragen. Dennoch scheint sie sich bei verschiedenen Gelegenheiten als Tänzerin betätigt zu haben. Die Comtesse d'Orsay erwähnt in ihrer Autobiografie die Darbietung eines persischen Balletts durch die Marchesa im Rahmen eines Balls in ihrer römischen

Villa in einem von Bakst entworfenen Bühnenbild, flankiert von zwei praktisch nackten, mit Goldfarbe bemalten Männern, die während der gesamten Vorstellung unbeweglich an ihrer Seite verharrten.[68] Im August 1912 berichtete die Pariser Ausgabe des *New York Herald*, dass Luisa bei einer Wohltätigkeitsveranstaltung im Palace Hotel in St. Moritz zur Musik von Moussorgsky einen ähnlichen Tanz präsentierte, „mit vollendeter Kunstfertigkeit und exquisitem Rhythmusgefühl". Nur ein paar Tage später gewann Luisa gemeinsam mit einem gewissen G. Izvolsky für ihre Interpretation einer Szene aus Strawinskys *L'Oiseau de Feu* den ersten Preis bei einem Diner mit Tanz im selben Hotel. Für eine Veranstaltung zugunsten einer Wohltätigkeitsorganisation in Rom bot die Marchesa angeblich einen ungewöhnlichen Beitrag an – eine Tanzdarbietung, bei der sie nicht viel mehr als eine schwarze Samtrose tragen würde.

Wäre Gerald Tyrwhitt-Wilson, der vierzehnte Lord Berners, Zeuge dieser ausgefallenen Szene gewesen, hätte er wohl stürmisch applaudiert; vielleicht aber hätte er auch gewiehert oder gebellt. Das Universum, das sich diese kapriziöse Persönlichkeit geschaffen hatte, war ebenso bizarr wie aristokratisch; in Faringdon House, seinem im palladianischen Stil erbauten Anwesen in der Nähe von Oxford, veranstaltete er zahllose absurde Spitzbubenstreiche zur Verwirrung sämtlicher Anwesender. Im Gegensatz zu den anderen Mitgliedern seiner exzentrischen Familie besaß Berners allerdings ein ebenso großes Talent für die schönen Künste: Er war ein von der Kritik hoch gelobter Landschaftsmaler und Romanautor und hatte mit Strawinsky und Vaughn Williams Musik studiert – er war einer der zwei englischen Komponisten, die von Diaghilew Aufträge erhielten. Nebenbei war er noch Honorarattaché der britischen Botschaft in Rom.

Lord Berners war einer der engsten Freunde Luisas, wie Sir Harold Acton in seinen Memoiren erzählt: „Ihre bevorzugten Gefährten waren Albinoamseln, malvenfarbene Affen, ein Leopard, eine Boa constrictor und – was Engländer betraf – Lord Berners."[69] Die Marchesa und der Lord waren sich möglicherweise zum ersten Mal 1913 in Rom auf einem Kostümball des britischen Botschafters Sir Rennell Rodd begegnet, dem beide beiwohnten. Berners war als Satyr verkleidet – inklusive Hörnern, Schwanz und grauem Fell – und vergnügte sich den ganzen Abend lang damit, die Töchter des Marquis d'Alcedo zu terrorisieren.[70]

Im Gegensatz zu Berners' närrischen Streichen haftete Luisas Marotten allerdings oft ein etwas beklemmender Beigeschmack an; so nahm etwa die Leidenschaft, die sie für Wachspuppen hegte, mit der Zeit fast beängstigende Dimensionen an. Schon jenes Diner, das sie in Venedig für die De Meyers organisiert hatte, zeichnete sich ja durch die Anwesenheit einer lebensgroßen männlichen Wachspuppe aus, die in den folgenden Jahren zwei ebenso wunderliche Gefährtinnen bekommen sollte. Eine war die wächserne Nachbildung von Mary Vetsera, der unglücklichen Protagonistin der Tragödie von Mayerling, die Luisa schon seit den Erzählungen ihrer Mutter im Kinderzimmer faszinierte. Sie erwarb die Figur von einem Erotomanen aus Wien, der sie gleich nach dem blutigen Drama für seine höchst persönlichen fetischistischen Zwecke hatte anfertigen lassen. André Germain, ein Vertrauter D'Annunzios, schildert seine Begegnung mit der makabren Puppe: „Die Marchesa liebte Überraschungen. Sie öffnete einen Schrank, in dem sich das perfekte wächserne Ebenbild der Baronesse Vetsera befand … Die arme Frau schien auf eigenartige Weise lebendig und die Gefangene dieser etwas grausamen Marchesa zu sein."[71] Luisa war so besessen von dem Drama von Mayerling, dass sie sogar eine Wallfahrt an den Schauplatz der Tragödie unternahm, wo sie allerdings enttäuscht feststellen musste, dass die fatale Liebesgeschichte mittlerweile auf Postkarten und in Büchern in ähnlicher Weise kommerzialisiert wurde wie die Legende von Romeo und Julia in Verona.

Luisa selbst fand durchaus Geschmack daran, auch die schaurigeren Aspekte des Todes der unglücklichen Baronesse ins Rampenlicht zu rücken, wie an jenem Abend, als sie die italienische Aristokratin Dora di Rudini zum Diner geladen hatte:

> *Dora traf gegen acht Uhr ein. Das Haus der Marchesa lag in beunruhigendem Halbdunkel. Die Gastgeberin erschien in einer strengen schwarzen Samtrobe, als wäre sie in Trauer; an ihrer Brust trug sie große weiße Totenblumen. Während sie sich im Speisezimmer unterhielten, fiel Doras Blick auf eine lebensgroße weibliche Wachspuppe, die mit gesenktem Kopf am Esstisch vor einem der drei Gedecke saß. In vollem Ernst fuhr die Marchesa fort: „Meine liebe Dora, erlauben Sie mir, Ihnen die junge Baronesse Mary Vetsera vorzustellen!" Dora hielt*

das Ganze für einen Scherz und versuchte, sich nichts anmerken zu lassen. Doch als sie das Gesicht der Wachsfigur betrachtete, bemerkte sie an der Schläfe der regungslosen Baronesse … eine blutende Wunde und ihr wurde bewusst, wie sehr das Gesicht der Puppe der realen Ausgabe der tragischen kaiserlichen Geliebten glich.[72]

In einer Werkstatt in Neuilly, die auch Büsten für die exklusivsten Friseure und Hutmacher der Stadt lieferte, ließ die Marchesa eine zweite Wachspuppe herstellen, diesmal nach ihrem eigenen Ebenbild, mit Augen aus grünem Glas und einer karottenfarbenen Perücke, die angeblich aus Luisas eigenen Haaren gewoben worden war. Es wurde auch kolportiert – wenngleich nie bewiesen –, dass Luisa einen vollständigen Gipsabdruck ihres nackten Körpers anfertigen ließ, um größtmögliche Realitätsnähe zu gewährleisten. Ihre Puppe wurde für jeden Auftritt neu eingekleidet – in die gleiche Robe wie ihr Zwilling aus Fleisch und Blut – und hatte einen fixen Platz am Esstisch ebenso wie ein privates Boudoir im Palazzo dei Leoni. Wenn ihre Besitzerin sie nicht brauchte, konnte man sie in einem massiven Kristallschrein bewundern. Zuweilen wurde sie auch für boshafte Streiche eingesetzt. Ein Gast, der sein Diner in Gesellschaft der zwei Luisas einnahm, geriet in höchste Verwirrung, da beide seiner Tischgenossinnen während des gesamten Mahls unbeweglich auf ihren Plätzen verharrten und es ihm unmöglich war, das Original von der Kopie zu unterscheiden.[73]

Luisa nahm ihr Double auch häufig zu Anproben mit nach Paris. Nach der Vorlage des Casati-Porträts von Roberto Montenegro entwarf Paul Poiret für die Wachspuppe ein entsprechendes Ensemble aus metallischem Silberstoff und Perlen, was D'Annunzio zu dem Kommentar veranlasste: „Eines für das Wachs und eines für das Fleisch, eines für die Lebende und eines für die Tote."[74]

Luisas eigenwilligste Kaprizen hatten D'Annunzio schon immer am meisten betört. Die exquisit gekleidete künstliche Doppelgängerin inspirierte ihn zu einem Entwurf mit dem Titel *La figure de cire*, von dem nur Fragmente erhalten sind.[75] Der klassische d'annunzianische Held der Erzählung entwickelt eine besessene Leidenschaft für das wächserne Ebenbild seiner Geliebten. Als er im sinnlichen Delirium die Frau ermordet, erwacht die Wachsfigur zum Leben, um den Platz des toten Originals einzunehmen:

Ich fürchte mich nicht – wenn ich Coré erdrossle, ist das Wachsbild noch da. Der Leichnam und die Puppe sitzen stets identisch gekleidet auf ihren Plätzen. Plötzlich erhebt sich die Puppe. Das Wachsbild lebt, als wäre der letzte Atemzug der erdrosselten Frau in die Furcht erregende Kopie übergegangen.[76]

Der Entwurf zu *La figure de cire*, dessen Handlung an Poes *Ligeia* erinnert, enthält auch einige aufschlussreiche sexuelle Anspielungen:

In einer Gondel überquere ich den Kanal, nähere mich ihrem Palazzo. Im violetten Schein des Mondes fällt sanfter Regen. Das Grün der Pforte bei Ebbe, das Geräusch des Wassers, das auf die Stufen schwappt. … Da ist sie, weiße Zähne leuchten zwischen erbarmungslosen Lippen hervor. Sie ist in Silber und Perlen gekleidet. Die weiten silbernen Hosen, die elegante Perlenbluse, der fantastische Helm, die hoch aufragende weiße Feder. … Während ich vor ihr knie, finde ich sie, unter dem luxuriösen metallischen Stoff finde ich jene anderen, dunklen Lippen. Sie ist heiß, fast glühend. „Alles für dich!" Mein Herz bleibt stehen. Es liegt mit Nägeln durchbohrt in einem silbernen Sarg. Die Welt entschwindet.[77]

Diese düsteren Visionen lassen Raum für Spekulationen über das Verhältnis zwischen den zwei leicht zu identifizierenden Protagonisten. Neben *La figure de cire*, zu dem sich weder D'Annunzio noch Luisa je geäußert haben, sind auch zahlreiche Telegramme erhalten, mit denen die beiden, wo immer sie sich auch gerade befinden mochten, miteinander kommunizierten. Luisa erging sich in surrealen Andeutungen („Ich habe eine wilde Turteltaube") oder makabren Elegien („Coré ist tot, weil sie den Göttern nahe kommen wollte – ihr Herz ist für immer entschlafen"),[78] auf die ihr Liebhaber mit ebenso rätselhaften Botschaften antwortete oder eine Fotografie schickte, die ihn im Kreise seiner geliebten Windhunde zeigte. Einige Telegramme spielen in Bildern von bizarrer Sinnlichkeit auf Luisas wächsernes Double an: „Lass die Wachspuppe im Kristallschrein und komm, um durch die goldenen Fenster die Lagune zu sehen" oder „Der Glasbläser hat mir zwei große grüne wunderschöne Augen wie Sterne gemacht – willst du sie haben?"[79]

Diese Fragmente aus Briefen und unvollendeter Prosa liefern erotische Indizien für die intensivste und komplexeste Bindung, die Luisa jemals einging. Die Worte des Icherzählers aus *La figure de cire* zu Luisas fiktivem Pendant enthalten eine scharfsichtige Charakterisierung des realen Vorbilds: „Hinter einem Gesicht wie deinem kann eine Frau ihre Seele verstecken."[80] Gabriele D'Annunzio war vielleicht der einzige Mann, der durch diese Maske in ihr Innerstes zu blicken vermochte.

6

Die Marchesa und D'Annunzio hegten nicht nur eine gemeinsame Leidenschaft für das Bizarre, sondern ebenso für ein luxuriöses Ambiente. Beide logierten nur in den vornehmsten Pariser Hotels – wobei Luisas Räume vor ihrem Einzug allerdings erst nach ihren eigenwilligen persönlichen Vorstellungen umgestaltet werden mussten. Sofas und Fauteuils wurden mit Leoparden- und Tigerfellen dekoriert, Nippfiguren aus Jade, Gold und Alabaster auf Tischen und Kommoden verteilt und ein goldener Käfig mit einem winzigen mechanischen Vogel aufgehängt, der zwitscherte und mit seinen juwelenbesetzten Flügeln flatterte, wenn man ihn aufzog. Die Marchesa beehrte unter anderem das Hôtel du Rhin und das Princess Hôtel mit ihrer Anwesenheit, für längere Aufenthalte in Paris bevorzugte sie jedoch das Ritz. Ihre exzentrischen Auftritte hatten ihr mittlerweile den zweifelhaften Beinamen der „Medusa der Grand Hotels" eingetragen.[81]

Die Belegschaft des Ritz unter Anleitung des unermüdlichen Maître d'Hôtel, Olivier Dabescat, war spezialisiert darauf, selbst mit den kapriziösesten Launen ihrer anspruchsvollen Gäste umzugehen. Während Luisa in früheren Jahren lediglich mit ein paar Schrankkoffern und zwei Windhunden im Schlepptau vorgefahren war, bestand ihr Tross nun aus Bergen von Gepäck und einer Menagerie mit spezielleren Diäterfordernissen. Dabescat sorgte persönlich dafür, dass den Geparden und der Boa constrictor frisches Fleisch und lebendige Kaninchen serviert wurden – oder der Marchesa, wie sie es oft verlangte, auch zur Teezeit ein exzellentes Frühstück. Falls allerdings einer ihrer Befehle nicht mit angemessener Effizienz ausgeführt wurde, ergoss sich der Zorn der Marchesa über die bedauernswerten Angestellten. Im Zuge eines ihrer unberechenbaren Ausbrüche schleuderte sie unter Schimpftiraden kostbare Juwelen aus dem Fenster, die der aufgeregte Concierge am Trottoir der Place Vendôme wieder aufsammeln musste.[82] Es gab auch andere Gäste, die mit gellenden Schreien die kultivierte Atmosphäre des Ritz erschütterten – etwa jener Gast, der eines Abends Luisas Schlange in seiner Badewanne vorfand. Das Tier konnte eingefangen und zur besorgten Besitzerin zurückgebracht werden.

D'Annunzio suchte Coré oft im Ritz auf. Er war es auch, der ihr Catherine Barjansky vorstellte, Gattin des gefeierten russischen Cellisten Alexander Barjansky und selbst eine anerkannte Künstlerin. Ihre Spezialität waren exquisite Wachsfiguren von leicht bizarrem Charakter, was ihr unverzüglich einen Auftrag der Marchesa eintrug. In ihrer Autobiografie schildert Barjansky ihre erste Begegnung mit Luisa:

> *Ich erblickte eine Frau, die mehr ein Kunstwerk war als ein Mensch … Sie trug lange persische Hosen aus schwerem Goldbrokat, die an ihren schlanken Fesseln von fein gearbeiteten Diamantspangen zusammengehalten wurden, goldene Sandalen an den Füßen, deren Absätze mit Diamanten verziert waren. Ihr Dekolleté reichte bis zu ihrer goldgeschmückten Schärpe hinunter, kostbare Spitze verhüllte ihre makellos geformten Brüste. Um die Schultern trug sie ein kurzes taubenblaues Samtcape, dessen Kragen und kurze, fließende Ärmel mit Chinchilla besetzt waren. Ihre Ohren waren mit großen Perlen geschmückt. An einer Hand trug sie eine riesige schwarze Perle, an der anderen eine ebenso große weiße. Eine Perlenkette war mehrmals um ihren schlanken Hals geschlungen. Ihre Finger spielten nervös mit den langen Haaren des rabenschwarzen russischen Windhundes, der zu ihren Füßen lag, während ein weißer sich vor dem Kamin räkelte. Sie rauchte Zigaretten aus einer langen schwarzen, mit Diamanten besetzten Spitze.*
>
> *Sie war eine Erscheinung aus „Tausendundeine Nacht", doch seltsamerweise wirkte sie nicht gekünstelt. Diese fantastische Aufmachung passte zu ihr. Sie war so anders als andere Frauen, dass gewöhnliche Kleider für sie unmöglich waren.*[83]

Im Laufe der Sitzungen, die nötig waren, um das Miniaturporträt der Marchesa zu vervollkommnen, verwandelte der elegante Salon der Suite sich in ein improvisiertes Atelier, dessen Boden mit Wachs- und Drahtklumpen übersät war. Während die Puppe langsam ihre unverkennbaren Gesichtszüge und ihre anmutige Gestalt annahm, beobachtete Luisa fasziniert die penible Arbeitsweise Barjanskys. Wenn sie nicht gerade Modell saß, durchkämmte sie in ihrem Rolls Royce ganz Paris auf der Suche nach antiker Spitze und Edelsteinen für ihr winziges Double, das genauso opulent eingekleidet werden sollte wie das Original.[84] Die Marchesa widmete sich dem ganzen Verfahren mit fast kindlicher Besessenheit, wie Barjansky schildert:

> *[Die Puppe] war ein neues Spielzeug, war für ein paar Wochen der Zweck ihres Daseins. Sie pflegte sich Menschen so lange völlig zu widmen, bis sie alles, was an ihnen ungewöhnlich und interessant war, aus ihnen herausgeholt hatte, um sie dann fallen zu lassen. Wenn ich mich bei späteren Begegnungen … nach Freunden erkundigte, die ich bei ihr getroffen hatte, zuckte sie nur mit den Schultern. Deren Zeit war vorüber. Dennoch war sie sehr charmant, besaß ungeheure Fantasie und betrachtete die Welt auf amüsante und originelle Weise. In ihrer Gegenwart war es niemals langweilig.*[85]

Die Bildhauerin erwähnt in ihrer Autobiografie auch eine Affäre, die veranschaulicht, dass Luisas rastlose Suche nach Künstlern, die ihr Bild verewigen würden, auch lästige Folgen zeitigen konnte. Ein bekannter Porträtmaler jener Zeit hatte in der Hoffnung, dadurch seine Popularität zu steigern, der Marchesa vorgeschlagen, ihm Modell zu sitzen oder, falls ihr dies nicht möglich wäre, doch wenigstens eines seiner Bilder zu kaufen. Luisa besuchte zwar sein Atelier, doch seine Verkaufsbemühungen blieben ohne Erfolg. Kurze Zeit später tauchte im Schaufenster einer der renommiertesten Galerien von Paris ein großformatiges Ölgemälde auf, das Aktbild einer Frau mit wilden scharlachroten Haaren, die mit zwei russischen Wolfshunden – einer schwarz, einer weiß – und einem mechanischen Vogel in einem goldenen Käfig posierte. Eingeweihte erkannten natürlich sofort, wer gemeint war. Offenbar gab es nur eine Möglichkeit, diesem Schauspiel ein Ende zu machen. Sehr zu ihrem Ärger sah Luisa sich gezwungen, das Gemälde zu einem exorbitanten Preis selbst zu erwerben.

Barjanskys fertige Skulptur hingegen begeisterte die Marchesa. Die Bildhauerin charakterisierte ihr Modell mit großem Scharfblick: „Sie hatte ein künstlerisches Temperament, doch da es ihr an Begabung mangelte, sich in irgendeiner Kunstrichtung auszudrücken, machte sie sich selbst zum Kunstwerk. Sie besaß kein Innenleben und keine Konzentration, darum suchte sie nach wilden Inspirationen für ihr äußeres Leben."[86]

Ein anderer Künstler aus Luisas Kreis verstand es dagegen meisterhaft, sich sowohl in persönlicher als auch in künstlerischer Hinsicht in unverwechselbarer Weise zu profilieren. Hans Henning von Voigt, besser bekannt unter dem Pseudonym Alastair, ließ sich von Poes barocker Erzählkunst, der düsteren Erotik der Gedichte von Swinburne und Baudelaire und den sinnlichen Illustrationen von Aubrey Beardsley inspirieren, erreichte mit seinen von grotesk erotischen Elementen durchdrungenen Tuschezeichnungen allerdings niemals die enorme Popularität von Beardsley. Ebenso individualistisch wie seinen künstlerischen Stil gestaltete er seine persönliche Erscheinung. Mit gebauschten Satinärmeln, schwarzem Käppchen und elfenbeinfarbener Schminke im Stil der Commedia dell'Arte erschien er wie eine Art diabolischer Pierrot.

Die erste Begegnung des exzentrischen Künstlers mit der exzentrischen Marchesa Anfang 1914 war für Alastair eine Offenbarung: Für ihn war Luisa die lebende Verkörperung all der fantastischen Frauen, die er auf Papier geschaffen hatte. Ab diesem Zeitpunkt bis zum Tod des Künstlers 1969 tauchte ihre unverkennbare Gestalt immer wieder in Alastairs Zeichnungen auf, unter anderem als Astaroth aus Oscar Wildes *Sphinx* und Herodias aus dessen *Salomé* oder als Swinburnes Messalina aus *The Masque of Queen Bersabe*. Zum Dank für den beinahe religiösen Eifer, mit dem Alastair sich ihrer Erscheinung widmete, stellte Luisa seine Arbeiten in ihren Residenzen in Rom und Venedig aus. Philippe Jullians Urteil über Alastairs Werk hätte wohl den deutschen Künstler und seine Muse gleichermaßen entzückt: „Mit seinen Zeichnungen, die grausamer sind als die von Beardsley, könnte er ein Modemagazin aus der Hölle illustrieren, mit dem Marquis de Sade als Chefredakteur und La Casati als seinem einzigen Modell."[87]

Ihre Leidenschaft für Wachsfiguren führte Luisa auch in das Berliner Atelier von Lotte Pritzel, deren Puppen einmal als „graziöse Orchideen in menschlicher Gestalt, Auswüchse einer neurotischen Fantasie" beschrieben wurden.[88] Ihre aus farbigem Wachs modellierten, etwa einen halben Meter großen Figuren waren mit edlen Stoffen und Juwelen geschmückt; ihre pseudo-religiösen Posen und die im Vergleich zu Barjanskys Statuen üppigere Gestaltung und offensichtlichere Erotik verliehen ihnen fast blasphemischen Charakter. Die Figur, die Pritzel im Auftrag der Marchesa schuf, stellte das Modell als gekrönte, halbnackte Madonna dar, die mit ehrfürchtigem Blick eine Kristallkugel darbietet.

Im Sommer 1914 kehrte Luisa wieder in ihre Suite im Ritz zurück. Das wichtigste Gesprächsthema in Paris war natürlich die Ermordung des österreichischen Thronfolgers Franz Ferdinand und seiner Gattin Sophie in Sarajewo, die kurz zuvor die Welt erschüttert hatte. Man erwartete allgemein einen baldigen Kriegsausbruch; D'Annunzio versuchte zwar Luisa zu beruhigen, rechnete in Wahrheit aber mit dem Schlimmsten. Seine Befürchtungen erwiesen sich bald als berechtigt: Ende Juli erklärte Österreich Serbien den Krieg, gefolgt vom Kriegseintritt Russlands und Deutschlands; binnen kürzester Zeit waren fast alle wichtigen Mächte der Welt in den Konflikt involviert. Italien blieb zunächst noch neutral.

Unberührt von diesem internationalen Ausnahmezustand läutete Luisa Casati am Spätnachmittag des 4. August 1914 nach ihrem Frühstück, doch weder der Concierge noch der Etagenkellner schienen davon Kenntnis zu nehmen. Die Gänge waren menschenleer, sogar der Aufzug war außer Betrieb. Wutentbrannt stürmte die Marchesa nach unten in die Empfangshalle und musste entgeistert feststellen, dass das Ritz voller uniformierter Soldaten war. Die Belle Époque hatte sich soeben verabschiedet – ohne Luisa um Erlaubnis zu fragen.

Catherine Barjansky war Zeugin des jämmerlichen Auftritts: „Da stand die Marquise Casati und schrie hysterisch … Mit ihren wilden roten Haaren und ihrer Bakst-Poiret-Kostümierung sah sie plötzlich aus wie eine bösartige und hilflose Furie, so nutzlos und verloren in dieser neuen Welt wie die kleine Dame aus Wachs. Der Krieg hatte die Wurzeln des menschlichen Daseins berührt. Kunst war überflüssig geworden."[89]

IV

Der Blick des Basilisken

1914–1919

Wenn ihr mich fragt, wozu ich auf dieser Welt bin,
ich werde es euch sagen: Ich bin gekommen, um laut zu leben.

Emile Zola

In der Kunst ist nur das Bizarre schön.

Charles Baudelaire

1

Für viele der so strahlend und unbezwingbar anmutenden Schönheiten, denen die Welt vor 1914 zu Füßen lag, war der Ausbruch des Ersten Weltkrieges gleichbedeutend mit dem Ende ihrer glanzvollen Karriere. Rita Lydig, Liane de Pougy oder Cléo de Mérode verkümmerten wie welke Lilien oder waren – ihrer Gönner und Schmeichler beraubt – dem wirtschaftlichen Ruin preisgegeben. Auch die verführerische Anziehungskraft der funkelnden Salomés aus Gustave Moreaus Bildern, gepriesen von Dichtern wie Jean Lorrain und Robert de Montesquiou, fand nur noch wenig Anklang in einer Welt, deren Bewohner ums bloße Überleben kämpften. Jene Künstler, die nicht fähig waren sich anzupassen, würden bald unwiderruflich der Vergangenheit angehören. Boldini etwa zog sich an die Côte d'Azur nach Nizza zurück, während SEM als Kriegsberichterstatter an die Front ging und Poiret sich der französischen Armee anschloss.

Luisa Casati allerdings war entschlossen, sich niemals einem Schicksal zu fügen, das sie zu Armut oder Anonymität verdammte. Sie vertraute auf ihre Wandlungsfähigkeit und ihr Talent, sich wieder einmal neu zu erfinden, und wandte ihre Aufmerksamkeit Künstlern zu, die dem Snobismus und Symbolismus der Belle Époque kaum eine Träne nachweinten.

Der Fauvismus war eine der frühesten Avantgardebewegungen in der Kunst des 20. Jahrhunderts und sollte zum Prüfstein für die Kühnheit der Expressionisten und Katalysator für die Entwicklung der abstrakten Kunst werden. Die Fauvisten hatten sich einige Jahre zuvor formiert, um einen Gegenpol zur allzu behübschenden Weltsicht der Salonmaler und der sanften Entrücktheit der Impressionisten zu schaffen. Ausgehend von den Werken postimpressionistischer Künstler wie van Gogh, Gauguin und Cézanne führten sie deren Konzepte weiter in noch extremere Farben und Formen: In grellem Blau, Grün, Karmesinrot oder Gelb, mit groben Pinselstrichen auf die Leinwand aufgetragen, entstanden von dynamischer Spontaneität durchdrungene Gemälde.[1]

Einer der wichtigsten Vertreter des Fauvismus war ein dünner bärtiger Mann aus Holland: Kees van Dongen. Sein bevorzugtes Sujet war die Form des weiblichen Körpers, als Akt ebenso wie vollständig bekleidet. Die sinnliche Ausstrahlung der von ihm in zahllosen verschiedenen Posen auf Leinwand gebannten Frauen ist unbestreitbar. Der Künstler meinte dazu: „Ich transponiere mein Verlangen nach außen, indem ich es in Bildern ausdrücke. Ich liebe alles Glitzernde, funkelnde Edelsteine, leuchtende Stoffe, schöne Frauen, die sinnliche Begierde erwecken."[2]

Der Fauvismus als einheitliche Bewegung existierte 1914 nicht mehr, aber einige seiner Vertreter, wie etwa Matisse und Dufy, konnten auf eine erfolgreiche und lukrative Karriere verweisen. Zu diesen zählte auch Van Dongen, der mit seinen Ausstellungen in Paris und außerhalb Frankreichs reüssierte. Kurz nach Ausbruch des Ersten Weltkrieges, der seine Familie in Holland überraschte und an der Ausreise hinderte, lernte der Künstler Luisa Casati kennen, die sich, fasziniert von der Wirkung seiner Bilder und seinem wachsenden Ruhm, entschlossen hatte, ein Porträt bei ihm in Auftrag zu geben. In einem Brief an den Kritiker Félix Fénéon aus dem Jahr 1914 erwähnt Van Dongen erstmals seine Bekanntschaft mit der Marchesa: „Ich kenne La Casati. Ich war sofort fasziniert von ihrem Typ und wäre begeistert, sie zu malen."[3] Aus dem von Luisa in Auftrag gegebenen Porträt sollten schließlich sieben werden, möglicherweise sogar mehr.

Le Sloughy Bleu und *La Vasque fleurie*, zwei Ganzfigurbildnisse in Öl in Van Dongens charakteristischer kraftvoller Farbgebung, zeigen Casati, ihren nackten bleichen Körper von eleganter hoch gewachsener Statur mit überlangen schmalen Gliedmaßen, reflektiert von großen Spiegeln, neben sich ihre Windhunde. In Van Dongens animistischem Kosmos erscheinen die Hunde, ihre Herrin, ja selbst der sie umgebende Raum von Sinnlichkeit durchdrungen. Ein drittes Porträt zeigt Luisa im Profil, das strahlende Weiß von Gesicht, Hals und Schultern in scharfem Kontrast zu ihrem dunklen Haar und dem leuchtend blauen Hintergrund des Gemäldes. Auf dem Ganzfigurbildnis *Femme en blanc*, entstanden zwischen 1915 und 1920, ist das Modell in einem langen weißen Kleid und in mit kunstvollen Schnallen verzierten Schuhen zu sehen, vor einer weiten Fläche in Schwarz, Weiß und Gelb. Aus derselben Periode stammt *L'Amazone*, das Luisa in Reitmontur auf einem sich aufbäumenden Pferd zeigt. Auf einem weiteren Gemälde steht sie neben einer nächtlichen Lagune, während ein Gondoliere vorbeifährt; der Hintergrund wird von dem flammenden Haar der Marchesa und den entfernten Lichtern Venedigs erleuchtet.

Van Dongens siebtes Porträt Casatis trägt den schlichten Namen *Luisa*; es entstand 1921 und ist das beeindruckendste Gemälde der Serie. Das Modell ist nackt von der Taille aufwärts vor einer in Orangerosa gehaltenen venezianischen Kulisse dargestellt: eine Gondel auf dem Wasser, dahinter die Umrisse der Basilika von San Marco und des Campanile, zu winziger Bedeutungslosigkeit geschrumpft, während die Marchesa im Vordergrund das Gemälde dominiert. Ihre Haut ist von lumineszierendem Grün, ihr Haupt von einem Helm rostfarbenen Haars gekrönt. Ein Kritiker bemerkte: „Van Dongen hat die Realität umgekehrt. Das Wasser des Beckens von San Marco ist rosa. Luisa, nackt, ist grün. Die Frau/Landschaft."[4]

Zwei weitere, undatierte Arbeiten Van Dongens stellen vermutlich ebenfalls Casati dar, auch wenn sie vom Künstler nicht als Porträts gekennzeichnet wurden. Die Ähnlichkeit der Darstellungen mit Luisa ruft unzweifelhaft die vom Künstler früher geschaffenen Bildnisse dieses leicht erkennbaren Modells in Erinnerung. Die eine dieser Arbeiten ist eine einfache Bleistiftskizze und zeigt eine vor einem Pariser Juweliergeschäft flanierende, in Pelz gehüllte Frau mit einem Kosakenhut. Die zweite ist ein Ölbild im Querformat, auf dem eine Frau mit Turban und Juwelen in liegender Pose dargestellt ist; der grünliche Farbton ihrer Haut entspricht beinahe exakt jenem des venezianischen Porträts von 1921.

Van Dongen ließ sich von den Reizen der Marchesa nicht nur zu malerischen Höchstleistungen inspirieren; die beiden wurden ein Liebespaar und hatten eine kurze, aber leidenschaftliche Affäre. Van Dongen nannte Luisa seine „nackte Zauberin" und teilte seinem Händler mit, die Casati-Porträts seien allesamt unverkäuflich. Georges Duthuit stellt die Beziehung zwischen dem Künstler und seinem Modell in höchst unappetitlichem Licht dar:

Niemand wird jemals wissen, in welcher Toreinfahrt, hinter welchen Kulissen Van Dongen auf diese Frau getroffen ist, die Marquise C., die mit ihrer flammend roten Klaue seinem Werk und seinem Leben ihren Stempel aufgedrückt hat, stets mit Bargeld zur Hand. Was bleibt, ist nichts als der blendende Glanz dieser Erscheinung, erschaffen aus Gesichtspuder und Schwefel … Van Dongen konnte gar nicht anders, als ihrer Faszination zu erliegen … Die Füße in Kaviar gebettet, gebadet in Champagner, das Haar ölig glänzend vom Schweiß der Mittellosen, erlangte dieser weibliche Ghul … ohne es zu ahnen, eine Übelkeit erregende allegorische Größe.[5]

Es waren die Marchesa und ihre Kontakte, die dem holländischen Künstler Zugang zur französischen und italienischen Gesellschaft verschafften. Aus ihrem Verhältnis machten die beiden offenbar kein Geheimnis, das deutet jedenfalls die Tatsache an, dass bei einer Ausstellung von Van Dongens Arbeiten in der Pariser Galerie d'Antin im März 1917 gleich vier Porträts von Luisa gezeigt wurden: *L'Amazone*, das auch die Titelseite des Ausstellungskatalogs schmückte, die zwei Ganzfigurakte und ein derzeit verschollenes Gemälde, das als *Chez la marquise Casati* bezeichnet wird.

Schon vor seiner Affäre mit Luisa zeichnete Van Dongen sich nicht unbedingt durch ein besonders zurückhaltendes Wesen aus; die extravaganteren Seiten seiner Persönlichkeit wurden allerdings durch ihren Einfluss noch gefördert, vor allem seine Leidenschaft für Kostümfeste. Van Dongen veranstaltete eine Reihe von Maskenbällen, bei denen er unter anderem als Teufel und als Araber auftrat. Seine bevorzugte Kostümierung war jedoch die des römischen Gottes Neptun, in der er auch auf zwei Selbstporträts zu sehen ist. Van Dongen war natürlich auch ein häufiger Gast auf Luisas Pariser Festen.

Mit Mitte dreißig, zur Zeit ihrer künstlerischen und romantischen Verbindung mit Van Dongen, hatte sich der Ruf der Marchesa als verführerische Femme fatale bereits verselbstständigt, ein Ruf, den sie zweifellos vor allem ihrem äußeren Erscheinungsbild, dem großzügigen Umgang mit ihrem riesigen Vermögen und ihrem Hang zum Okkulten verdankte. Auch die unwahren, aber umso fantastischeren und absurderen Gerüchte, die über sie zirkulierten, sind wohl darauf zurückzuführen. Luisa ergötzte sich an der Legende von den zahllosen bedauernswerten Verehrern, die sich, da sie ihnen ihre Gunst versagte, das Leben nahmen. Sie wurde zu einer Circe der High Society hochstilisiert, man munkelte, diverse neue Mitglieder ihres Haushalts wären in Wahrheit in wilde Tiere verwandelte frühere Verehrer. Die Menagerie, mit der sie sich umgab, trug natürlich das ihre zur Festigung ihres sinnlichen Images bei und demonstrierte gleichzeitig ihre Macht als dominante Frau, deren Liebkosung selbst die wildesten Bestien zähmen konnte. Die aufreizend spärliche Bekleidung ihrer muskulösen schwarzen Diener, ständig bemüht, ihrer Herrin jeden Wunsch von den Augen abzulesen, schürte das Gerücht, auch sie zählten zu Luisas Liebhabern.

Wie das Liebesleben der Marchesa sich tatsächlich gestaltete, ist zwar nur durch Andeutungen dokumentiert, dennoch können wir mit Sicherheit darauf schließen, dass sie ihre Leidenschaften zwar auf unkonventionelle Weise, jedoch keineswegs in skandalösen Exzessen auslebte. Weder die Legende von den Heerscharen entleibter Liebhaber noch jene der in ihrem venezianischen Palazzo veranstalteten römischen Orgien entsprach der Wahrheit. Im Gegensatz zu den berühmten Kokotten der versunkenen Belle Époque, die ihre Promiskuität offen zur Schau trugen, bevorzugte die Marchesa als Arena für ihre Eroberungen eher die Galerien als die Boudoirs. Über diesen widersprüchlichen Aspekt im Leben ihrer Großmutter bemerkte Lady Moorea Black, dass „ihre Affären und Beziehungen nicht in erster Linie auf körperlichem Begehren" beruhten, sondern sie darin „wohl viel eher Bewunderung als anderweitige Befriedigung suchte".[6]

Mitunter gefiel sich Luisa allerdings durchaus in der Rolle der sexuellen Provokateurin. Sie machte sich ihre außergewöhnlichen Gesichtszüge und ihre androgyne Figur zunutze und war berüchtigt dafür, Nacktheit als taktisches Mittel einzusetzen, um selbst den schönsten Frauen die Schau zu stehlen. In diesem kalkulierten Exhibitionismus ging sie auch so weit, bestimmte modische Accessoires zu kopieren, die sich damals unter den Lesbierinnen der besseren Kreise großer Beliebtheit erfreuten. So pflegte sie etwa eine Zeit lang Goldkettchen knapp über dem linken Ellenbogen und am rechten Fußgelenk zu tragen und veranlasste Martini, sie in seinem Nachtfalterbildnis von 1912 in dieser aufreizenden Inszenierung zu malen. Zwar war sie wohl keine aktive Lesbierin wie Ida Rubinstein oder die Prinzessin de Polignac, doch gibt es Indizien dafür, dass Luisa deren Neigungen zumindest bei einer Gelegenheit Jahre später geteilt haben könnte.

Doch obwohl Luisa auf eigenartige Weise asexuell anmutet und man den Eindruck hat, sie beschäftige sich mehr mit ihrer äußeren Erscheinung als ihren inneren Begehrlichkeiten, gab es Momente, in denen sie ihre Leidenschaft bis zum Äußersten zu treiben schien. Dies galt vor allem für die körperlichen Aspekte ihrer Liaison mit Gabriele D'Annunzio, die bis-

(22) Porträtskizze des Kostümbildners Léon Bakst (1913)

(23–24) Unten: Baksts Kreation „Arlecchino bianco" für einen von Casatis berühmten venezianischen Maskenbällen, daneben Luisa in diesem Kostüm auf einem Gemälde von Giuglio de Blaas (1913)

(25) Marchesa Casati empfängt die Gäste zum Maskenball im Palazzo dei Leoni, Zeichnung von Manuel Orazzi (1913)

(26) Unten: Gruppenfoto der Ballgesellschaft mit der Gastgeberin als „Arlecchino bianco" in der Mitte

(27–28) Der kleingewachsene Maler Giovanni Boldini posiert zwischen einem der maskierten Gäste und der Marchesa in dem von Bakst entworfenen „indisch-persischen“ Kostüm. Rechts macht sich der Karikaturist SEM über Boldini lustig, der seiner Tanzpartnerin Casati nicht bis zur Brust reicht.

(29) „La marchesa Luisa Casati con penne di pavone", Boldinis späteres Casati-Porträt mit den Pfauenfedern (1914)

(30) Rechte Seite: Alberto Martini ließ sich von der Marchesa zu seinem Meisterwerk „Un lent réveil aprés bien des metempsychoses" (1912) inspirieren, er sollte – fast wie ein Hofmaler – die Casati noch viele Jahre malen.

(31) Bronzefigur der Marchesa mit Windhund von Paul Troubetzkoy (1913)

(33) Unten: Luisa Casati als Wachspuppe von Catherine Barjansky (1914)

(32) Als Krug formte der Keramikkünstler Renato Bertelli Casatis Kopf (1910).

(34) Luisa Casati auf einer Federzeichnung mit vielen Anspielungen von Roberto Montenegro (1914). Die Marchesa ließ das Bild auf Goldpapier drucken und verwendete es als Weihnachtskarte.

(35) Augustus John sah als ihr Geliebter den Menschen hinter der Maskerade, deshalb gilt dieses 1919 entstandene Bildnis als das beste Porträt der Marchesa Casati.

weilen ans Sadistische grenzten; in Anspielung auf den berüchtigten Marquis de Sade bezeichnete der Dichter seine Geliebte häufig auch als „die göttliche Marquise". Dem D'Annunzio-Biografen Philippe Jullian zufolge war diese „Hommage an de Sade" keine leere Phrase, sondern eine provozierende Anspielung auf die ungewöhnlichen sexuellen Praktiken, denen das Paar frönte.[7] In den Tagebüchern D'Annunzios findet sich das folgende aufschlussreiche Fragment: „Der Abend in Saint-Germain-en-Laye, der brennende Kuss auf den Hals, die wahnsinnige Rückkehr ins Hotel, das rote Mal, das sie herzeigt."[8] So wie diese – oder wie eines Abends nach dem Liebesspiel in einer Gondel – gab es viele Gelegenheiten, bei denen Luisa stolz die blauen Flecken präsentierte, die sie der Leidenschaftlichkeit ihres Geliebten verdankte. Auf einem Fest bemerkte etwa ein Gast, dass die Marchesa an Stelle von Blumen oder Juwelen die schwarz und blau verfärbten Spuren zur Schau trug, die die Zähne ihres Liebhabers auf ihrem Hals hinterlassen hatten. Ein andermal erschien sie mit sichtlich geschwollenen Lippen auf einer Soiree; später stellte sich heraus, dass D'Annunzio sie so heftig gebissen hatte, dass ihre Lippen bluteten. Es ist unwahrscheinlich, dass Luisa sich mit Van Dongen oder ihren anderen Liebhabern solch ungezügelter Leidenschaft hingab.

Im Laufe der Jahre hatte Luisa aber auch gelernt, sich gegenüber einem so fordernden Mann wie D'Annunzio ihre Unabhängigkeit zu bewahren; wie Philippe Jullian es formuliert:

> *Die Casati war zu unabhängig, um wie so viele andere im Schatten D'Annunzios ihr Dasein zu fristen, in Vergessenheit oder Wahnsinn zu versinken oder sich gar hinter Klostermauern zurückzuziehen. Sie begegnete D'Annunzio immer als ebenbürtige Gegenspielerin, wusste ihn stets aufs Neue zu verblüffen und sich rechtzeitig wieder zurückzuziehen, bevor er von ihren Narreteien genug bekommen konnte.*[9]

Die Romanze zwischen dem Poeten und seiner Muse sollte später mehr und mehr zu einer Art Liebesfreundschaft werden; aber obwohl beide sich auf eine Vielzahl anderer Liebschaften einließen, hielten sie einander doch als Freunde bedingungslos die Treue. Die Beziehung D'Annunzios zu Luisa war die längste und emotional intensivste Bindung, die er jemals mit einer

Frau einging, und ungeachtet ihrer wildesten Exzentrizitäten verteidigte er sie standhaft gegen bösartige Gerüchte. Für ihn würde Luisa – in seinen eigenen Worten – für alle Zeit die „personifizierte Reinheit" bleiben.

2

Der Fauvismus war aus der Transformation von Ideen vorangegangener künstlerischer Bewegungen in ein neues Konzept farbenfroher Barbarei entstanden. Doch nun trat eine Gruppe von Künstlern auf den Plan, die dem Vergangenen jegliche Anerkennung verweigerten; nur die völlige Auslöschung althergebrachten Gedankengutes, so waren sie überzeugt, konnte die Möglichkeit für ein neues Verständnis der Welt schaffen und es war höchste Zeit, die verblassten Götter überholter Dogmen durch neue zu ersetzen, die der flüchtigen Zeit, in der sie lebten, angemessener waren. Die Futuristen, wie sie sich selbst tauften, verkündeten ihre Revolution offiziell mit dem am 20. Februar 1909 in *Le Figaro* veröffentlichten ersten futuristischen Manifest Filippo Marinettis, das unter anderem die Verherrlichung von Kraft, Geschwindigkeit und Maschinen proklamierte und – als umstrittenste Punkte – den Krieg ebenso glorifizierte, wie es den Feminismus verdammte.

Der Futurismus begann als literarische Bewegung, wurde jedoch schnell auf andere Sparten wie Malerei, Bildhauerei, Tanz, Fotografie, Mode, Film und sogar Kochkunst ausgedehnt. Dreidimensionale Werke aus unorthodoxen Materialen wie Plastik, Gummi oder Karton sollten neue Technologien repräsentieren. Doch unabhängig von dem Medium, das sie verwendeten, war das Ziel der Futuristen, das Moderne zu einem Mythos zu stilisieren. Die Gründungsmitglieder Carlo Carrà, Giacomo Balla, Umberto Boccioni und Fortunato Depero verklärten in ihren Gemälden alles, was von Menschenhand geschaffen war oder physische Bewegung demonstrierte; dynamisch-bruchstückhafte Darstellungen von Spinnrädern oder dahinrasenden Automobilen, Zügen und Flugzeugen sollten Geschwindigkeit und Vitalität suggerieren.

Selbst in den progressivsten Künstlergemeinschaften gab es allerdings Zweifler an einer Weltanschauung, die „Militarismus, Ideen, für die es sich zu sterben lohnt, und Verachtung gegenüber Frauen" verklärte. Caroline Tisdall schrieb in einer Studie über den Futurismus: „Er war im Wesentlichen ein Angriff auf die sentimentale und romantische Darstellung von Liebe und Frauen, wie sie die ehebrecherischen Heldinnen D'Annunzios verkörperten."[10] Es entbehrte also durchaus nicht der Ironie, dass ausgerechnet Luisa Casati, die lebende Inkarnation der d'annunzianischen Frau, zur wichtigsten Muse der Futuristen werden sollte.

Luisa kannte Marinetti bereits seit mehreren Jahren, als er 1909 sein Manifest publizierte. Er war fasziniert von ihrer sich ständig wandelnden Persönlichkeit. Ihre Freundschaft ist auf anschauliche Weise dokumentiert. Carlo Carràs 1911 entstandenes Porträt des freimütigen Gründers der Futuristen, das ihn bei der Arbeit an seinem Schreibtisch zeigt, wurde von Marinetti durch eine handschriftliche Notiz ergänzt, die er an der gemalten Fläche des Tisches befestigte. Darauf stand zu lesen: „Mein von Carrà gemaltes Porträt widme ich der großen Futuristin Marchesa Casati, die die trägen Augen eines Jaguars besitzt, der gerade die Eisenstäbe seines Käfigs verschlungen hat."[11]

Auch zahlreiche andere Mitglieder der Bewegung waren mit Luisa befreundet oder wurden von ihr gefördert. Laut Marinetti umfasste ihre Sammlung futuristischer Werke „drei Kunststoffplastiken von Boccioni, die mit einigen von Russolos violetten Dynamismen und ein paar gelben Zyklonen von Balla konkurrierten".[12] Ein Ganzfigurbildnis, das die Marchesa in Pelz gehüllt zeigt, wurde ebenfalls Umberto Boccioni zugeschrieben. Zuverlässiger ist wohl die Zuordnung einiger weiterer Werke Boccionis zur „Sammlung der Marchesa Casati" in einem Katalog über sein Gesamtwerk.[13] Laut dem Bildhauer Alexander Archipenko erwarb Luisa bei der Biennale 1920 in Venedig auch eine seiner Skulpturen.

Giacomo Balla war in der Kunstwelt bereits etabliert, als er sich 1910 der futuristischen Bewegung anschloss. Er war der erste Künstler der Gruppe, der Luisa Casati gemäß futuristischen Idealen porträtierte. Neben einer Tuschezeichnung und einem Ölgemälde, die das Modell inmitten wirbelnder geometrischer Formen darstellen, schuf er auch ein dreidimensionales Porträt der Marchesa, das am meisten Aufsehen erregte. Die 1915 geschaffene Büste *La marchesa Casati con gli occhi di mica e il cuore di legno* bestand aus bemaltem Holz und Karton, Kupferteilen, die ihr Haar repräsentierten, und riesigen Augen aus Glimmer. Ihre lächelnden Lippen waren rote Wirbel, die aus ihrem weißen Gesicht herausragten; die linke untere Hälfte des Kunstwerks wurde von einem scharlachroten Herz aus Holz dominiert.

Getreu den Prinzipien des Futurismus war Ballas Büste natürlich beweglich. Wenn man am Herz der Marchesa drehte, bewegten sich ihre Augen und es schien, als würde sie zwinkern, was vom Publikum der ersten Ausstellung, bei der die Skulptur gezeigt wurde, durchaus goutiert wurde:

> *Die Besucher … amüsierten sich köstlich über das Werk und unterhielten sich damit, an den Elementen zu ziehen, durch die die Augen der Marchesa bewegt wurden, um ihren Gesichtsausdruck zu verändern.*[14]

Die Skulptur, von der Balla auch ein Aquarell anfertigte, schmückte das Titelbild der Zeitschrift *Il Mondo* vom 30. März 1919 im Zusammenhang mit der Esposizione Futurista in Mailand; später gelangte sie in Marinettis private Kunstsammlung. Luisa war von Ballas Kunstfertigkeit so angetan, dass sie ihn mit der Gestaltung der Kostüme und der Dekoration für eines ihrer prunkvollen Feste beauftragte.

Der aus Trentino stammende Künstler Fortunato Depero hatte seine Karriere als junger Ausstatter bei der Esposizione Internazionale in Venedig begonnen. Nachdem er 1913 in Rom Marinetti kennen gelernt hatte, verabschiedete er sich von seinem unzeitgemäßen symbolistischen Stil und wandte sich dem Futurismus zu, dessen Ideale er bald auch für die Bühne adaptierte, unter anderem in seinen Arbeiten für die Ballets Russes. 1917 führte ihn ein Auftrag nach Capri, wo er den Schweizer Dichter Gilbert Clavel kennen lernte.

Aus der Freundschaft zwischen Depero und Clavel entstand eine Reihe von Theaterproduktionen, die der Dichter finanzierte. Die fantasievolle künstlerische und musikalische Gestaltung ihrer *Balli plastici* war jedoch nicht für menschliche Darsteller gedacht, sondern für ein von Depero kreiertes Ensemble verblüffend origineller Marionetten. Der Künstler beschrieb die abstrakte Wirkung, die diese Stücke erzielten, als „Perspektiven konstruierter Landschaften; mechanisierte Flora und fantastische Architektur von metallisch-kristallinem Charakter; Kunststofffiguren und bewegliche Holzfiguren in leuchtenden Farben".[15]

Die Premiere der *Balli plastici*, der auch Luisa Casati beiwohnte, fand am 15. April 1918 im Teatro dei Piccoli im Palazzo Odescalchi in Rom statt, als erste von 18 Vorstellungen. Unter der Regie von Vittorio Podrecca und der musikalischen Leitung von Alfredo Casella wurden die winzigen „Schauspieler" von den Puppenspielern der Gorno dell'Acqua dirigiert. Jede Vorstellung bestand aus einer Reihe kleiner Skizzen, etwa *L'orso azzurro* zu Musik von „Chemenov", ein Pseudonym für Béla Bartók, oder *L'uomo dai baffi*, für die Luisas Freund Lord Berners die Musik beigesteuert hatte.

Im Foyer des Theaters fand gleichzeitig eine Ausstellung von Deperos Gemälden statt. Während der Besichtigung am Abend der Premiere flanierte Luisa durch die mit Vertretern der römischen High Society gefüllten Räume und pries die Werke ihres Freundes Depero, während sie ein winziges, mit brennendem Weihrauch gefülltes Rauchfass schwenkte, das an einem Ring an ihrer Hand befestigt war. Lord Berners folgte ihr in der duftenden Rauchwolke und schnitt ekstatische Grimassen für das erstaunte Publikum. Depero vollendete im Laufe seiner Freundschaft mit Luisa mindestens drei Porträts von ihr, eine Tuschezeichnung, eine Kohleskizze und ein Aquarell.[16]

Angesichts des einzigartigen persönlichen Stils der Marchesa und ihrer Verbindung mit so provokanten Künstlern ist es kaum verwunderlich, dass ihr Name auch in den Klatschkolumnen auftauchte, die das Publikum in den Hauptstädten damals mit Begeisterung verschlang. Eugenio Giovannettis Kolumne „Satyricon" war eine der berüchtigtsten. Die einmaligen Enthüllungen über die private Welt der Marchesa, die er seinen Lesern bot, muten zwar höchst unwahrscheinlich an, veranschaulichen jedoch den bisweilen gehässigen Humor jener Zeit:

> *Die Marchesa Casati, eine intelligente und kultivierte Frau, brüstet sich gern mit ihrem „Avantgardismus". In den Augen der Öffentlichkeit ist sie die geistige Schirmherrin all dieser Kubisten und Futuristen und Avantgardisten sämtlicher Farben und Rassen …*
> *So sieht es zumindest von außen aus. Wer jedoch das Haus und den Salon der Marchesa betritt, sieht etwas ganz anderes. Dort ist alles wunderschön, wurde alles mit erlesenem Geschmack ausgewählt.*

Jedoch – alles verweist auf eine friedlichere Vergangenheit. An den Wänden findet man kein Werk von Balla oder Carrà oder Archipenko, stattdessen ein herrliches Porträt von Boldini und andere Gemälde in tadellos klassischem Stil. Und wo sind all ihre tollen Avantgardisten?
Wenn Sie zum Lunch bei der Marchesa eingeladen wären, würden Sie die Lösung dieses kleinen Rätsels erfahren. Nach Beendigung des Mahls, wenn das übliche aristokratische Geplänkel einsetzt, gibt es immer jemanden, der fragt: „Marchesa, und was ist mit Ihren Futuristen? Wo sind sie alle?"
„Wollen Sie sie wirklich sehen?", würde die Marchesa sagen, mit einem leichten Lächeln. „Dann folgen Sie mir!"
Geführt von der Marchesa steigt die fröhliche Horde verschiedene Treppen hinauf, durchquert diverse Gänge und macht schließlich Halt an der Schwelle eines kleinen, spärlich beleuchteten, trostlosen Raums, der an jene Kammer erinnert, in der Blaubart seine Leichen versteckt und gesammelt hat.
„Treten Sie ein", sagt die Marchesa, „ich werde Licht machen."
Die Horde tritt ein und sieht sich um. Da sind sie, all die grässlichen Rebellen der Kunst, in einem einzigen Durcheinander, vergessen und verstaubt hängen sie in der von Modergeruch erfüllten Luft an den Wänden wie abscheuliche Kadaver. Einer nach dem anderen wird von der Horde identifiziert und mit wildem Gelächter bedacht ..., die Marchesa neigt liebenswürdig ihr Haupt und lächelt in schweigender Zustimmung.
Die Moral dieser Geschichte: Die Marchesa Casati ist eine intelligente und kultivierte Frau, aber Künstler sollten ihren aristokratischen Gönnern nicht allzu sehr trauen.[17]

Dieser höhnische Bericht enthüllt natürlich in erster Linie die Voreingenommenheit des Autors gegenüber der Avantgarde; die hier gebotene Beschreibung Casatis wird von keiner sonstigen Quelle bestätigt und widerspricht auch den Erinnerungen anderer, zuverlässigerer Zeugen wie etwa Marinetti.

Angespornt vom Erfolg der *Balli plastici* wagte Marinetti sich in andere Medien vor. Am 8. Juli 1917 erschien das „futuristische Manifest des Tanzes“ in der Zeitschrift *La Italia Futurista*; gewidmet war es der Marchesa Casati, in deren römischer Villa Marinetti das Manifest verfasst hatte. Hier organisierte er auch für Luisa und den zu Besuch weilenden Diaghilew eine private Vorführung von zwei Ballettstücken, *Macchina tipografica* und *Invenzione meccànica*, die Balla ausgestattet hatte. Auch Léonide Massine, Startänzer und Choreograf der Ballets Russes, gab in der Villa eine Privatvorstellung zu Eric Saties *Gymnopédies.*[18]

Durch die Ballets Russes lernte die Marchesa auch Pablo Picasso kennen. Der spanische Künstler akzeptierte mehrere Einladungen der Schirmherrin des Ensembles, unter anderem für eine Soiree am 2. April 1917, die in der weißen Marmorhalle ihrer römischen Villa stattfand. An den offenen Kaminen zu beiden Seiten des Saals standen Domestiken in Weste und gepuderter Perücke, die unablässig Kupferspäne in die Flammen warfen, sodass leuchtend grüne Blitze den Raum in unheimliches Licht tauchten.[19]

Während der Kriegsjahre in Rom erneuerte Luisa auch ihre Bekanntschaft mit Isadora Duncan, die im Hotel Regina im Zimmer neben D'Annunzio logierte. In ihrer Autobiografie schildert die Tänzerin – nebst einigen Ausschmückungen – den Ablauf eines Abends, an dem sie D'Annunzio bei einem seiner fast täglichen Besuche in Luisas Villa begleitete.

> *Während ich [in der Empfangshalle] saß und auf die Ankunft der Marchesa wartete, ergoss sich plötzlich eine wilde Tirade der vulgärsten Ausdrücke, die man sich vorstellen kann, über mich. Ich sah mich um und entdeckte einen grünen Papagei. Ich bemerkte, dass er nicht angebunden war, erhob mich und flüchtete in den nächsten Salon. Während ich dort saß und auf die Marchesa wartete, hörte ich plötzlich ein lautes Grollen – Brrrrr – und entdeckte eine weiße Bulldogge. Auch sie war nicht angebunden, also flüchtete ich in den nächsten Salon, dessen Boden und Wände mit weißen Bärenfellen bedeckt waren. Ich setzte mich und wartete auf die Marchesa. Plötzlich hörte ich ein Zischen. Ich blickte nach unten und bemerkte eine Kobra in einem Käfig, die sich gerade aufrichtete und mich anzischte. Ich flüchtete in den nächsten Salon, der mit Tigerfellen ausgekleidet war. Dort*

befand sich ein Gorilla, der die Zähne bleckte. Ich hastete in den Nebenraum, das Speisezimmer, wo ich den Sekretär der Marchesa vorfand. Schließlich kam die Marchesa in einem durchsichtigen goldenen Pyjama zum Diner herunter. Ich sagte:
„Sie lieben Tiere, wie ich sehe."
„Oh ja, sehr – besonders Affen", antwortete sie und warf einen Blick auf ihren Sekretär.
So seltsam es klingen mag, doch das Diner nach diesem aufregenden Aperitif lief äußerst formell ab.[20]

Die Abendunterhaltung, die auf das ereignislose Mahl folgte, war hingegen charakteristisch für die Gastgeberin: „Nach dem Diner kehrten wir in den Salon mit dem Orang-Utan zurück, wo die Marchesa nach ihrer Wahrsagerin schickte. Sie betrat den Raum, angetan mit Hexenhut und Umhang, und begann uns die Karten zu legen."[21] Die Hellseherin prophezeite Duncan, dass ihr Einfluss sich über den ganzen Globus ausdehnen und sie unter den Fittichen ihrer Schutzengel ein „hohes Alter" erreichen würde. Dann wandte sie sich D'Annunzio zu und deklamierte: „Sie werden hoch fliegen und fantastische Taten vollbringen. Sie werden fallen und an der Schwelle des Todes stehen. Doch Sie werden durch den Tod gehen, den Tod überwinden und großen Ruhm erlangen."[22]

Die nachfolgenden Ereignisse sollten den an jenem Abend ausgesprochenen Prophezeiungen rätselhafte Bedeutung verleihen. Isadora Duncan erlangte tatsächlich Unsterblichkeit, doch ihre künstlerischen Triumphe wurden überschattet durch private Tragödien – den Tod ihrer Kinder, die bei einem Unfall ertranken, den Selbstmord ihres geschiedenen Mannes und ihren eigenen makabren Tod mit 48 Jahren, stranguliert von einem Schal, der sich in den Rädern eines Bugatti verfangen hatte. Es waren die Worte der Wahrsagerin über D'Annunzio, die sich in unheimlicher Weise bewahrheiten würden.

3

Im Jahr 1914 beschloss das Ehepaar Casati seine offizielle Trennung. Im Krieg diente Camillo in der italienischen Armee und wurde unter General Luigi Cadorna zum Major befördert. Ein späteres Porträt des britischen Künstlers Sir Oswald Birley zeigt den Marchese in Galauniform. Als ihre Eltern sich trennten, wurde die Entscheidung, bei wem sie bleiben wollte, der 13-jährigen Cristina überlassen. Sie entschied sich für ihre Mutter, die ihrerseits den Verbleib ihrer Tochter im Internat in Frankreich veranlasste. Angesichts des beispiellosen Narzissmus von Luisa klingt es nach Ironie, dass sie für Cristina eine Schule auswählte, in der körperliche Eitelkeit zutiefst verpönt war; selbst in der Einsamkeit des Badezimmers waren die Schülerinnen verpflichtet, sich in Raten zu waschen, um völlige Nacktheit zu vermeiden.[23] Als Cristina das französische Institut schließlich verließ, um in Oxford zu studieren, erlaubte die Marchesa dies nur unter der Bedingung, dass sie ein Privatquartier bezog, wo sie unter der strikten Aufsicht einer Gouvernante stand.

Bis zum Beginn des Ersten Weltkriegs hatte der Film sich zu einer Unterhaltungsform entwickelt, die das gesamte 20. Jahrhundert mitbestimmen sollte. In einer fantasievollen Hypothese zieht Philippe Jullian Parallelen zwischen den Sirenen der Leinwand und Luisa Casati:

> *Diese Art-Nouveau-Sphinx entfaltete ihre schwarzen Flügel und wurde zum Vampir der Horrorfilme … Auf der Kinoleinwand erblühte diese bösartige Vision der Casati in üppiger, bedrohlicher Kostümierung aus schwarzem Samt, Gagatstickereien, Mantillen und schwarzen Handschuhen mit paillettenbesetzten Fingerspitzen … Mit ihren leichenblassen Gesichtern und schwarz umrandeten Augen entstiegen diese Gestalten dem Orientexpress, einem Schloss in den Karpaten oder einem New Yorker Stadthaus und hinterließen mit ihren schwarzen, blumenbestickten Schleppen eine Spur der Verzweiflung. Leidenschaftslose Schönheiten, in Stolen aus Affenpelz gehüllt, fingerten an ihren Perlenketten oder Jadeohrringen, die bis auf ihre Schultern fielen. Sie waren alle jüngere Schwestern der Marchesa Casati.*[24]

Der berüchtigtste Vamp des Stummfilms war Theda Bara. Die Rolle, die sie 1915 in *The Devil's Daughter* verkörperte, wies in ihrer äußeren Erscheinung ebenso wie in ihren Verbindungen zur Künstlerszene gewisse Ähnlichkeiten mit Luisa Casati auf. Das Drehbuch für den Film basierte interessanterweise auf *La Gioconda*, einem frühen Drama D'Annunzios. Anders als dem wortgewaltigen Dichter gelang es der Fox Film Corporation, die verwickelte Handlung des Werks in einem einzigen Satz zusammenzufassen: „Ein Künstlermodell übt Rache am männlichen Geschlecht für alle Schandtaten der Männer und verfällt dann dem Wahnsinn."[25]

Kinofilme konnten natürlich nur kurzzeitig von der Realität des großen Krieges ablenken, der unvermindert in Europa tobte. In dieser Zeit der Unruhe und des übermenschlichen Strebens, in der so viele Nationen aus dem Gleichgewicht gerieten, war die Welt nun endlich d'annunzianisch geworden. Zum Leidwesen des Dichters war er selbst zum Zuschauen verdammt; seine Bemühungen, aktiv am Kampf teilzunehmen, scheiterten – schließlich hatte er die Fünfzig schon überschritten und verfügte über keinerlei Fronterfahrung. D'Annunzio besuchte die Truppen in Paris und erprobte an ihnen sein zunehmend militaristisches rhetorisches Talent. Es bedurfte eines Telegramms von Eleonora Duse, um ihn endlich aufzurütteln und zur Beendigung seines selbst auferlegten Exils zu bewegen. Am Morgen des 4. Mai 1915 betrat er nach fünf Jahren zum ersten Mal wieder italienischen Boden.

Als unermüdlicher Redner und Dichter des Volkes wurde er zur unüberhörbaren Stimme Italiens, das die Neutralität aufgegeben und seinem früheren Bündnispartner Österreich-Ungarn den Krieg erklärt hatte. Die Regierung erkannte D'Annunzios Einfluss auf die Truppen und akzeptierte ihn als Freiwilligen. D'Annunzio wurde jedoch nicht einem bestimmten Corps zugeteilt, sondern zwischen Marine, Infanterie, Kavallerie und Luftwaffe von einer Einheit zur nächsten weitergereicht, um seine elektrisierende Wirkung auf die Soldaten voll auszunutzen. Ein französischer Flieger erinnerte sich später an das beinahe surreale Bild, als D'Annunzio nach einer Rede in der Messe vor Soldaten und Köchen ins Flugzeug stieg, in adretter Uniform und Lederstiefeln mit hohen Absätzen.

In Rom vertiefte sich die Beziehung zwischen D'Annunzio und Luisa wieder. Inmitten des neuzeitlichen Krieges wandte das Paar sich jahrhundertealten okkulten Riten zu. Schlag Mitternacht des 20. Juni 1915 fanden sie sich etwa zwischen verfallenen Gräbern auf der Appia Antica ein, um die Geister antiker Krieger heraufzubeschwören. Philippe Jullian bemerkte dazu: „Niemand hat je erfahren, welche Antwort diesen Laienschwarzkünstlern beschieden war, aber die diabolische Aufmachung, die die Marchesa für diese Zeremonie kreierte, war gewiss sehenswert."[26]

Der Schriftsteller Tommaso Antongini, einer der engsten Freunde D'Annunzios, berichtet, dass Luisa „die magischen Künste so begeistert und leidenschaftlich betrieb, dass sie sich sogar – oft über Monate oder Jahre – Wahrsager und Magier als Hausgäste hielt, so wie die Renaissancefürsten sich ihre Astrologen und Spielleute hielten".[27] Wie ernsthaft Luisa und D'Annunzio ihren heidnischen Riten nachgingen, ist nicht bekannt; vielleicht genossen sie auch nur die prickelnde Atmosphäre ihrer geheimnisvollen Inszenierungen.

Am 16. Januar 1916 musste das Flugzeug, mit dem D'Annunzio unterwegs war, auf einer Sandbank notlanden. In dem durch das Manöver verursachten Chaos kollidierte der Dichter mit einem Maschinengewehr, das vor seinem Sitz montiert war, ein Unfall, der ihn die Sehkraft seines rechten Auges kostete und auch das linke in Mitleidenschaft zog.[28] Um das zweite Auge zu retten, verordneten ihm die Ärzte, sehr zu seinem Missfallen, völlige Ruhe und Dunkelheit. Er zog sich nach Venedig zurück, um in der Casetta Rossa, einem kleinen Palazzo am Canal Grande, die Genesung abzuwarten.[29] Direkt gegenüber lag die fantastische „Ruine" des Palazzo dei Leoni.

In der Einsamkeit seines Krankenzimmers, mühsam Wort für Wort notierend, verfasste D'Annunzio sein quälendes *Notturno*. Diese „Schriften der Schatten", wie der Autor das Werk nannte, sind weniger eine lineare Erzählung als eine assoziative Aneinanderreihung plastischer Erinnerungen, die von barocken Todesvorstellungen bis zu banalsten alltäglichen Ereignissen reichen. Blumige Schilderungen von Begräbnisprozessionen nach San Michele, der venezianischen Friedhofsinsel, wechseln sich ab mit Passagen über den Duft einer Blume oder die Melodie eines bestimmten Musikstücks oder schlichten, doch sehr berührenden Reminiszenzen an vergangene Lieben, wie das Bild der Duse, die während eines sanften Regens Veilchen pflückt. Und natürlich gedachte D'Annunzio auch seiner

Coré, deren Palast still und verlassen auf der anderen Seite des Canal Grande lag.[30]

Der Krieg hatte dessen Herrin gezwungen, ihren spektakulären venezianischen Soireen und Bällen zu entsagen; überdies war es im vom Krieg zerrissenen Europa schwierig geworden, genügend elitäre Gäste für glanzvolle Feste zu versammeln. Stattdessen verlegte die Marchesa sich auf Reisen, nach Paris ins Ritz oder Hôtel du Rhin, dann wieder nach Rom oder Venedig, zuweilen sogar außerhalb des Kontinents. Mehrere Quellen berichten etwa, dass Luisa in der peruanischen Hauptstadt Lima einem Auftritt der Primaballerina Anna Pawlowa beiwohnte.[31]

Nach einem Sturz in ihrer Villa in Rom, bei dem sie sich den rechten Arm brach, musste die Casati ihre Reiselust vorübergehend bezähmen. Die Langeweile während ihrer Rekonvaleszenz vertrieb sie sich mit einer durch die Umstände erforderlich gewordenen neuen Methode der Korrespondenz mit D'Annunzio, der in Venedig immer noch seiner Genesung harrte. Freunde, die sie besuchten, mussten Luisas Nachrichten an ihren Geliebten auf ihre persönlichen Visitenkarten notieren, die sie dann gen Norden sandte. Damit sicherte sie sich nicht nur genügend Besucher an ihrem Krankenlager, sondern auch fähige Hände, um ihre Mitteilungen auf Papier zu bringen.

D'Annunzio schätzte diese Zeichen ihrer Zuneigung, doch konnten sie ihn nicht über den kürzlichen Tod seiner Mutter und sein eigenes körperliches Leid hinwegtrösten. Erst nach seiner weitgehenden Genesung blühte sein patriotischer Geist wieder auf, und er reiste weiter kreuz und quer durch Italien, um das Volk zu mobilisieren. Mit dem Ende des Krieges betrachtete D'Annunzio seine militärische Pflicht allerdings noch nicht als erfüllt. Erzürnt über die Weigerung der Regierung, die italienische Bevölkerung in annektierten Gebieten zu unterstützen, setzte der begeisterte Nationalist sich im September 1919 an die Spitze einer kleinen Truppe von Freischärlern, um den Hafen von Fiume, das heutige Rijeka, zurückzuerobern, der an Jugoslawien gefallen war. D'Annunzio hielt die Stadt 16 Monate lang besetzt, bevor die italienische Regierung dem Schauspiel ein Ende machte.

Nicht lange danach bezog der Dichter eine abgelegene Villa am Ufer des Gardasees, die er „Il Vittoriale" taufte. Benito Mussolini war an der

Wahl dieses Domizils nicht unbeteiligt; er wusste um die verführerische Wortgewalt D'Annunzios und zog es vor, ihn in sicherer Isolation zu halten. Als Wiedergutmachung überhäufte der Duce den Dichter mit geschwollenen Titeln und Orden für seine Tapferkeit. Allein und abgekapselt von der Außenwelt würde Gabriele D'Annunzio sein luxuriöses Gefängnis in ein Heiligtum exzessiver Dekadenz – und in sein eigenes prunkvolles Grabmal verwandeln.

4

Während Italiens Dichtersoldat im Schlachtengetümmel unsterblichen Ruhm zu erlangen hoffte, setzte Luisa – mit demselben Ziel vor Augen – ihre Suche nach ständig neuen Künstlern fort, denen sie ihre Gunst als Mäzenin widmen könnte. Im Winter 1918 lernte sie in London bei einem Lunch, zu dem die britische Schriftstellerin und Künstlerin Clare Sheridan geladen hatte, den Bildhauer Jacob Epstein kennen, dessen Werke ihm seit seinem Umzug von New York nach England den Ruf eines skandalösen Provokateurs eingetragen hatten. 1907 hatte der Eklat, den seine großen Aktskulpturen am Gebäude der British Medical Association auslösten, beinahe zur Zerstörung der Statuen geführt. Nur wenige Jahre später verursachte Epsteins Entwurf für das Grabmal Oscar Wildes auf dem Pariser Père Lachaise einen neuen Skandal – eine Aktskulptur, die neben dem pompösen ägyptischen Kopfputz und Art-Deco-Flügeln auch über einen auffallend großen Phallus verfügte. Nachdem das Grab mehrmals mutwillig verwüstet worden war, sah die Friedhofsverwaltung sich gezwungen, den anstößigen Körperteil zu entfernen und durch ein bronzenes Feigenblatt zu ersetzen.

In seiner Autobiografie beschreibt Epstein Luisa als Aufsehen erregende Erscheinung, der es nicht schwer fiel, all die anderen Gäste, die um seine künstlerische Aufmerksamkeit buhlten, in den Schatten zu stellen: „Die Marchesa hatte ungewöhnliche Vorlieben ... Jede Perversität war ihr recht, um sich nicht mit normalem Benehmen abfinden zu müssen. Auch in der Kunst bevorzugte sie naturgemäß das Perverse."[32] Als Epstein sie fragte, ob sie ihm Modell stehen wolle, zögerte die Meisterin der Selbstverherrlichung keinen Augenblick und vereinbarte eine Sitzung für den folgenden Tag:

> *Die Marchesa traf gegen zwei Uhr mit einem Taxi ein und wies den Fahrer an zu warten. Wir begannen mit der Sitzung und ihr medusenhaftes Haupt beschäftigte mich bis nach Einbruch der Dunkelheit; draußen schneite es. Uns wurde die Nachricht überbracht, dass der Taxifahrer zu einem Entschluss gekommen sei: Gräfin hin, Epstein her, er würde nicht länger warten. Als die Marchesa das hörte, rief sie: „Er ist ein Bolschewist! Sagen Sie ihm, er soll noch warten." Man gab dem Fahrer Tee zu trinken, stellte ihm einen Sessel vor den Kamin und zeigte ihm das Bücherregal.*
> *Das Licht der Winterdämmerung hatte sich verflüchtigt und ich ließ Kerzen bringen, die in einem Kreis um mein geheimnisvolles Modell aufgestellt wurden, und das Feuer im Kamin schüren … Die unermüdliche Marchesa mit ihren riesigen, blutunterlaufenen Augen saß mit starrem Blick Modell, während der Taxifahrer, als wolle er sich tatsächlich als Bolschewist deklarieren, die „Brüder Karamasow" aus dem Regal nahm und seine Proteste einstellte.*
> *Am nächsten Tag vollendete ich die medusenhafte Maske.*[33]

Das Porträt gilt als eines von Epsteins Meisterwerken; Stephen Gardiner beschrieb seine einzigartige Qualität: „In der Bronze hat der Künstler wie durch Zauberei die Erinnerung an den Schein des Kerzenlichts in den Augen des Modells bewahrt."[34]

Der aus dem Baskenland stammende Maler Ignacio Zuloaga y Zabaleta hätte sich in persönlicher und künstlerischer Hinsicht nicht stärker von Epstein unterscheiden können. Er hegte eine Leidenschaft für das Bizarre und Schöne; dass ihn die Unkonventionalität Casatis faszinierte, ist nicht verwunderlich. Mit der Arbeit an ihrem Porträt begann er 1918, als er im Montmartre das Leben der Boheme pflegte; vollendet, signiert und datiert wurde es angeblich 1922 in Rom. Das lebensgroße Bildnis, dessen Motiv der Künstler als „eigenartig und elegant gekleidetes nächtliches Trugbild"[35] bezeichnete, gilt als eines der geheimnisvollsten, vielleicht sogar grotesken Gemälde aus Zuloagas exotischem Œuvre. Luisa trägt ein spanisches Manola-Kostüm aus roter Seide und schwarzer Spitze; in der schwarz behandschuhten Hand hält sie einen Fächer, auf dem Goyas *Nackte Maja* abgebildet ist. Hinter dem sardonisch lächelnden Modell sind die berühmten Windmühlen des Montmartre zu erkennen.

Das Porträt wurde – gemeinsam mit Werken von Degas, Matisse und Picasso – auf der Seconda Biennale Internazionale Romana 1923 gezeigt und war im Jahr darauf eines der Hauptexponate in Zuloagas Einzelausstellung in den New Yorker Reinhardt Galleries. Die Übersiedlung des Künstlers nach Spanien tat der Freundschaft zwischen ihm und der Marchesa keinen Abbruch; Luisa weilte etwa 1924 bei ihm zu Besuch, von wo sie D'Annunzio eine Kopie des Porträts sandte.[36]

Im Winter 1918–1919 hielt Luisa sich wieder für längere Zeit in Paris auf. Zum engsten Kreis der Freunde, mit denen sie sich dem unablässigen Reigen der Soireen und Gesellschaften widmete, zählte neben Cécile Sorel, Paul Poiret und Baron und Baronin De Meyer auch Maria Ruspoli. Die dritte Frau des Duc de Gramont – mehr als 40 Jahre jünger als ihr Gatte – residierte meist in ihrem Domizil an den Champs Élysées, wo sie auch ihre berühmten nachmittäglichen *thé dansants* veranstaltete, bei denen sich die vornehmsten Vertreter der High Society unter Künstler und Bohemiens mischten. An einem Nachmittag im Februar 1919 befand sich unter den Gästen auch ein großer bärtiger Waliser. Augustus John war zu dieser Zeit bereits ein anerkannter Künstler und fast ebenso berühmt für seinen exzentrischen Lebensstil. Nach dem Studium an der renommierten Londoner Slade School of Fine Arts hatte er zwar einen Lehrauftrag der Universität von Liverpool angenommen, doch seine Nomadenseele konnte dem geregelten Lehrerdasein auf die Dauer nicht viel abgewinnen. Ein Freund erzählte ihm vom sagenumwobenen Leben der Roma, worauf John einen Wohnwagen mit Malerutensilien füllte, ein Pferd davor spannte und mit seiner stetig wachsenden Familie durch abgelegene Landstriche in England und Wales tingelte. Nebenbei hatten ihm seine zahllosen Affären auch den Ruf eines notorischen Frauenhelden eingetragen.

Augustus John war nach zwei Jahren Dienst in der kanadischen Armee nach Paris gekommen, um im Auftrag der britischen Regierung die Pariser Friedensverhandlungen zu dokumentieren, und verbrachte seine Zeit hauptsächlich damit, die anwesenden Würdenträger zu porträtieren. Er logierte in der Avenue Montaigne als Gast von Tony de Gandarillas, einem charmanten Bonvivant und Mitglied der chilenischen Delegation, der laut Philippe Jullian „einfach jeden kannte“[37] und John in die Pariser High Society einführte.

An jenem Nachmittag in der festungsähnlichen Residenz der Duchesse de Gramont schenkte John sich gerade ein Glas Portwein ein, als ein neuer Gast eintraf. In seiner Autobiografie erinnert sich der Künstler:

> *Eine außergewöhnliche Frau hatte den Raum betreten. Mit ihrer Haltung, Persönlichkeit und eigenwilligen Eleganz schien sie den Rest der Gesellschaft zu Statisten zu degradieren … Sie trug einen hohen schwarzen Samthut, dessen Spitze mit einem antiken goldenen Torques geschmückt war, einem Geschenk D'Annunzios; ihre riesigen Augen, die sie mit Mascara noch stärker betont hatte, funkelten unter ihrer leuchtenden Mähne hervor … Sie bewegte sich mit überlegener Leichtigkeit durch den Ballsaal und blickte mit dem Ausdruck etwas spöttischer Belustigung um sich. Unsere Blicke trafen sich … Bevor ich aufbrach, wurde ich ihr vorgestellt; es war die Marchesa Casati.*[38]

Luisa wurde bald zu einem häufigen Gast auf den Festen im Hause Tony de Gandarillas', wo sich ihre besondere Begabung für boshaften Sarkasmus offenbarte, wie John bemerkte: „Sie hatte sich einige wichtige umgangssprachliche Vokabeln angeeignet, die sie mit Umsicht einsetzte, um ihr Spektrum an Ausdrucksmöglichkeiten zu erweitern, insbesondere wenn sie sich über die geistigen, moralischen und physischen Charakteristika ihrer Freunde ausließ.“[39] Das bizarr überbetonte Antlitz der Marchesa inspirierte Johns künstlerisches Talent, während die „vollkommene Natürlichkeit ihres Benehmens“ ihn oft zum Lachen brachte; er nannte sie ein „Kind der Natur“,[40] wusste jedoch sehr gut, wie schnell das verwöhnte kleine Mädchen in ihr die Oberhand gewinnen konnte.[41]

Luisas Anziehungskraft auf den Künstler wird von Michael Holroyd, Johns Biografen, am treffendsten beschrieben: „In kleinen Dosen genossen, berauschte ihn ihre Gegenwart, trotz aller Boshaftigkeit und Extravaganz.“[42] Die beiden hatten eine kurze, leidenschaftliche Affäre, aus der eine lebenslange Freundschaft erwuchs. Holroyd beschreibt ihre gegenseitige Faszination mit großem Scharfblick:

> *„Er malte wie ein Löwe“, seufzte die Casati. „Le taxi vous attend“, schreibt er aus Paris, „venez!“ Sie warfen sich einander in die Arme, doch die Romanze, eine Vorstellung von brillanter Zwanglosigkeit, schien bedauerlicherweise etwas unausgegoren. Die eigentliche Anziehung zwischen ihnen war nicht erotischer Natur. Die Casati betrachtete die Verehrung anderer als eine Selbstverständlichkeit, nutzte sie als Untermalung für ihr Leben, wie den unablässigen Gesang eines unsichtbaren Chors, während sie allein im Rampenlicht stand. Eine intensivere Liebesbeziehung wäre ihrer leidenschaftlichen Selbstliebe im Weg gestanden … Eine Exhibitionistin wie sie brauchte Partner nur als Publikum. Doch in gewisser Weise fühlt John sich ihr verwandt. Wie er war sie überaus scheu, inszenierte an Stelle des wirklichen Lebens eine Pantomime.*[43]

Als Tony de Gandarillas Anfang April 1919 mit der chilenischen Delegation nach London zurückkehrte, musste John sich nach einem neuen Quartier umsehen. Dankbar akzeptierte er die Hilfe der Duchesse de Gramont, die ihm eine Atelierwohnung am Quai Malaquais zur Verfügung stellte, und erbot sich im Gegenzug, ihr Porträt zu malen. Er hatte allerdings bereits mit den Vorbereitungen für ein anderes Gemälde begonnen – ein Bildnis Luisa Casatis. Nun waren die Duchesse und die Marchesa, nach Johns Beschreibung, einander zwar „nach außen hin wohl gesonnen“, doch „im Innersten spinnefeind“.[44] Die Termine für ihre jeweiligen Sitzungen mussten daher sorgfältig koordiniert werden, um ein Zusammentreffen der beiden Damen in seinem Atelier und potenzielle unerfreuliche Konsequenzen zu vermeiden: „Damit will ich nicht sagen, dass sie womöglich die Beherrschung verloren hätten; dafür waren sie zu gut erzogen. Doch eine solche Situation wäre in jedem Fall peinlich gewesen und als dritte Partei wollte ich kein Risiko eingehen.“[45] Als er einmal dennoch versehentlich mit beiden Modellen für dieselbe Zeit eine Sitzung vereinbart hatte, blieb dem besorgten Künstler nichts anderes übrig, als die Duchesse, die als Erste eingetroffen war, unter dem Vorwand, er brauche unbedingt frische Luft, sofort wieder ins Freie auf einen stundenlangen Spaziergang zu locken, bis er sicher sein konnte, dass die Marchesa nicht mehr warten würde.

Angesichts Johns Ruf als Schürzenjäger ist für seinen vorsichtigen Umgang mit den Damen natürlich auch eine andere Ursache denkbar – die Möglichkeit, dass er mit beiden gleichzeitig eine Affäre unterhielt. Seine Beschreibung der Antipathie, die zwischen seinen beiden Modellen geherrscht haben soll, erscheint in der Tat zweifelhaft, wenn man bedenkt, dass jede von ihnen die andere über mehr als zwei Jahrzehnte auf ihrer Gästeliste behielt.

Dieses erste Porträt, das Augustus John von Luisa schuf, zeigt sie in einer Pose, die vielleicht zu offensichtlich an Da Vincis *Mona Lisa* erinnert: Sitzend, die Hände im Schoß gefaltet, im Hintergrund eine Landschaft; gekrönt von einem Helm hennafarbener Locken fixiert das Modell den Betrachter. Insgesamt erscheint das Gemälde als eher uninspirierte Hommage an eine Frau, die einst als „Anti-Gioconda" galt. Dass das Porträt unvollendet blieb, dokumentiert die Unzufriedenheit des Künstlers mit seiner Arbeit. Ursprünglich als Auftragswerk begonnen, machte John Luisa das Bild schließlich zum Geschenk, versehen mit der in roter Farbe ausgeführten Widmung „Für die Marchesa Casati, von Augustus John". Obwohl Luisa nicht bereit war, John dafür zu bezahlen, verkaufte sie das Gemälde unverzüglich an Lord Alington, einen anderen britischen Verehrer.

Das zweite Porträt, das John von Luisa malte, war in seiner Konzeption und Ausführung – und den Reaktionen, die es hervorrief – alles andere als halbherzig. Neben seiner Bedeutung als eines der Meisterwerke des 20. Jahrhunderts drückt dieses Bildnis die physische Aura und eigenwillige Persönlichkeit des Modells wohl so lebendig aus wie kein anderes Gemälde. In den Worten Michael Holroyds: „Hier zeigt sich die perfekte Verbindung von Romantik und Ironie."[46] Die Marchesa ist vor einem Hintergrund stürmischer Wolken und rauer Felsen dargestellt – die mit den Alpen ebenso wie, wohl symbolisch, mit dem Vesuv verglichen wurden – und sieht den Betrachter mit einem entwaffnend hintergründigen Lächeln direkt an; ihr Mund wurde vom Künstler zweimal überarbeitet, bis er mit dem Ergebnis zufrieden war. Das Modell hat die Hände an der Taille verschränkt und trägt einen schlichten, weit ausgeschnittenen weißen Pyjama. Die Spannung des Gemäldes entsteht auch aus dem bewussten Kontrast zwischen dem in kühlen Grün- und Blautönen gehaltenen nebulösen Hintergrund und dem feurigen Karminrot und Zinnober, das die Gestalt und vor allem das Haar Luisas betont. Doch was am meisten überrascht, ist das Fehlen der üblichen auffälligen Kosmetik und Kostümierung des Modells; Johns vollendete Pinselführung, verbunden mit dem Einfühlungsvermögen des Liebhabers, zeigt, wie überflüssig jegliche extravagante Aufmachung, und wie eindrucksvoll die Frau hinter diesen Masken ist.

Das Werk war ursprünglich als Ganzfigurbildnis geplant, irgendwann beschloss der Künstler jedoch – vielleicht um die fesselnde Wirkung der Gesichtszüge seines Modells noch zu verstärken –, einfach die Hälfte abzuschneiden; Analysen haben ergeben, dass ein einzelner energischer Pinselstrich quer über die Leinwand verläuft.[47]

Das Porträt wurde zum ersten Mal Anfang 1920 in der Londoner Alpine Club Gallery öffentlich präsentiert, im Rahmen einer Einzelausstellung Augustus Johns, die unter der Überschrift *War, Peace Conference and other Portraits* zahlreiche Gemälde versammelte, darunter Porträts der Prinzessin Marthe Bibesco, der Duchesse de Gramont und von T. E. Lawrence, dem berühmten Abenteurer Lawrence von Arabien, einem Freund des Künstlers. Das Porträt der Marchesa wurde von den Kritikern einhellig gepriesen. Die wohlwollende Besprechung in der Ausgabe des *American Magazine of Art* vom Mai 1920 enthielt eine ganzseitige Reproduktion des Werks. Auch T. E. Lawrence, der die Ausstellung wiederholt besuchte, zeigte sich in seinen Briefen an John fasziniert von Luisas Porträt: „Ich hoffe, das Casati-Bild ist dort: Vampir ist das Wort, nach dem ich gesucht habe, als ich sie betrachtete – bloß konnte ich nicht denken, ich war wie versteinert. (Gemischte Metapher: Vielleicht meinte ich Gorgo?)“[48]

Das zweite Casati-Porträt Augustus Johns kam zunächst in den Besitz von Sir Evan Charteris, Präsident der National Portrait Gallery und der Tate, bevor es 1934 für 1.500 Pfund Sterling von der Art Gallery of Ontario angekauft wurde. Der Kunstexperte Sir Joseph Duveen gratulierte dem kanadischen Museum zu seiner ausgezeichneten Wahl dieses „herausragenden Meisterwerks unserer Zeit … das man ohne Zweifel mit den

Werken des großen Velasquez, Giorgione oder sogar Tizian vergleichen kann!"[49]

Dass gerade dieses Porträt so große und bleibende Anerkennung gefunden hat, kommt wohl nicht von ungefähr. In seiner erfrischend schmucklosen Darstellung gelingt es John, das Wesen einer Frau bloßzulegen, die gewohnt war, sich hinter ihrer eigenen Extravaganz zu verstecken.

V

Die Tigerin von Capri

1919–1920

Capri … ihre Felsen hatten die Sirenen beherbergt;
sie hatte Odysseus und Aeneas vorbeiziehen sehen;
eine ihrer Eichen hatte in Gegenwart des Augustus wieder gegrünt;
Tiberius hatte hier Zuflucht und Lüste gesucht;
ihr Leuchtturm war an dem Tage eingestürzt,
an dem Christus gestorben war. Sie war ein Ort der Ausnahme,
des Asyls und der Wonnen geblieben.

Roger Peyrefitte
Exil in Capri

Die Marchesa kam aus der Richtung der Seilbahn auf die Piazza,
eskortiert von einem affektierten Galan,
auf dessen Arm sie den ihren stützte.
Im anderen Arm hielt sie eine Bronzegazelle …
Plötzlich erschien ein riesiger Mohr,
der einen Käfig mit einem blauen Papagei trug.

Sir Compton Mackenzie

1

Das Frühjahr des Jahres 1919 war von Tragödien überschattet. Während die Marchesa Casati einige persönliche und künstlerische Triumphe feiern konnte, überzog die gefürchtete spanische Grippe ganz Europa. Auch im Haus ihrer Schwester in Rom erkrankte die gesamte Familie am Fieber, und nach nur zwei Tagen, am 24. April 1919, starb Francesca im Alter von 39 Jahren. Es gibt keine Quellen dafür, wie sehr dieser Verlust Luisa traf. Francesca war das einzige Mitglied ihrer Familie, das durch alle Turbulenzen der Vergangenheit hindurch bedingungslos zu ihr gehalten hatte. Doch wie bestürzt sie auch gewesen sein mag, nichts konnte die Marchesa davon abhalten, ihrer Reiselust zu frönen, die sich mittlerweile zu einer Besessenheit ausgewachsen hatte. Sie fuhr nach Polen, um Lancut, das Fantasieschloss des Grafen Roman Potocki, zu besuchen, war in Frankreich zu Gast bei Prinz und Prinzessin von Orleans im Château de Chaumont-sur-Loire, dessen mächtige, abweisende Mauern schon Catherine de Medici und Nostradamus beherbergt hatten.[1] In Paris wohnte sie den Premieren der Ballets Russes bei, in Ungarn ging sie auf die Jagd, in Russland inszenierte sie eine nächtliche Prozession auf dem Eis, in Schottland konnte man sie beim Angeln beobachten und in London beim Tanzen; ihre Gastspiele in rustikaleren Gegenden Englands ließen laut Gabriel-Louis Pringué an Exzentrizität nichts zu wünschen übrig:

> *Ich habe gehört (wenn auch nicht mit eigenen Augen gesehen), dass sie ihre Spaziergänge durch die englische Landschaft in Begleitung eines Ensembles von Gitarristen und Flötisten unternimmt, die abwechselnd aus den Hecken, die ihren Weg säumen, hervorspringen, um ihr ein Ständchen vorzutragen. Beim Anblick der purpurrot gekleideten Marchesa mit ihrem Heiligenschein aus Federn scharten die zahlreichen Pfauen … sich um sie und begannen ihr den Hof zu machen, da sie in diesem seltsamen Wesen eine Art Göttlichkeit erkannten.*[2]

Natürlich weilte Luisa während ihrer Aufenthalte in England auch oft zu Gast in Faringdon House, dem Heim ihres Freundes Lord Berners und seiner Mutter. Die exaltierte Besucherin brachte in einem gläsernen Behälter eine unerwartete Reisegefährtin mit: ihre geliebte Boa constrictor. Mrs. Tyrwhitt merkte an, das Tier sehe ziemlich hungrig aus, doch die Besitzerin versicherte ihr, es habe zum Frühstück noch eine Ziege verspeist. Abgehärtet durch die Marotten ihres Sohnes, ließ Mrs. Tyrwhitt sich von solchen Kleinigkeiten nicht erschüttern, zumal sie, wie sie Berners mitteilte, große Sympathie für Luisa hegte: „Sie ist so viel netter als deine anderen ausländischen Freunde."[3] Luisas Gastgeber selbst entwickelte im Laufe der Zeit echte Zuneigung zu der wanderlustigen Boa und versorgte sie oft mit eigenhändig gefangenen Ratten zum Abendessen.

Die Ausflüge der Marchesa nach Oxford oder London zeichneten sich selbstverständlich durch ihre üblichen spektakulären Outfits aus. Zu einem Lunch in Oxford erschien sie eines Sonntags in weißen türkischen Hosen, einem engen, mit Jett bestickten Oberteil, Schultercape und riesigem schwarzen Hut, nebst einem mannshohen Gehstock. Als man nach dem Essen einen Likör offerierte, lehnte sie mit der Begründung ab, das sei nicht stark genug für sie, schraubte zur Verblüffung der anderen Gäste den Knauf ihres Stocks ab und schenkte sich daraus ein Glas Absinth ein.[4] Bei einem Bootsrennen sorgte sie mit ihrem hautengen, kastanienbraunen Lederkostüm für Gesprächsstoff, das zwar an beiden Seiten mit einer Reihe von Knöpfen versehen war, dennoch aber viele Beobachter zu Spekulationen darüber veranlasste, wie sie es wohl geschafft hatte, sich hineinzuzwängen. Der legendäre Ruf solcher Auftritte überquerte sogar den Ärmelkanal, wo zahlreiche französische Magazine darüber berichteten.

London war auch der Schauplatz eines Intermezzos, bei dem Luisas Perlen eine Hauptrolle spielten, ähnlich wie bei ihrer ersten Begegnung mit Boldini; diesmal sollte allerdings keine lebenslange Freundschaft daraus entstehen. Nach einer Soiree an einem verschneiten Abend wurde Luisa von Hermann Graf Keyserling zum Hotel zurückbegleitet, dem bedeutenden deutschen Philosophen, der – ganz im Gegensatz zu seinen theoretischen Idealen – ein notorischer Schürzenjäger und für seine cholerischen Ausbrüche berühmt war. Als die beiden aus dem Wagen stiegen, versuchte der Graf, Luisa zu umarmen; sie wehrte ihn ab und in dem darauf folgenden Gerangel brach eine ihrer langen Perlenschnüre. Die meisten der kostbaren Perlen gingen im Schneegestöber verloren, die übrigen zertrat der abgewiesene Graf wütend unter seinen Schuhsohlen, was Luisa ihm nie verzieh.[5]

Für ihre zahllosen Reisen benötigte die Marchesa natürlich einen gültigen Reisepass – der allerdings entsprechend der Eitelkeit der Inhaberin adaptiert worden war. Luisa hatte nicht nur ihr Geburtsdatum zwecks Verjüngung nach vorne verschoben, sondern auch die übliche Fotografie durch eine winzige Reproduktion eines von Elisabeth Chaplin gemalten Porträts ersetzt. Erstaunlicherweise scheint dieses gewagte Manöver auf keinerlei behördlichen Widerstand gestoßen zu sein.[6] Der kunstvoll gestaltete Pass genügte allerdings nicht für jeden Grenzübertritt. Sir Francis Rose berichtet, dass eines Nachts nur das Eingreifen von Abbé Meunier, des berühmten Priesters der High Society, verhinderte, dass Luisa „an der italienischen Grenze von den Zollbeamten nackt aus ihrem Abteil gezerrt" wurde, weil sie sich weigerte, auszusteigen und ihre Koffer zu öffnen.[7]

Ihre Reise auf den indischen Subkontinent inspirierte die Marchesa laut den Erinnerungen des Pariser Starcoiffeurs Antoine zu einem leidenschaftlichen Interesse an der tropischen Fauna:

> *„Ich weiß jetzt, was ich bin", sagte sie. „Seit Indien bin ich ganz sicher. In einer früheren Inkarnation war ich ein Tiger. Jetzt bin ich eine Tigerin. Sehen Sie mich an; erkennen Sie es?"*
> *Ihre länglichen Augen waren gelbgrün, ihr Haar rotgelb getönt. Ich machte mich daran, es gestreift zu färben – schwarze und bräunlich gelbe Streifen, wie die eines Tigers … Sie hatte sich einen fantastischen Gang zugelegt, sodass ihre geschmeidigen Muskeln wirklich eine katzenhafte Dschungelkreatur suggerierten. In ihren langen, schwarzen, eng anliegenden Kleidern ohne Korsett oder Unterrock, stets in Begleitung eines Tigerjungen, erweckte sie in der Tat den Eindruck einer Tigerin.*[8]

Jenes Reiseziel, das ihrer barocken Fantasie wohl am meisten entsprach, entdeckte die Marchesa jedoch nicht auf der anderen Seite des Globus, sondern direkt vor der neapolitanischen Küste. Capri war zu jener Zeit ein bevorzugter Zufluchtsort für Künstler sämtlicher Disziplinen. Dichter, Schriftsteller und Maler fühlten sich vom warmen Klima der Insel, ihrer bezaubernden Landschaft und den versteckten Grotten ebenso unwiderstehlich angezogen wie wohlhabende Müßiggänger auf der Suche nach Entspannung. Durch das einst schläfrige Städtchen Anacapri und an der Marina Grande drängten sich Touristen, die bei Einheimischen wohnten oder elegante Villen mit Blick auf das Tyrrhenische Meer mieteten.

Auch für gesellschaftliche Außenseiter war Capri ein beliebtes Ziel. Seit Ende der 1880er war das Eiland ein Refugium für Homosexuelle der Oberschicht; hier konnten sie den Gesetzen entfliehen, die ihren Lebensstil unter Strafe stellten, und in der sicheren Abgeschiedenheit dieser üppigen Landschaft ihr verbotenes Begehren ausleben. Zu diesen begüterten Flüchtlingen zählten etwa Lord Frederick Leighton, der Präsident der Londoner Royal Academy of Arts, und John Singer Sargent, der schüchterne amerikanische Porträtmaler, der hier seiner heimlichen Leidenschaft für italienische Faustkämpfer frönen konnte, ebenso wie der deutsche Rüstungsproduzent Baron Friedrich Krupp, dessen verbotene Leidenschaften den kaiserlichen Hof schockiert hatten. Auch der dekadente Nomade Oscar Wilde, der unter dem Pseudonym Sebastian Melmoth reiste, und sein Liebhaber Lord Alfred Douglas hatten hier Unterschlupf gefunden.

Die lesbische Gemeinde Capris konnte ebenso distinguierte Persönlichkeiten vorweisen, etwa Faith Mackenzie, die Gattin des schottischen Schriftstellers Sir Compton Mackenzie, die eine stürmische Affäre mit Renata Borgatti unterhielt, einer bekannten Pianistin und berüchtigten Verführerin. Kate Perry und Saidee Wolcott, die einander treu ergebenen Amerikanerinnen, erbauten die Villa Torricella und schmückten sie mit einem selbst entworfenen Wappen. Gerüchte besagten, dass mehrere Hausmädchen der „Schwestern Wolcott-Perry", wie sie sich selbst nannten, den Verführungskünsten der russischen Prinzessin Helène Soldatenkow erlagen und mit fliegenden Fahnen in ihre Dienste überwechselten. Die bevorzugt ganz in Weiß gekleidete und mit einem Monokel geschmückte Prinzessin residierte in Sorrento auf dem nahe gelegenen Festland und hatte angeblich unter Einsatz ihres hartnäckigen Charmes die wankelmütigen Zofen für ihren eigenen, ausschließlich weiblich besetzten Haushalt angeworben. Es überrascht nicht, dass Capri mit dem Beinamen „Paradies der Laster" bedacht wurde.

Im Frühsommer 1920 entstieg der Seilbahn von der Marina Grande eine wundersame Erscheinung. Die Ankunft der Marchesa Luisa Casati auf Capri hat Roger Peyrefitte wohl am treffendsten geschildert:

Obwohl die Capresen taten, als wunderten sie sich über nichts, hatten sie ein solches Schauspiel noch nicht erlebt. Die Marchesa … trug einen spitzen Astrologenhut, von dem Schleier niederfielen, die sie umwallten. Ihr Gesicht war kalkweiß gepudert wie bei einem Pierrot … An den Ohren baumelten Glöckchen … Ihre Schminke tropfte auf die staubigen Schuhe … In den Händen hielt sie, um sie zu kühlen, eine Kristallkugel. Eine Dienerin trug einen schmiedeeisernen Zweig mit zinnoberrot bemalten Granatäpfeln und einem Etikett, das besagte, dass dies ein Geschenk Gabriele D'Annunzios sei. Ein Mohr hielt zwei malvenfarben gepuderte Windspiele und einen Leoparden an der Leine; ein Heiduck bewachte Käfige, die eine Boa, Papageien und eine Eule enthielten.[9]

Daneben hatte die Marchesa noch den affektierten Prinzen Giovanni Battista Serra und die zwei bronzenen Gazellen aus ihrer Villa in Rom mitgebracht.

Aus Paris kannte Luisa den berühmten schwedischen Arzt Axel Munthe, der sich in der Nähe von Anacapri auf einer Anhöhe über dem Meer eine eindrucksvolle Villa gebaut hatte: San Michele. Er selbst war mittlerweile in den Torre di Materita umgezogen und vermietete San Michele oft an Freunde. Als Casati ihm aus Rom telegrafierte, sie wünsche die Villa für einen späteren Aufenthalt auf Capri zu mieten, sah Munthe zunächst keinen Grund abzulehnen. Die Gerüchte, die ihm bald über die bizarren Marotten seiner potenziellen Mieterin zu Ohren kamen, veranlassten ihn jedoch seine Meinung zu ändern; er schickte ihr eine Absage und dachte nicht weiter daran. Womit Munthe nicht rechnete, war, dass die Marchesa, da sie sich nun einmal San Michele in den Kopf gesetzt hatte, sich durch nichts davon abbringen lassen würde, dort einzuziehen – auch nicht durch den rechtmäßigen Eigentümer. Der schwedische Diplomat Graf Knut Corfitz Bonde, ein enger Freund Munthes, schildert in *A l'ombre de San Michele*, wie die Affäre sich weiterentwickelte:[10]

Eines Vormittags wurde Axel Munthe durch den Gärtner von San Michele aufgeschreckt, der im Torre di Materita erschien und seinem Arbeitgeber berichtete, eine seltsame und sehr ungeduldige Dame sei soeben mit ihrer Entourage und Bergen von Gepäck eingetroffen und verlange unverzüglich Zutritt zur Villa. Munthe, der sich erst in diesem Augenblick an Luisas Telegramm erinnerte, wies seinen Gärtner verärgert an, der Dame den Eintritt zu verwehren und sie an die Hotels in der Nähe zu verweisen. Damit hielt er die Angelegenheit für erledigt. Als der Gärtner abzog, begann es heftig zu regnen.

Am Nachmittag desselben Tages läutete es Sturm am Torre di Materita. Das bis auf die Haut durchnässte und völlig aufgelöste junge Mädchen, das vor der Tür stand, entpuppte sich als die Zofe der Marchesa Casati, die Munthe unter Tränen anflehte, ihrer Herrin doch Zutritt zu San Michele zu gewähren: „Sie treibt die Hotelbediensteten zum Wahnsinn – ihre Koffer stehen noch vor der Villa und es schüttet wie aus Kübeln. Ich beschwöre Sie, lassen Sie sie hinein!" Munthe weigerte sich, für die Folgen der Unverschämtheit Casatis auch noch die Verantwortung zu übernehmen; mit der Bemerkung, er denke nicht daran, eine derart unberechenbare Person in seine mit kostbaren Antiquitäten eingerichtete Villa zu lassen, schickte er die hysterische Zofe ihrer Wege. Später am Abend schrillte erneut die Türglocke; diesmal war es der Direktor des Hotel Paradiso, der sich flehentlich an Munthe wandte: „Meine Schwiegermutter ist heute gestorben und jetzt soll ich auch noch mit einer verrückten Marchesa fertig werden – das ist einfach zu viel! Ich bitte Sie inständig, lassen Sie diese Frau doch heute in Ihrer Villa schlafen, und morgen soll sie nach Rom zurückfahren!" Gegen sein besseres Wissen gab Munthe den verzweifelten Bitten nach, unter der Bedingung, dass das Gepäck der Marchesa vor den Toren von San Michele bleiben müsse. Endlich kehrte Ruhe ein.

Am folgenden Morgen begab Munthe sich nach San Michele, in der Hoffnung, sein ungebetener Gast sei inzwischen abgereist. Vor dem Tor war auch nicht das kleinste Gepäckstück zu sehen; stattdessen wartete Luisa auf ihn. Auf Munthes erneute Aufforderung, das Anwesen sofort zu verlassen, erhielt er von den lächelnden Lippen der Marchesa die Antwort: „Aber Sie haben mir doch Zutritt zu Ihrer Villa gewährt! Wollen Sie die Gesetze ignorieren? Damit, dass Sie mich in die Villa gelassen haben, haben Sie mir auch das Recht gewährt, dort so lange

zu bleiben, wie ich will – wussten Sie das nicht? Meine Anwälte sind bereits informiert und warten auf meine Anweisungen."
Munthe war die ursprüngliche Vereinbarung zum Verhängnis geworden. Nach italienischem Recht konnte er Luisa nichts anhaben, da sie sein schriftliches Einverständnis besaß, ihr San Michele zu vermieten; dass er es sich später anders überlegt hatte, tat nichts zur Sache. Schlimmer noch, auf Grundlage der ursprünglichen Zusage könnte die Marchesa ihr Wohnrecht auf Jahre hinaus durchsetzen. Munthe konnte nichts tun als auf ihre baldige Abreise zu hoffen, eine Hoffnung, die sich selbstredend nicht erfüllte. In einem Brief an eine Freundin machte er seinem Zorn über seine potenzielle Langzeitmieterin Luft: „Was die Zukunft betrifft, sieht alles immer noch sehr unsicher aus; mein Verlangen danach, sie bei ihrer roten Perücke zu packen, zu skalpieren und ihren degenerierten Kadaver über die Klippen zu schleudern, ist stärker denn je."[11]

Luisa machte sich unverzüglich daran, die gekaperte Villa ihrem bizarren Geschmack gemäß zu adaptieren. Über die Räume, die ihr Erbauer einst als „offen für Wind und Sonne und die Stimme des Meeres, wie ein Griechentempel, und Licht, Licht, Licht überall"[12] beschrieben hatte, fiel nun Dunkelheit. Fenster und elfenbeinfarbene Wände wurden hinter goldenen Vorhängen und schweren Wandbehängen aus schwarzem Samt versteckt; die Mosaikböden verschwanden unter Fellen und schwarzen Teppichen, während Munthes Antiquitätensammlung weggeschlossen wurde, um für die Ebenholzmöbel der Marchesa Platz zu schaffen. In einem Raum, der für ihre magischen Utensilien reserviert war, wurde ein schwarzes Schaffell an der Wand befestigt, andere waren mit in schwarzer Farbe aufgemalten Zitaten und Sprüchen in französischer Sprache geschmückt. Nur zwei Stücke der Originaleinrichtung ließ die neue Mieterin unberührt, vielleicht weil sie ihrem ungebändigten Temperament entgegenkamen; eine überdimensionale Büste der Medusa und eine ägyptische Sphinx aus rotem Granit, die auf der Loggia von San Michele über die Bucht von Neapel wachte. Letztere war ein besonderer Liebling Luisas; angeblich erfüllten sich die Wünsche derer, die mit der linken Hand die Flanke der Sphinx berührten.

Die dekorativen Vorlieben der Marchesa äußerten sich auch in einer anderen äußerlichen Transformation, die in der sommerlichen Hitze besonders ins Auge fiel. Während ihres Aufenthalts auf Capri kleidete Luisa sich ausschließlich in Schwarz, in Roben mit enormen Schleppen, und schmückte sich mit Gagatringen und schwarzen Perlenketten. Selbst das charakteristische Karmesinrot ihres Haars färbte sie zunächst leuchtend grün und später schwarz. Bald kamen Gerüchte auf, sie zelebriere schwarze Messen in San Michele und schlafe in einem Sarg, wie ihr Kindheitsidol Sarah Bernhardt.

Während die Villa und die Garderobe der Marchesa sich verdunkelten, wurde ihr Diener von Kopf bis Fuß vergoldet. Man erzählte sich, der arme Mann habe während eines besonders heißen Nachmittags einen Kollaps erlitten und nur mit knapper Not überlebt, nachdem Munthe die erstickende Goldfarbe von seiner Haut geschabt hatte. Ungeachtet des fragwürdigen Wahrheitsgehalts dieser Geschichte, die an Legenden aus der venezianischen Zeit Luisas erinnert, stellte ihr Diener Munthe vor gröbere Probleme. Der tägliche Speiseplan des hünenhaften Domestiken sah mindestens zwei Hühner pro Tag vor, für deren Beschaffung Munthe verantwortlich war, wie er Compton Mackenzie verdrießlich erzählte.[13]

Der Diener begleitete Luisa überallhin, auch zu Dinereinladungen wie jener ins Sorrentiner Domizil der Prinzessin Soldatenkow, wo der Koloss, von der Taille aufwärts nackt, zum Erstaunen der anderen Gäste während des ganzen Abends hinter dem Platz seiner Herrin schweigend Wache hielt; die Marchesa selbst saß ruhig an der Tafel, während sich eine enorme Schlange um ihren Arm ringelte.

Mit ihren Reptilienbehängen erregte Luisa mindestens ebenso viel Aufsehen wie mit ihrem treuen Domestiken. Zu einer Soiree erschien sie mit einer goldenen Halskette in Schlangenform; als ein Bewunderer sich erkundigte, ob das Stück ägyptischen Ursprungs sei, erhielt er zur Antwort nur ein geheimnisvolles Lächeln, gerade als die Halskette sich zum Entsetzen des Publikums zu regen begann. Bei einer anderen Gelegenheit wurde das Reptil durch die heiße Sonne Capris aus seiner Starre geweckt und verursachte Panik, als es von den Schultern der Marchesa herabglitt.

Wenn auch Axel Munthe – aus offensichtlichen Gründen – nicht viel an der Gesellschaft seiner Mieterin gelegen war, zeigten andere Capreser durchaus großes Interesse für die berüchtigte Marchesa und akzeptierten freudig Einladungen nach San Michele. Sir Compton Mackenzie wurde ihr von Munthe vorgestellt und erinnert sich in seiner Autobiografie an die doch etwas ungewöhnliche Begrüßung, die ihm bei seinem ersten Besuch zum Tee bei der Marchesa zuteil wurde:

> *Überraschung ist ein zu schwaches Wort für das, was ich empfand, als ich meine Gastgeberin auf einem großen schwarzen Bärenfell vor dem riesigen offenen Kamin antraf. Auch der Leser wird zweifellos mehr als überrascht sein, wenn ich hinzufüge, dass die Marchesa auch nicht den winzigsten Fetzen Stoff am Leibe trug.*
> *„Mackenzie, wie schön, Sie zu sehen", sagte sie und streckte mir ihre Hand zum Kuss entgegen. „Ich muss mir nur schnell etwas überziehen – wir nehmen den Tee in der Pergola. Gehen Sie nur schon voraus."*[14]

Mackenzie freundete sich mit Luisa an und lud sie im Gegenzug zu Soireen in seine Casa Solitaria ein, besuchte mit ihr das Marionettentheater der Faraglioni Puppet Company oder einen Chopin-Abend des Pianisten Alfredo Casella, mit dem Luisa seit seiner Beteiligung an Deperos *Balli plastici* in Rom gut bekannt war. Depero selbst besaß ein Atelier in Anacapri, wo Luisa ihn aufsuchte und ein Gemälde von ihm kaufte.[15] Auch Diaghilew traf sie wieder, der sich in Capri mit seinem neuen Gefährten Boris Kochno von der Arbeit mit den Ballets Russes erholte.

Gabriele D'Annunzio wurde natürlich auch nach Capri berufen. Sobald sie sich in San Michele häuslich eingerichtet hatte, begann Luisa in gewohnter Manier damit, ihren Liebhaber mit Telegrammen und Einladungen einzudecken, bis er schließlich herbeieilte, um seine Coré zu besuchen. Zu Ehren seiner loyalen Muse ließ D'Annunzio den Garten der Villa mit glitzernden Glasblumen bestücken, die er extra in Murano in Auftrag gegeben hatte, eine Geste, die ihn angeblich hunderttausende Lire kostete. In den Abendstunden auf San Michele pflegte der Dichter für seine Geliebte Gedichte zu rezitieren oder ihr selbst komponierte Lieder vorzusingen, an denen dank der Lautstärke, die er dabei erreichte, auch die Nachbarschaft ungehindert teilhaben konnte. Dass solche Exzentrizitäten bald zum Hauptgesprächsthema auf Capri wurden, war Luisa wohl nicht unangenehm.

Der etwa zu jener Zeit von Edwin Cerio, dem Bürgermeister von Capri, einberufene „Convengno del Paesaggio" war eine internationale Zusammenkunft mit dem Ziel, das Capri der Zukunft aus dem dekadenten Rummelplatz, das es war, in ein Utopia verfeinerter kultureller Ideale zu verwandeln. Die ausländischen Delegierten, die an der Konferenz teilnahmen, schienen sich allerdings eher auf die sinnenfreudigen Aspekte der Capreser Tradition zu konzentrieren. Ein Teilnehmer aus Großbritannien, der Honorarattaché Hugo Wemyss, Bruder des Admirals der Flotte, empfand das Fehlen jeglicher Restriktionen in Bezug auf homosexuelle Praktiken als mehr als befreiend. An einem späten Sommerabend auf den idyllischen, mondbeschienenen Klippen unterhalb von San Michele erfreute er sich gerade eines amourösen Geplänkels mit einem jungen italienischen Taxifahrer, als von der Balustrade lautes Gelächter zu dem Pärchen heruntertönte. Der junge Italiener machte sich erschrocken davon, während Wemyss nach oben sah und in die Augen Luisa Casatis blickte, die neben einem autoritär wirkenden Herrn mit Spitzbart stand. Der Brite verbeugte sich mit vollendeter Höflichkeit, als sei nichts gewesen, und fragte, ob er sich zu ihnen gesellen dürfe. Oben begrüßte ihn die Marchesa und stellte ihn seiner Exzellenz Graf Carlo Sforza vor. Erst als die zwei Männer sich die Hand schüttelten, dämmerte es Hugo Wemyss, dass der Zeuge seines Stelldicheins der italienische Außenminister war.[16]

2

Der Besitzer der Villa Lysis, einer östlich von San Michele gelegenen Residenz, hätte an der diskreten Verabredung des englischen Honorarattachés mit dem italienischen Taxifahrer durchaus seine Freude gehabt. Baron Jacques d'Adelsward-Fersen, Sprössling einer noblen schwedischen Stahldynastie und Nachkomme eines der Liebhaber von Marie Antoinette, war der berüchtigtste Capreser Exilant, Verfasser homoerotischer Verse und belangloser Romane und Herausgeber des *Akademos*, eines Pariser Magazins, das sich hauptsächlich mit dem männlichen Akt befasste. Das Heim des Barons in der Nähe des Parc Monceau war unter dem Deckmantel angeblicher literarischer Tees Schauplatz verbotener Zusammenkünfte mit Schuljungen aus der Umgebung; nach seiner Verhaftung 1903 wegen Verführung Minderjähriger zur Unzucht entschloss sich der damals erst 23-jährige Fersen, wie andere geächtete Aristokraten im Süden auf der Insel der Sirenen Zuflucht zu suchen.

Im Jahr 1904 ließ Fersen die Villa Lysis erbauen – mit korinthischen Säulen und blauweiß gekachelten Veranden, weiß gekalkten Wänden, geschmückt mit lüstern blickenden Satyrmasken – und bezog sie mit seinem Gefährten Nino Cesarini, einem 15-jährigen Zeitungsjungen aus Rom. Eine lebensgroße Bronzestatue des Jünglings, der stolz seinen nackten Körper präsentiert, zierte den mit Orchideen überwucherten Garten. In der Villa führte ein Labyrinth düster beleuchteter Räume in das innerste Heiligtum Fersens, das „chinesische Zimmer“, eine private Opiumhöhle.

Nicht lange nach ihrer Ankunft zählte auch Luisa bereits zu den Stammgästen der häufigen Partys in der Villa Lysis. Fersen goutierte ihren Hang zu theatralischen Kostümierungen ebenso wie ihre Leidenschaft für das Okkulte. Gerüchten zufolge delektierte Fersen sich mit seinen Vertrauten an mysteriösen heidnischen Zeremonien. Luisa prahlte mit den Riten, die sie mit D'Annunzio zelebriert hatte, und zeigte dem Baron ihre Sammlung magischer Bücher, von denen manche angeblich in Menschenhaut gebunden waren, aus der, so behauptete die Marchesa, noch immer Haare sprossen.[17] Sehr zu ihrer Enttäuschung stellten sich die schwarzen Messen Fersens jedoch als „höchstens rosarot“ heraus.[18] Ein ganz besonderes Ritual, das die beiden sich ausdachten, diente hingegen der Lobpreisung irdischerer Freuden: Während D'Annunzios Besuch pflegte Luisa zum Zeichen ihrer sinnlichen Befriedigung auf dem Balkon von San Michele eine Fackel zu entzünden, die man quer über das Tal bis zur Villa Lysis sehen konnte, wo der Baron, so seine Liebhaber ebenfalls zufrieden stellende Dienste geleistet hatten, seinerseits ein Licht entzündete.

Fersen lud die Marchesa auch in seinen orientalischen Drogentempel. In der Beau Monde konnte man für Geld jedes Vergnügen kaufen, Drogen waren keine Ausnahme. In den frühen Jahren der Belle Époque waren Absinth- und Ätherräusche der letzte Schrei, bevor man zu Kokain überging. Das unschuldig aussehende weiße Pulver, über dessen Gefahren man noch zu wenig wusste, war bald gang und gäbe in den Salons der Schönen und Reichen. Exklusive Juweliere fertigten für ihre Kunden winzige Kästchen aus Gold, Silber und Email an, um darin kleine Rationen der Droge aufzubewahren, Champagner wurde mit einer Prise Kokain verfeinert und eine bestimmte Halbweltdame pflegte sich ihren Toast mit Kokainpaste zu bestreichen, während das Pulver sich in der Herrenwelt großer Popularität als Aphrodisiakum erfreute. Als Nächstes kamen Morphiuminjektionen in Mode. Auch Opium war ein beliebtes Rauschmittel. Die aus den Früchten des Schlafmohns gewonnene Droge wurde in kleine Bällchen gerollt, mit Hilfe einer goldenen Nadel an einer Öllampe entzündet und in einer langen Holzpfeife geraucht.

Man braucht nicht viel Fantasie, um sich vorzustellen, dass Luisa neben dem Belladonna, mit dem sie Glanz in ihre Augen zauberte, auch stärkere Rauschmittel ausprobierte. Sie war zu oft in diesen Kreisen anzutreffen, um nicht zumindest gelegentlich an deren bevorzugten Drogen mitzunaschen. Ihre Freunde, die De Meyers und auch D'Annunzio waren begeisterte Kokainkonsumenten. Tony de Gandarillas, eine ihrer jüngeren Bekanntschaften, verdankte seine ständige gute Laune mehr als nur einem fröhlichen Naturell – laut Lady Moorea Black war der ewige Partygast praktisch in Opium getränkt.[19] Nebenbei pflegten auch die zwielichtigen Hellseher und okkulten Meister, mit denen Luisa in Verbindung stand, ihre Kunden mit bewusstseinserweiternden Zaubertränken zu versorgen.

Mehrere Quellen bestätigen, dass Luisa ein häufiger Gast in Fersens chinesischem Zimmer war, wo man sich unter dem Blick eines Jadebuddhas auf Bergen von Kissen ausstreckte und in angenehme Lethargie hinüberdämmerte. Roger Peyrefitte berichtet, dass Fersen „als opiumsüchtig bekannt war und den Ruf genoss, über das beste Opium und die exquisiteste Pfeifensammlung zu verfügen. La Casati setzte kaum je einen Fuß aus San Michele, außer um in der Villa Lysis Opium zu rauchen."[20] Auch wenn es keinen direkten Beweis für einen regelmäßigen Drogenkonsum Luisas gibt, lassen sich doch interessante mögliche Querverbindungen zu ihrem zunehmend bizarren Benehmen herstellen.

Baron Jacques d'Adelsward-Fersen genoss seinen ausschweifenden Lebensstil noch weitere drei Jahre, bis zu seinem Selbstmord am 11. November 1923 durch Konsum eines tödlichen Cocktails aus Champagner und fünf Gramm Kokain. Doch noch sein Tod war umrankt von einem Skandal, als man seinen Liebhaber Nino fälschlich des Mordes an Fersen beschuldigte. Schließlich wurde die Asche des Barons in einer weißen Marmorurne auf dem Inselfriedhof beigesetzt. Oberhalb seiner letzten Ruhestätte verfiel die Villa Lysis langsam zu einer Ruine.

Für einige Zeit, während sie auf Capri weilte, war die Marchesa von der Idee besessen, nach Sizilien weiterzureisen – nicht der Erholung wegen, sondern um jenen Mann aufzusuchen, der in der internationalen Presse als Inbegriff des Bösen gehandelt wurde; er selbst bevorzugte den klingenden Beinamen „Tier der Apokalypse“: Aleister Crowley, der legendäre Meister der schwarzen Magie. Im Frühjahr 1920 hatte er sich mit einer Schar auserwählter Anhänger in Cefalu an der Nordküste Siziliens niedergelassen und die berüchtigte Abtei von Thelema gegründet, die als Ort der Blasphemie und des Todes zweifelhaften Ruhm erlangen würde. Es überrascht nicht, dass Luisa sich schlussendlich dagegen entschied, ihr eigenes dominantes Ego dem berüchtigten Crowley unterzuordnen; zwar war sie eine leidenschaftliche Anhängerin der Schwarzkünste, doch in Wahrheit waren ihre eigenen schwarzen Messen ebenso „rosarot“ wie die des Baron Fersen. Die Marchesa liebte es, vor einem Publikum nachsichtiger Bewunderer als Hohepriesterin ihren persönlichen mondänen Hexensabbat zu inszenieren. Ihre Feste auf Capri waren mit magischen Spielereien angereichert: Auf Knopfdruck bogen sich die Palmen im Wind, den die in der Loggia verborgenen Ventilatoren erzeugten; ein im Garten installierter künstlicher Mond, den man sogar über den Himmel wandern lassen konnte, erhellte die Nacht, wenn sein realer Bruder hinter Wolken verschwunden war. Mit solchen Trugbildern profilierte sie sich vor ihren sprachlosen Gästen als Beherrscherin der Elemente. Durch die weitum kolportierten Wunder, die sie in San Michele vollbrachte, entstand in der internationalen Presse bald der Eindruck, nicht Munthe, sondern Casati sei die Besitzerin der Villa.

Unweit von San Michele, in der Villa Cercola, einer ehemaligen Kapelle, residierte die amerikanische Malerin Romaine Goddard Brooks – eine optimale Gelegenheit für Luisa, sich wieder einmal künstlerisch verewigen zu lassen; ihre Beziehung zur blassen, dunkelhaarigen Brooks würde allerdings selbst für Luisas Verhältnisse ungewöhnliche Dimensionen annehmen. Als sie sich kennen lernten, führte die selbstgenügsame Malerin schon seit vielen Jahren ein einsiedlerisches Leben in ihrer Villa. 1902 war Romaine, die üblicherweise ihr eigenes Geschlecht bevorzugte, mit dem homosexuellen Dichter und Pianisten John Ellingham Brooks eine Zweckehe eingegangen, unter deren Deckmantel jeder von ihnen sich auf Capri seinen eigenen Interessen widmete, bis zum Tode John Brooks' 17 Jahre später.

1909 hatte Romaine in Paris Gabriele D'Annunzio kennen gelernt und sich, ganz entgegen ihren sonstigen Neigungen, von seinem verführerischen Charme bezaubern lassen und mit ihm eine Affäre begonnen; ihr d'annunzianischer Kosename war „Cinerina", die „kleine Aschgraue", in Anspielung auf ihre bevorzugte Farbpalette aus Schwarz-, Weiß- und Grautönen. Brooks schuf zwei Porträts des Dichters und beendete die Affäre, als sie Ida Rubinstein kennen lernte. Mit der Pariser *Saloneuse* Natalie Barney ging sie schließlich eine Beziehung ein, die beinahe ein halbes Jahrhundert halten sollte.

Als Luisa erfuhr, dass Brooks auf Capri war, lud sie sie unverzüglich zum Diner nach San Michele ein. Die Künstlerin beschrieb ihre bewundernde Gastgeberin als „etwas zu schwarzäugig für meinen Geschmack",[21] fühlte sich jedoch geschmeichelt angesichts der wiederholten Einladungen, die in der Villa Cercola eintrafen. Vielleicht lag es an dieser Überschwänglichkeit, dass Brooks die unvermeidliche Anfrage nach einem Porträt mit gemischten Gefühlen aufnahm. Ihr war bewusst, wie viel ein solcher Auftrag von ihr fordern würde, und um ihre potenzielle Kundin abzuwimmeln, schob sie zunächst einige fadenscheinige Ausreden vor, die jedoch sämtlich an der Hartnäckigkeit der Marchesa abprallten. Als Brooks behauptete, sie habe keine Leinwand, schlug Luisa vor, sie solle doch auf Stoff oder Holz malen; auf Brooks' Weigerung, nach San Michele zu kommen, erklärte Luisa sich bereit, stattdessen in der Villa Cercola Modell zu sitzen, wenn nötig drei Tage pro Woche. Schließlich wusste Brooks sich nur mehr mit einer glatten Lüge zu helfen – sie gab vor, sie arbeite nur mit Aktmodellen, worauf Luisa ohne Zögern zurückgab: „Gut, dann werde ich nackt sein."[22] Angesichts dessen, dass sie bereits für Kees van Dongen und mehrere andere Künstler nackt Modell gestanden hatte, war diese Antwort wenig überraschend, zu ihrem Pech war Brooks diese

Tatsache offenbar nicht bekannt.[23] Die Künstlerin gab sich geschlagen und fügte sich in ihr Schicksal.

Im August 1920 begannen die Vorbereitungen für das Porträt. Natalie Barney, die in Paris geblieben war, wurde von Brooks brieflich über den Fortgang der Sitzungen auf dem Laufenden gehalten; anfänglich schwanken ihre Briefe zwischen Unbehagen und Hoffnung. Am 4. August schreibt Brooks: „Ich habe mit dem Casati-Porträt begonnen – einem enormen, lebensgroßen Akt. Ich fürchte die Anstrengungen, die es von mir fordern wird. Sie ist sehr enthusiastisch … [Das Bild wird] eine Kombination aus Felsen (silbern und schwarz) und ihrem schönen, geraden Körper … Dahin sind die müßigen Tage und die Freuden des Sommers!“[24]

Zunächst schien die mangelnde Disziplin der Marchesa, was die Einhaltung der vereinbarten Sitzungen betraf, die Fertigstellung des Werks in Frage zu stellen, wie Brooks sich beklagte: „[Das Porträt] ist noch sehr unfertig und ich bin nicht sicher, ob es jemals vollendet wird. Jetzt ist sie nach Rom gefahren. Kommt sie wieder? Ich habe keine Ahnung. Die riesige Leinwand verstellt das ganze Atelier und bereitet mir Unbehagen, ein quälendes Werk, das vielleicht immer so bleibt, wie es jetzt ist.“[25]

Doch die Marchesa kehrte zurück, und angesichts ihres Durchhaltevermögens in Verbindung mit dem Fleiß der Künstlerin erwiesen sich deren Befürchtungen als unnötig. Brooks' Korrespondenz mit Barney scheint auf einen aufkeimenden Flirt zwischen Malerin und Modell hinzudeuten: „La Casati gibt sich jetzt ganz dem Modellstehen hin … Sie ist verrückt nach dem Bild, es beherrscht ihre ganze Vorstellungskraft … Das Bild selbst ist sehr kraftvoll, etwas theatralisch … Ich habe noch nie ein so intelligentes Modell gehabt.“[26] An die Stelle des anfänglichen vorsichtigen Enthusiasmus der Künstlerin („Sie ist wirklich eine bemerkenswerte Frau und gleichzeitig ein verwöhntes kleines Mädchen.“[27]) tritt in ihren Briefen an Barney bald ein beunruhigender Unterton. Am 19. September schreibt sie: „Ich bin erschöpft, verliere Gewicht, die Haare gehen mir aus, ich habe Angst, ich brauche Ruhe.“[28]

Langsam begann die Marchesa, Brooks' ganze Zeit in Anspruch zu nehmen; neben den drei Tagen pro Woche, an denen sie im Atelier Modell stand, unternahm sie auch täglich Ausflüge mit ihr. Brooks war erst eine kurze Erholungspause vergönnt, als Luisa mit Zahnschmerzen das Bett hüten musste.

Es ist durchaus wahrscheinlich, dass Romaine Brooks mittlerweile im Hinblick auf eine Liebesaffäre mit Luisa in widerstreitenden Gefühlen des Verlangens und der Schuld gefangen war. Sie bestürmte Natalie Barney in zahlreichen Telegrammen, nach Capri zu kommen. Anfangs wollte Brooks mit den darin enthaltenen Andeutungen über den Beginn eines intimen Verhältnisses mit Luisa vielleicht nur die Reaktion Barneys auf eine solche Situation testen, da sie deren Seitensprung mit der selbstzerstörerischen Verführerin Renée Vivien noch nicht verwunden hatte. Wie Barney auch immer auf die Bitten ihrer Geliebten reagiert haben mag, sie kam jedenfalls nicht nach Capri.

Schließlich wurde das Porträt vollendet; doch was als realistische Darstellung begonnen haben mochte, hatte sich in etwas verwandelt, das gleichzeitig grotesk und großartig war. Luisa, in Lebensgröße, ist als Harpyie dargestellt, die in einer Felsnische kauert. Ihr bleicher, lang gestreckter, androgyner Körper ist in ein schwarzes Cape gehüllt, dessen Falten sich wie die Flügel einer Fledermaus ausnehmen; ihre Hände sind Klauen. Die Künstlerin beschrieb ihre Vision der Casati als „eine Art fantastischer Vogel auf den Felsen oder ein gefallener Engel, der nichts Menschliches mehr an sich hat“. Die einzige Kritik Luisas beim Anblick des fertigen Porträts war: „Sie haben mich nicht schön gemalt“, worauf Brooks antwortete: „Nein, aber ich habe Sie erhaben gemalt.“[29] Es ist ein interessantes Detail am Rande, dass das einzige Porträt, das Brooks während der beinahe 50 Jahre dauernden Beziehung von Natalie Barney gemalt hat, nur wenige Monate nach Luisas Bildnis entstand.

Es gelang der Marchesa, auch für nachfolgende Saisonen ihre Rechte an San Michele durchzusetzen; sie konnte die Villa sogar an Freunde untervermieten. Selbst als der aufgebrachte Munthe den besten Anwalt von Capri, Roberto Serena, einschaltete, um sie loszuwerden, war das einzige Resultat, dass der Anwalt bester Laune von seinem Besuch in San Michele zurückkehrte, bezaubert vom Charme der hartnäckigen Mieterin.

Doch zumindest für diesen Sommer hatte Luisa genug von Capri, zur großen Erleichterung des Hausherrn von San Michele. Sein Enkel Adam Munthe berichtet, dass sein Großvater die Marchesa schlicht als ungemein irritierend empfand: „Sie schickte ihm übertrieben schmeichlerische Briefe und er war zu Tode gelangweilt von ihren Marotten, ihrer Weigerung, die Miete zu bezahlen, ganz zu schweigen von dem mottenzerfressenen Leoparden, den sie an einer diamantbesetzten Leine spazieren führte".[30] Nach einem ihrer Aufenthalte fand Munthe eine Fotografie des von Brooks gemalten Porträts in einem Schreibtisch, ein Souvenir, das ihm durchaus überflüssig erschien: „Was soll ich mit einem Foto der splitternackten Casati? Ich kenne ihre nackte Seele, das reicht mir völlig."[31] Die Erinnerung an eine unangekündigte Stippvisite Luisas in seinem Turm, bei der sie ihm einen schwarzen Samtbeutel als Geschenk überreichte, trug ebenfalls nicht zur Besänftigung Munthes bei. Eines seiner Kinder hatte nach ihrem Besuch den mysteriösen Beutel geöffnet und zwei menschliche Schrumpfköpfe zum Vorschein gebracht, ohne ein Wort der Erklärung.[32]

Das undurchschaubare Verhältnis zwischen Brooks und Casati dauerte auch nach dem Sommer 1920 an – und schloss mitunter auch Natalie Barney ein.[33] Nur wenige Monate später erwähnte diese in einem Brief an Marcel Proust, dass Romaine sie eingeladen habe, mit ihr und Luisa am Heiligen Abend im Pariser Ritz zu dinieren. Anfang 1921 waren die Marchesa und Brooks gemeinsam in London. In den Briefen von Brooks an Barney kommt ihre Verdrossenheit über Luisas possessives Wesen zum Ausdruck:

> *Liebling – ich glaube nicht, dass ich lange hier bleiben kann, jedenfalls nicht, wenn die Dinge sich weiter so entwickeln wie bisher. Wie befürchtet, hat mich La Casati in einen Wirbelwind gezerrt … Sie kauft, kauft, kauft, alles was sie sieht. Es ist verrückt, unfassbar! … Sie hat an praktisch allen etwas auszusetzen, die ich interessant finden könnte. Ich bin am Ende meines Lateins. Sie lebt in einer Atmosphäre, die das genaue Gegenteil von Liebe ist … Sie ist unfähig, sich dem Abstrakten zu stellen, ein infantiler Geist … La C. langweilt mich mehr und mehr. Sie will mich ganz für sich haben und macht alle anderen schlecht.*[34]

Wie viel Zeit Brooks und Luisa in den darauf folgenden Monaten miteinander verbrachten, ist nicht bekannt, doch am 15. Juni schrieb die Malerin, wieder aus dem Londoner Claridge's Hotel, einen aufschlussreichen Brief an Barney:

> *Casati ist heute nach Ascot gefahren. Wir hatten gestern Abend Streit und haben beide interessante Dinge zu hören bekommen … Es hat mir einfach Angst gemacht, dass sie etwas, das zart und schön war, wie es Liebe zwischen Frauen sein soll, mit den derberen Elementen männlicher Liebe befrachten wollte. Das hat sie, glaube ich, beeindruckt. Wir haben beide Schrammen davongetragen.*[35]

Nach dieser emotionalen Szene blieb Brooks im Hotel, während Luisa im Hause ihrer Freundin Prinzessin Violette Murat Zuflucht fand, einer lesbischen Aristokratin, die für ihren Drogenkonsum und ihren Sauberkeitsfimmel ebenso berüchtigt war wie für die weiße Ratte, die sie sich als Haustier hielt.

Während der folgenden Monate versöhnten sich Romaine und Luisa wieder und kehrten im Sommer 1921 gemeinsam nach Capri zurück; diesmal stieß auch Natalie Barney im August für einige Wochen zu ihnen. Ihr Besuch inspirierte sie zu dem Gedicht *Isola di Capri*, in dem sie schreibt, Luisa versuche unablässig, „… durch fremdartige Maskeraden der inneren Fremdheit zu entkommen".[36] Die aus Mitte September datierenden letzten Briefe, in denen Brooks ihrer nach Paris zurückgekehrten Geliebten über Casati berichtet, deuten in ihrem von Frustration geprägten Ton das Ende einer Affäre zwischen Malerin und Modell an. Brooks schreibt, sie könne es gar nicht erwarten, bis die Marchesa nach Neapel reise – ein Vorhaben, das durch schlechtes Wetter vereitelt wurde. Schließlich konnte Luisa Brooks doch noch dazu überreden, die Fête Sauvage zu besuchen, die sie vor ihrer Abreise nach Venedig gab; ob die Künstlerin allerdings in dem von Luisa vorgeschlagenen Kostüm aus Lendentuch und Pferdehaarperücke erschien, ist nicht bekannt.

Das Casati-Porträt von Romaine Brooks stellt uns letztendlich vor ein faszinierendes Rätsel. Man kann wohl behaupten, dass es Augustus John mit seinem Porträt gelungen ist, durch die äußerlichen Exzentrizitäten seines Modells hindurch die bezaubernd kluge Frau dahinter sichtbar zu machen; die damalige Romanze zwischen ihnen hat seine Vision der

Casati sicherlich beeinflusst. Brooks allerdings hat sich, das zeigen ihre Briefe, niemals zu einer derartigen Zuneigung zu Luisa bekannt – möglicherweise, weil sie sich diese selbst nicht eingestehen wollte. Ihre Biografin Meryle Secrest meint dazu: „Romaine, völlig verwirrt angesichts der Hure-Göttin Casati, hielt das Fantasiegebilde für real … In ihrem Porträt ist [Casati] geschlechtslos, wird zu einer rasenden Gestalt der Rache."[37] Vielleicht also sollten die Porträts von John und Brooks, deren Entstehung kaum mehr als ein Jahr auseinander liegt, gemeinsam betrachtet werden, als zwei höchst unterschiedliche Aspekte desselben komplexen Modells.

Unabhängig davon, welche Rolle ihre Emotionen bei der Arbeit an dem Porträt gespielt haben mögen, hat Brooks ihre Abneigung gegen das Bild offen zum Ausdruck gebracht. Interessanterweise hat sie sich jedoch zeit ihres Lebens niemals davon getrennt. Auf die Frage Luisas nach dem Preis für das vollendete Porträt erklärte die Künstlerin, sie wolle es behalten; ein Verehrer der Marchesa, der das Bild für seine Sammlung erwerben wollte, hatte ebenfalls kein Glück. Eine Zeit lang schmückte es eine Wand in Natalie Barneys Boudoir in ihrer Pariser Wohnung.[38] Brooks erwähnt in ihren Memoiren auch eine Ausstellung in den Vereinigten Staaten, bei der das Porträt gezeigt worden sein soll; es existiert allerdings kein Katalog, der diese Angabe bestätigt. Ihr fast 50 Jahre dauerndes Schweigen über dieses Bild brach die Künstlerin erst in einem Gespräch mit dem französischen Autor Michel Desbruéres; in ihren kritischen Worten scheint dennoch eine unbewusste Anerkennung mitzuschwingen:

> *An Stelle der Füße habe ich ihr Klauen gegeben … Ich dachte, sie würde Zeter und Mordio schreien, aber sie sagte, Sie sind ein Genie … Auch die Hände sind Klauen … Ich hasste dieses Porträt, weil es nichts mit mir zu tun hatte. Ich habe nie etwas Theatralisches gemacht. Es ist ungeheuerlich … Sie war sehr verrückt, sehr exzentrisch, aber sie hat mich sehr bewundert … und sie war schön. Sie war … die Qualen wert.*[39]

Nach dem Tod von Romaine Brooks 1970 in Nizza im Alter von 96 Jahren machte man eine erstaunliche Entdeckung. Zwei Jahre zuvor hatte sie nicht nur die fast ein halbes Jahrhundert währende Beziehung mit Natalie

Barney beendet, sondern auch ihre Gemälde, Zeichnungen, Alben und Schriftstücke aus ihrer privaten Sammlung – darunter ein unveröffentlichter Roman und eine Autobiografie – dem Smithsonian American Art Museum in Washington, D. C. überlassen. Doch eine einzelne, aufgerollte Leinwand wurde unter Brooks' Totenbett gefunden: das Porträt von Luisa Casati. Hatte die Künstlerin dieses Bild all die Jahre so nahe bei sich versteckt gehalten in dem sonderbaren Versuch, die quälende Zeit seiner Entstehung zu vergessen – oder hatte die Faszination für das darauf abgebildete Modell die Jahrzehnte überdauert? Dann verschwand das Porträt.

3

Nach ihrem Aufenthalt in Capri 1920 nahm die Zahl der Anlässe, bei denen Luisa Casati sich auf Leinwand verewigen ließ, deutlich ab, abgesehen von einigen bemerkenswerten Ausnahmen. Die Avantgarde der Kunstmäzene wandte sich an Stelle des traditionellen Ölbildnisses mehr und mehr der Fotografie zu. Nach den glamourösen Porträts von De Meyer standen gewagtere künstlerische Ausflüge der Marchesa ins fotografische Genre noch aus. Obwohl im Winter 1920 ein neues Gemälde entstand, das Luisa als sphinxsche Muse darstellte, konnte kein Zweifel daran bestehen, dass das Zeitalter, das sie inspiriert hatte, mit raschen Schritten hoffnungslos aus der Mode kam.

Die Frauen auf den Gemälden Federico Beltran y Masses' wurden von Kritikern als „abscheulich dekadent"[40] bezeichnet. Nach dem Studium in Barcelona lebte der Künstler hauptsächlich in Paris, wo er Mitglieder der Beau Monde porträtierte. Dennoch haftete seinen auf Leinwand verewigten Modellen die düstere Sinnlichkeit seines Heimatlandes an. Seine erste Begegnung mit Casati hat Beltran y Masses selbst unter der Überschrift „Une visiteuse nocturne" für die Gesellschaftskolumne des *Aux Ecoutes* beschrieben:

> *Eines Nachts um etwa ein Uhr morgens, als ich mich gerade zu Bett begeben hatte, erschien plötzlich José, mein Diener, in aufgeregtem Zustand und teilte mir mit, dass eine unerwartete Besucherin gekom-*

men war – eine in schwarzen Samt gekleidete Frau mit einem großen silberfarbenen Hund. Die Dame, so behauptete er, sei so seltsam, dass er nicht sicher sei, ob er nicht träume. Neugierig begab ich mich nach unten. Dort erblickte ich eine Frau mit funkelnden Augen neben einem schlanken russischen Windhund, der einen silbernen Überwurf und ein Perlenhalsband trug. Hinter ihr stand ein schweigender Mann, wohl ein Lakai. Mein Besucherin stellte sich vor: „Ich bin die Marchesa Casati. Vor zwei Tagen habe ich in London ein Bild von Ihnen gesehen, die „Maja Maudite", und ich möchte in derselben Pose wie diese Frau gemalt werden. In meinen Händen werde ich eine blaue Kristallkugel halten, die mir Gabriele D'Annunzio geschenkt hat … Und jetzt holen Sie ihre Pinsel. Ich habe nur heute Nacht Zeit für Sie." Dann stand sie Modell. Schwarze Spitze bedeckte ihre Arme, ihr Mund war blutrot und ihre Augen schienen in der Dunkelheit noch größer zu werden … Als die Sitzung beendet war, verschwand die Dame mit ihrem Windhund und Gefolge wieder in der Nacht.[41]

Das solcherart entstandene Porträt Luisas interpretiert die klassische türkische Odaliske um in eine High-Society-Verführerin, die auf einem Diwan liegend dargestellt ist, vor dem Hintergrund eines geisterhaften Schiffes mit geblähten Segeln, das, so der Künstler, die „geheimnisvolle Nomadenseele" seines Modells repräsentiert.[42] So manche Kritik stand allerdings in krassem Gegensatz zu Luisas Enthusiasmus über das Gemälde. Sir Harold Acton erinnert sich an den Kommentar seines Bruders William, selbst Künstler, nach einer Begegnung mit der Marchesa: „Sowie sie meine Bilder gesehen hatte, erklärte sie mir, ich sei genau der Maler, nach dem sie gesucht habe, und so weiter. Nach dem Horror, den ihr Beltran y Masses angetan hat, braucht sie wohl etwas Ermutigenderes."[43] Dennoch war Luisa mit der Leistung des spanischen Künstlers offenbar zufrieden, da sie sich auf weiteren zwei Porträts von ihm verewigen ließ, einmal als Leda mit flammend roten Haaren, inklusive Schwan, und ein andermal gemeinsam mit ihrer Schlange.[44]

Erstaunlicherweise gab es auch Künstler, die der Porträtmanie der Marchesa entkamen. Ihr langjähriger Freund, der Autor Michel Georges-Michel, berichtet, dass die berühmte Art-Deco-Malerin Tamara de Lempicka während der 1920er Jahre wiederholt in den Pariser Salons der Marchesa zu Gast war. Dennoch hat de Lempicka sie niemals porträtiert. Vielleicht waren sich die beiden in ihrem provokanten und egozentrischen Temperament zu ähnlich, um eine solche Zusammenarbeit zu ermöglichen.

In Rom freundete Casati sich 1920 mit dem russischen Emigranten Prinz Feliks Jusupov an, ehemals ein hochrangiges Mitglied des kaiserlichen Hofs in St. Petersburg, der maßgeblich an Rasputins Ermordung beteiligt gewesen war. Obwohl er für seine homosexuellen Affären berüchtigt war, hatte er die Lieblingsnichte von Zar Nikolaus II. geheiratet. Das Paar floh mit einem Vermögen in Juwelen, die sie in ihre Kleider eingenäht hatten, vor der russischen Revolution und eröffnete in Paris, London und Berlin exklusive Modeboutiquen. Mit der Kreation luxuriöser Ensembles für seine begüterte Klientel war die Fantasie des Fürsten jedoch keineswegs ausgelastet. Sein Flair für Transvestismus war offenbar so überzeugend, dass er einmal sogar Edward VII. von England becircte.[45]

In seiner Autobiografie erzählt Jusupov, er habe während eines Aufenthalts in Rom im Grand Hotel eines Morgens eine Einladung zum Diner im Hause der Marchesa Casati vorgefunden:

> *Ich kannte Luisa Casati nur dem Namen nach, der in kosmopolitischen Kreisen zu berühmt war, um mir nicht vertraut zu sein, ebenso wie ihr exzentrischer Ruf, der meine Neugier weckte. Ich ergriff die Gelegenheit beim Schopf und akzeptierte die Einladung. Meine Erwartungen sollten weit übertroffen werden.*
> *In dem Raum, in den ich geführt wurde, lag eine Frau von einzigartiger Schönheit auf einem Tigerfell, bekleidet mit durchsichtigen Schleiern, die die schlanken Linien ihres Körpers erkennen ließen. Zu ihren Füßen dösten zwei Windhunde, ein schwarzer und ein weißer. Dieses Bild faszinierte mich so, dass ich den zweiten Gast, einen italienischen Offizier, der vor mir gekommen war, kaum bemerkte. Unsere Gastgeberin hob den Blick. Die fantastischen Augen in ihrem blassen Antlitz waren so riesig, dass man nichts sonst wahrnahm. Mit einer langsamen schlangengleichen Bewegung, wie die einer Königskobra, bot sie mir ihre Hand dar, die mit enormen Perlen geschmückt war.*

Die Hand selbst war zauberhaft. Ich beugte mich hinunter, um sie zu küssen, und genoss die Vorfreude auf den so faszinierend begonnenen Abend. Dann erfuhr ich den Namen des Offiziers, dem ich bis dahin keine Aufmerksamkeit schenken konnte. Es war Gabriele D'Annunzio, der Mann, den ich unbedingt hatte kennen lernen wollen … Ich war völlig bezaubert und verlor jedes Zeitgefühl; der Abend ging vorüber wie im Traum.[46]

Gesellschaftliche Anlässe wie dieser wurden zu Beginn der 1920er Jahre immer seltener. Die elitäre Welt, die Casati über zwei Jahrzehnte hinweg schockiert und inspiriert hatte, verengte sich zusehends. Die finanziellen und sozialen Nachwirkungen des Krieges hatten das kleine Universum der Haut Monde kläglich zusammenschrumpfen lassen. Auch der Geschmack veränderte sich. Mit einem Mal war Jugend von alles überragender Bedeutung. *Vogue* und *Les Modes*, die zuverlässigsten Seismografen der französischen Mode, zeigten Modelle in kurzen Röcken, die über ihrem Bubikopf enge Glockenhüte trugen, und gaben Empfehlungen, wie man sich mit begrenztem Budget elegant kleiden konnte. Viele große Modehäuser der Vergangenheit mussten schließen, weil ihnen die Kunden abhanden kamen.

Für die alternde Grande Dame Luisa Casati war in dieser Welt der massenproduzierten Konfektionsware kein Platz. Doch anstatt sich wieder einmal neu zu erfinden, entschied sie sich dafür, ihre an die verblichene Salongesellschaft gemahnenden persönlichen Markenzeichen zu bewahren. Mit ihrem knallroten Haar, dem leichenblassen Gesicht, den schwarz umrandeten Augen und scharlachroten Lippen erweckte sie mehr und mehr den irritierenden Eindruck einer Kabuki-Darstellerin. Doch in der Welt der reichen Müßiggänger fanden sich immer noch genügend Bewunderer, die sich von ihr bezaubern ließen, darunter Sir Basil Zaharoff, der berüchtigte griechische Finanzier und Rüstungsunternehmer, Hugh Grosvenor, der unermesslich reiche Duke of Westminster, Arturo Lopez, Erbe des größten Vermögens Südamerikas, und Baron Maurice de Rothschild. Auch Aga Khan III. war einer ihrer Verehrer; seine Bitte, bei einem Diner zu Ehren der Marchesa neben ihr sitzen zu dürfen, gewährte sie ihm unter der Bedingung, dass links und rechts von ihr jeweils mindestens sechs Sitze frei bleiben müssten, um Platz für ihre voluminöse Robe zu schaffen.[47] In Paris besuchte sie in Begleitung von Augustus John und Ricciotti Garibaldi, Sohn des italienischen Freiheitskämpfers, *Shoulder Arms* von Charlie Chaplin und selbst der bekannte deutsche Bonvivant Otto Haas-Heye konnte ihr – letztendlich – nicht widerstehen, als er sie im Palace Hotel in St. Moritz zum ersten Mal erblickte:

> *[Casati] trug einen langen Redingote, einen großen cremefarbenen Hut und an ihrer Brust ein enormes Parmaveilchenbukett. Ich sagte zu mir: „Wie hässlich sie ist!" Und dann bemerkte ich, dass in ihren Augen nicht das winzigste Fleckchen Weiß zu sehen war. Rabenschwarz und riesengroß blickten sie geradeaus und waren mit nichts vergleichbar. In diesem Moment traf mich wie ein Blitz die Erkenntnis: „Sie ist unglaublich schön!"*[48]

Auch die Bewunderung eines Rudels affektierter und betitelter junger *cavalier servants* war der Marchesa weiterhin gewiss, etwa Prinz Giovanni Battista Serra, der sie nach Capri begleitet hatte, Prinz Giraci und der ergebene Marquis Don Ranieri Bourbon del Monte, der allerdings, wie Augustus John zu erzählen wusste, „allzu sehr einem treuen Hündchen glich; sie behandelte ihn wie Dreck. Einmal, als sie den Anblick seines Gesichts nicht länger ertragen konnte, befahl sie ihm, das Taxi zu verlassen: *Voila la femme que j'aime*, sagte er in Tränen aufgelöst zu mir, als er folgsam ausstieg."[49]

Auch Ezra Pound, den sie in Venedig durch Gabriele D'Annunzio kennen gelernt hatte, fungierte gelegentlich als Luisas Begleiter. Mittlerweile hatte Pound sich in Paris niedergelassen, wo er die amerikanische Konzertgeigerin und Musikwissenschaftlerin Olga Rudge kennen lernte, mit der er eine lebenslange Beziehung eingehen würde. Die beiden trafen sich bei einer Gesellschaft in Natalie Barneys Boudoir – unter dem wilden Blick der von Romaine Brooks gemalten Luisa.[50] Inspiriert von einer Zeile in D'Annunzios *Notturno* über Luisa hat Pound in die *Cantos*, sein poetisches Meisterwerk, eine Hommage an sie aufgenommen, die „Pfauen in Kores Haus", die er in Canto III erwähnt.[51]

Rom und Venedig, die Orte, an denen Luisa Casati einst ihre exzentrische Persönlichkeit entfaltet hatte, boten ihr schon lange nicht mehr die

Bühne, die sie brauchte. Die Villa in der Via Piemonte hatte ihre Anziehungskraft verloren und auch in den Palazzo dei Leoni kehrte die Hausherrin immer seltener zurück. Während D'Annunzio in seinem Schrein am Gardasee Hof hielt, suchte Luisa nach dem geeigneten Rahmen, um sich ihr eigenes Heiligtum zu schaffen. Für die finale Inszenierung ihrer extravagantesten Visionen wählte sie schließlich den Palast eines toten Poeten.

VI

Geliebte Medusa

1921–1927

Hier waren, kunterbunt durcheinander geworfen,
die Modekünstler und die echten Talente
eines halben Jahrhunderts vertreten,
all jene, die ihr gehuldigt, ihre hochmütigen Brauen und
ihre Baudelaire-Augen auf die Leinwand gebannt,
ihre zwanglosen oder einstudierten Bewegungen festgehalten,
ihre hohen Backenknochen und ihre prallen Brüste in Ton geformt
und in den Farbtönen dem Wandel des Lichts
und der Zeit auf ihrer Haut nachgespürt hatten.

Maurice Druon
Die Contessa

Groß und hager, mit stark geschminkten Augen,
repräsentierte sie die Pracht eines vergangenen Zeitalters,
als einige wenige schöne und reiche Frauen sich eines beinahe
rücksichtslosen Individualismus bedienten, um ihr Leben zu gestalten
und sich in der Öffentlichkeit zu inszenieren.

Elsa Schiaparelli

1

In Le Vésinet, einem exklusiven Vorort etwa 15 Kilometer westlich von Paris, ließ der wohlhabende Ingenieur Arthur Schweitzer 1899 für sich und seine Gattin nach dem Vorbild des Grand Trianon in Versailles ein neues Heim erbauen. Das Anwesen, das später wegen seiner Fassade aus rosa Marmor „Palais Rose" getauft wurde, umfasste ein weitläufiges Grundstück und verschiedene Nebengebäude und bot fantastische Ausblicke auf die umgebende Landschaft. Doch nur wenige Jahre nach der Fertigstellung musste der finanziell ruinierte Schweitzer den Besitz an den reichen indischen Industriellen Ratanji Jamsetji verkaufen – angeblich um den Preis von drei Perlen und einem perfekten Smaragd.[1]

Im Jahre 1908 erwarb Comte Robert de Montesquiou das Anwesen, um dort, fernab von den extravaganten Pariser Partys und dem boshaften Klatsch der Soireen, um seinen Liebhaber Gabriel de Yturri zu trauern, der kurz zuvor an unbehandelter Diabetes gestorben war. Trotz seiner Abgeschiedenheit konnte Montesquiou im Laufe der Jahre zahlreiche illustre Gäste in seinem Domizil begrüßen, wie Sarah Bernhardt, Claude Debussy, Maurice Rostand, Auguste Rodin oder Gabriele D'Annunzio. In den letzten Monaten seines Lebens musste er allerdings die behagliche Atmosphäre der Salons mit der Sterilität diverser Privatkliniken vertauschen: Als Folge der Jahrzehnte, die er der Genusssucht und dem üppigen Leben gefrönt hatte, erkrankte Montesquiou Anfang 1921 an Harnvergiftung. Im Spätherbst begab sich der eitle Bonvivant auf seine letzte Reise in wärmere Gefilde, elegant wie eh und je, in dicke Pelze gehüllt, in der Hand seinen Lieblingsstock mit dem blauen Porzellanknauf. Der „Professor der Schönheit", wie Marcel Proust ihn einst genannt hatte, starb am 11. Dezember 1921 in Menton an der französischen Riviera. Während der restlichen Wintermonate harrte das verlassene Palais Rose der Ankunft des neuen Besitzers. Die würdevollen Avenuen von Le Vésinet sollten bald einen Schock erleben.

Luisa Casati hatte das Haus des toten Poeten gekauft. Das Palais war nach den 13 Jahren, die Montesquiou es bewohnt hatte, vollgestopft mit einem umfangreichen Sammelsurium ästhetischer Objekte; die Räume quollen über vor Nippfiguren und Glasvasen von Gallé für die blauen

Hortensiensträuße, die der Graf so geliebt hatte. Auch der Garten war seinen detaillierten Vorstellungen angepasst worden: Bäume, Pflanzen und Blumen waren so arrangiert, dass der Blick aus jedem Fenster ein gärtnerisches Meisterwerk offenbarte. Hinter dem Palais befand sich Montesquious rosafarbener Pavillon de l'Amour. Doch das Glanzstück des Gartens war zweifellos der mit wasserspeienden Delfinen bestückte, zwölf Tonnen schwere Brunnen aus rosa Marmor, in dem einstmals Madame de Montespan gebadet hatte, die gefeierte Kurtisane am Hof Ludwigs XIV.[2] Mit dem Einzug der neuen Besitzerin stand dem Palais Rose eine weitreichende Umgestaltung bevor, schließlich mussten die sechs Waggons voller Marmorblöcke, Säulen und ägyptischer Alabastervasen, die sie mitgebracht hatte, angemessen untergebracht werden.

Die Innenräume wurden ihrer üppigen Dekoration entkleidet, Wände entfernt, um im Erdgeschoss eine riesige Halle zu schaffen. Der Marmorboden aus der Villa in Rom, der auch schon im Palazzo dei Leoni Verwendung gefunden hatte, wurde installiert, ergänzt durch eine Alabastersonne, die bei Betätigung eines versteckten Mechanismus in hellem Licht erstrahlte. In den Worten André Germains war das Haus nun „fast leer, nur mit … einigen kurulischen Stühlen und einer Sammlung wunderschöner Medaillons römischer Kaiser bestückt. Es schien wie in Erwartung eines Königsmords."[3] Die dominierenden Farben waren wie in Luisas römischem Domizil Schwarz, Weiß und Gold. Eines der Badezimmer war mit einer von goldenen Löwen getragenen überdimensionalen Alabasterwanne ausgestattet, in die aus den Mäulern von Jadefischen Wasser floss. Ein hohes gewundenes Horn, angeblich das eines Einhorns, schmückte die Ecke eines Salons, die Böden waren mit Tiger- und Leopardenfellen bedeckt.

Diese Trophäen wirkten wie nostalgische Reminiszenzen an die stark geschrumpfte Menagerie der Hausherrin. Nebst einigen buntgescheckten Papageien umfasste ihr Privatzoo nur noch eine zahme Kobra namens Agamemnon und die berühmte Boa constrictor, die im Foyer in einem Kristallgehege zu bewundern war. Einer der Geparden aus Venedig gab nur ein kurzes Gastspiel im Palais Rose. Für eine Soiree einige Zeit später engagierte die Marchesa allerdings zwei bengalische Tiger, die sich bei der Begrüßung der Gäste auf der Treppe des Palais zu Füßen der Gastgeberin räkelten, während der Dompteur sich in der Nähe verbarg. Man erzählte sich, dass selbst die mutigsten männlichen Besucher beim Handkuss für die Marchesa leichte Nervosität an den Tag legten, ungeachtet der Tatsache, dass die Tiger an der Leine gehalten wurden.[4] Ein neuer Dauergast für die Menagerie wurde von einem Pariser Tierpräparator geliefert: ein mechanischer schwarzer Panther, eine der spektakulärsten Zierden der Residenz. Mit Hilfe der elektrischen Steuerung konnte man Kopf und Schwanz des lebensgroßen Ungetüms bewegen, seine grünen Augen zum Leuchten bringen und wildes Fauchen ertönen lassen, um, so Luisa, „meine Gäste zu überraschen und Einbrecher zu erschrecken".[5] Laut einem Zeitungsbericht aus dem Jahr 1926 war der Panther früher eines der Lieblingstiere der Marchesa und wurde Toto gerufen, musste jedoch erschossen werden, nachdem er zwei Menschen getötet hatte.[6]

Ein separater Pavillon, den Montesquiou für seine Bibliothek hatte bauen lassen, beherbergte nun die in goldgeprägtes Leder gebundenen Bücher Luisas über Magie und Zaubersprüche. Vor allem jedoch wurde in dem „L'Ermitage" genannten Gebäude eine Privatgalerie für die Porträts der Marchesa installiert. Eine genaue Liste der Bilder, die dort untergebracht waren, ist nicht verfügbar; eine Quelle spricht davon, dass die Porträtsammlung Casatis 1923 mehr als 130 Werke umfasste.[7] Im Pavillon des Palais Rose waren u.a. Gemälde von Depero, Boccioni, Martini, Zuloaga oder das Odalisken-Bildnis von Beltran y Masses zu sehen, ebenso Boldinis Porträt von 1908 und verschiedene dreidimensionale Objekte, wie Troubetzkoys Bronze oder ein Wasserkrug, den der italienische Keramikkünstler Renato Bertelli nach Luisas Gesichtszügen geformt hatte. Zur Einweihung dieses narzisstischen Heiligtums wurde der Spanier José Maria Sert damit beauftragt, ein Porträt der Marchesa zu malen. Dieser Künstler war auf großformatige Wandbilder spezialisiert, mit denen er schon das Waldorf-Astoria in New York ausgeschmückt hatte. Inspiriert von der monumentalen Boa constrictor im Foyer verewigte Sert die Schlange auf einer großen Tafel an der Wand des Pavillons gemeinsam mit ihrer Besitzerin in der Pose der Eva im Garten von Eden.

Für ihren imposanten neuen Wohnsitz heuerte die Marchesa ein ganzes Bataillon von Domestiken an. Neben Georges, dem russischen Küchenchef, beschäftigte sie den Tunesier Mohammed Ben Abdullah als Kammerdiener und Yamina, einen weiteren dunkelhäutigen Hünen, als

Chauffeur für ihren neuen nachtblauen Rolls Royce, den sie für ihre häufigen Fahrten nach Paris benötigte,[8] ganz zu schweigen von den zahllosen Zofen und Gärtnern, die das Anwesen bevölkerten.

Zur Feier der Vollendung ihres „palais du rêve", wie Luisa ihr neues Refugium nannte, veranstaltete sie nicht eine ihrer üblichen prunkvollen Festivitäten, sondern lud wenige ausgesuchte Freunde zu einem intimen Lunch. Unter den Gästen befand sich Cécile Sorel, die sich in ihren Memoiren an die wolkenbruchartigen Regengüsse erinnert, die an jenem Nachmittag niedergingen:

> *[Casati] lud uns ein, den Pavillon zu besichtigen, in dem sie ihre zahllosen Porträts und Akte hortete. Einige Domestiken schützten uns mit Regenschirmen vor dem Sturm, der wütete, während wir den Garten durchquerten. Die Marchesa schritt in ihrem engen Goldlamékleid durch den strömenden Regen, völlig durchnässt, eingezwängt in diese eiskalte beschichtete Korsage, die ihr die Körperwärme entzog. Wir durften ihre Bildnisse bewundern. Dann kehrte sie mit uns ins Zimmer zurück, ohne sich auch nur abzutrocknen.*[9]

Im Speisezimmer, das mit schwarzen Samtbehängen geschmückt war und von zahllosen schwarzen Kerzen in silbernen Kerzenhaltern beleuchtet wurde, bat die Gastgeberin Sorel, einige Texte zu rezitieren. Luisa lauschte der Vorstellung vom anderen Ende des Raums aus, unbeweglich wie eine Statue im geheimnisvollen Licht der Kerzen, während „unablässig Tropfen von ihren Schultern fielen und an ihren goldenen Seiten herabliefen".[10] Die Gäste verabschiedeten sich unter einem finsteren Himmel im prasselnden Regen. Diese enttäuschende Einweihung des Palais Rose sollte sich als Vorbote weitaus ominöserer Missgeschicke erweisen.

Auch nach ihrem Einzug in das rosa Palais beschränkte die Marchesa sich nicht auf dieses eine Domizil. Es war in ihrer römischen Villa, dass sie einige Zeit später D'Annunzios in seinem einsamen Exil am Gardasee gedachte und ihm ein Telegramm sandte, in dem sie bat, ihn besuchen zu dürfen, eine Bitte, die der Dichter ihr selbstverständlich gewährte. Dass seine Muse ihr Versprechen wider Erwarten nicht einhielt, erfüllte D'Annunzio mit Besorgnis: „Weshalb muss ich in diesen Tagen so oft an

Coré denken? Ich habe nichts von ihr gehört, weiß nicht, wo sie ist … Vor einigen Wochen ließest du mich hoffen, ich könnte dich wiedersehen; nun weiß ich nicht, woran ich bin."[11] Die Antwort auf diesen an die Via Piemonte adressierten Brief erreichte ihn aus den Schweizer Alpen: „Liebster Freund – welch ungeheure Freude dein Brief mir bereitet hat! Ich würde von den olympischen Höhen St. Moritz' heruntersteigen, nur um dich in deinem Harem zu besuchen – darf ich dich sehen? Begleitest du mich im April nach Sevilla? – Coré"[12] D'Annunzio lehnte die Einladung nach Spanien ab, und es würden noch zwei Jahre vergehen, bevor Luisa ihn endlich im Vittoriale besuchte.

Die dazwischen liegenden Monate verbrachte sie natürlich nicht untätig – wenn auch das Gerücht, sie habe den italienischen Herzog Achille Lecca di Guevara auf einer waghalsigen Flugreise begleitet, eher ins Reich der Legende zu gehören scheint, obwohl der Herzog angeblich vor Freunden damit prahlte, er und die Marchesa hätten sich während des gesamten Fluges unablässig der Leidenschaft hingegeben.[13] Um einiges glaubwürdiger ist die Szene, die die Modeschöpferin Elsa Schiaparelli in ihrer Autobiografie schildert. Schiaparelli, die mit ihrer provokanten Innovation „shocking pink" und ihren vom gerade entstehenden Surrealismus inspirierten Kreationen erste Berühmtheit erlangt hatte, betrieb eine Boutique an der Place Vendôme, direkt gegenüber dem Hôtel du Rhin, wo Luisa damals noch logierte. Als Schiaparelli von ihrer Anwesenheit in Paris erfuhr, schickte sie eine Angestellte mit einem Geschenk zu ihr, um sie als Kundin zu gewinnen. Bei ihrer Rückkehr berichtete die erstaunte Verkäuferin, sie habe die Marchesa im Bett vorgefunden, „geschminkt im Stil des klassischen Vamp, unter einer Decke aus schwarzen Straußenfedern, während sie ein Frühstück aus gebratenem Fisch und Pernod zu sich nahm und einen Schal aus Zeitungspapier anprobierte".[14]

Zwar entschloss Luisa sich nicht dazu, Schiaparellis Kundin zu werden; doch sollte ihr die Kamera einer der Schlüsselfiguren des Surrealismus auch in der Geschichte dieser Kunstbewegung einen fixen Platz zuweisen. Der amerikanische Fotograf Man Ray kam 1921 nach Paris, die Stadt, die seine zweite Heimat werden sollte. Über Marcel Duchamp, den er bereits aus den Staaten kannte, kam er mit einer Gruppe innovativer Künstler in Kontakt, unter anderem Gründerfiguren des Dada und des Surrealismus wie Max Ernst, André Breton und Salvador Dali. Seine eigene Karriere als Fotograf erhielt ein Jahr später unerwarteten Auftrieb, nachdem ihn eine schimärenhafte Erscheinung in seinem alles andere als fürstlichen Zimmer im Grand Hôtel des Écoles aufgesucht hatte – „eine eindrucksvolle, große Frau in Schwarz mit riesigen, durch schwarzes Make-up noch hervorgehobenen Augen. Sie trug einen hohen Kopfputz aus schwarzen Spitzen und neigte beim Eintreten leicht den Kopf, so als sei ihr die Tür zu niedrig".[15] Die Dame stellte sich als Marchesa Casati vor und äußerte den Wunsch, sich fotografieren zu lassen.

Man Ray akzeptierte den Auftrag sofort und erklärte sich bereit, die Marchesa in ihrer Hotelsuite inmitten einer Sammlung von Kuriositäten zu porträtieren. Zur vereinbarten Sitzung empfing Luisa ihn im seidenen Morgenrock; während die Ausrüstung aufgebaut wurde, saß sie ruhig an einem Tisch, der mit einem künstlichen Blumenbukett aus Jade und Edelsteinen geschmückt war, und beobachtete den Künstler aus ihren dick mit Schminke umrandeten Augen. Wie Man Ray in seiner Autobiografie berichtet, zwang ihn während der Sitzung ein schicksalhaftes Malheur, seine Arbeit zu unterbrechen:

> *Als ich meine Lampen einschaltete, zuckte nur ein Blitz auf und alles war wieder dunkel. Wie in französischen Häusern üblich, waren die Stromkreise der einzelnen Zimmer nur sehr schwach ausgelegt und niedrig abgesichert. Der Portier ersetzte die durchgebrannten Sicherungen, aber ich wagte es nicht, meine Lampen noch einmal einzuschalten. Ich sagte der Marquise, ich wolle das natürliche Licht im Zimmer verwenden, dadurch verlängere sich jedoch die Belichtungszeit und sie solle versuchen, sich so wenig wie möglich zu bewegen. Es war anstrengend – die Dame führte sich auf, als würde ich mit ihr einen Film drehen. Abends entwickelte ich die Negative, sie waren alle verwackelt; ich legte sie beiseite und betrachtete die Sitzung als Fehlschlag.*[16]

Ungeachtet der Versicherung des Künstlers, die Negative seien wertlos, bestand Casati jedoch darauf, sich wenigstens ein paar Bilder anzusehen. Man Ray legte ihr Abzüge einiger Negative vor, auf denen wenigstens „so etwas wie ein Gesicht" zu erkennen war.[17] Sechs Bilder aus dieser Serie sind noch erhalten; sie sind von bezaubernd bizarrem Charakter, als wäre das Modell durch eine Art Geisterfotografie auf Film gebannt worden. Auf einer Aufnahme etwa blickt Luisa von hinten durch eine Glasvitrine, in der ihr Juwelenbukett arrangiert ist; in der Hand hält sie eine Glaskugel, auf der man bei genauerem Hinsehen das Spiegelbild des Fotografen erkennt, als hätte Luisa seinen Geist heraufbeschworen. Ein anderes Bild zeigt sie selbst als bloße Reflexion auf der Scheibe der geöffneten Glastür, die auf den Balkon führt. Das überraschendste Resultat des angeblichen Kurzschlusses enthüllt jedoch die letzte Fotografie der Serie:

> *[Es war] ein Bild mit drei Augenpaaren. Man hätte es für eine surrealistische Version der Medusa halten können. Gerade dieses Bild entzückte sie – ich hätte ein Porträt ihrer Seele geschaffen, meinte sie und bestellte Dutzende von Abzügen. Ich wünschte, andere Kunden wären ebenso leicht zufrieden zu stellen gewesen. Das Bild der Marquise machte in Paris die Runde; es kamen immer mehr Kunden – Angehörige der exklusiveren Kreise, und alle erwarteten Wunder von mir.*[18]

Analysen der Fotoplatte dieser Aufnahme vor einigen Jahren haben gezeigt, dass der Bericht Man Rays über ihre Entstehung mehr der theatralischen Wirkung als der Wahrheit verpflichtet ist – der verblüffende Effekt wurde mittels Mehrfachbelichtung absichtlich herbeigeführt. Dieses Bild wurde zu einem der berühmtesten Porträts Luisas und gilt als eine der frühesten und kraftvollsten surrealistischen Fotografien. 1924 schuf Man Ray auf der Grundlage dieses Porträts auch ein Stillleben im Cliché-verre-Verfahren, bei dem in eine beschichtete Glasplatte eine Zeichnung eingeritzt wird, die man dann auf lichtempfindliches Papier überträgt.

Seine Porträts der Marchesa und die einflussreichen Auftraggeber, die dadurch auf ihn aufmerksam wurden, eröffneten Man Ray eine geschäftlich erfolgreiche und künstlerisch bemerkenswerte Karriere. Mit seinen Arbeiten für Modemagazine wie *Harper's Bazaar*, *Vu* und *Vogue* erreichte er hohe Popularität. Obwohl er den künftigen Festivitäten im Palais Rose gelegentlich beiwohnte, sollten 13 Jahre vergehen, bevor Luisa wieder vor seiner Kamera posierte.

2

Zu der aristokratischen Klientel, die nach dem Erfolg des vieläugigen Casati-Porträts das Atelier Man Rays frequentierte und sich ein vergleichbares Wunderwerk erhoffte, gehörte auch der Kunst- und Theatermäzen Comte Étienne de Beaumont, dessen hauptsächlicher Ehrgeiz es war, sich als Impresario im Stile Diaghilews zu profilieren; zu diesem Zweck hatte er sogar eine eigene Balletttruppe gegründet. Seine eigentliche Bekanntheit verdankte de Beaumont allerdings den Festen und Bällen, die er veranstaltete. Gemeinsam mit seiner Gattin Édith regierte er fast drei Jahrzehnte lang über die Pariser Salons. Besonderen Ruhm erwarben sie sich mit ihrem alljährlichen Bal Beaumont, einer Tradition, die sie von den frühen 1920ern an bis 1949 pflegten.

Jede dieser aufwändigen Soireen stand unter einem bestimmten Motto, gemäß dem das Publikum sich zu kostümieren hatte. Auf dem Ball der Spiele tummelten sich Dominosteine und Karusselle; zum Bal Perrault erschien der Gastgeber als Cupido, angetan mit rosa Strumpfhose und Flügeln, und durchstreifte den mit Dornröschen und Märchenprinzen gefüllten Ballsaal nach Opfern, auf die er einen seiner kleinen Pfeile abschießen könnte. Auf dem Ball der Könige und Königinnen konnte man Christian Dior als stolzen Löwen bewundern, den Bühnenbildner Christian Bérard als voluminösen Heinrich VIII. oder die Künstlerin Leonor Fini in einer roten Robe und mit gewundenen Hörnern als Persephone, die Herrin der Unterwelt.[19]

Casati war mit den Beaumonts gut bekannt und natürlich ein häufiger Gast auf ihren Maskenbällen. Für eine der spektakulärsten Veranstaltungen, den Bal Vénetien, der 1922 in der Pariser Oper stattfand, bat die Marchesa ihren alten Freund Léon Bakst, ein Ensemble für sie zu entwerfen. Das als *Königin der Nacht* oder *Licht* bekannte Kostüm, das Bakst für diese Gelegenheit kreierte, war eine seiner exotischsten Schöpfungen und so aufwändig gestaltet, dass drastische Änderungen nötig waren, um es überhaupt tragbar zu machen. Der ursprüngliche Entwurf sah einen mit Sternen geschmückten vergoldeten Reifrock und eine Schleppe aus durchscheinender blauer Seide vor; der Rock wurde durch Hosen ersetzt, um der Trägerin mehr Bewegungsfreiheit zu gewähren. Als Kopfschmuck konzipierte Bakst eine Explosion aus Federn und silbernen und goldenen Ranken, die mit himmlischen Symbolen verziert waren. Das Kostüm war über und über mit echten Diamanten besetzt, die Luisa noch durch Diamantarmbänder und eine Tiara ergänzte. Mit der Ausführung dieses Entwurfs, die der Hände eines Genies bedurfte, betraute die Marchesa niemand anderen als das Modehaus Worth, aus dessen Ateliers schon die Roben stammten, die sie als kleines Mädchen im Boudoir ihrer Mutter so fasziniert hatten. Baksts fantastische Kreation, die auf mehreren Fotos dokumentiert ist, benötigte drei Monate bis zur Fertigstellung und kostete nicht weniger als 20.000 Francs.[20]

Die *Gazette du Bon Genre* veröffentlichte einen ausführlichen Bericht über den Bal Vénetien. Obwohl Cécile Sorel als personifizierte Serenissima den Vorsitz führte, war die Hauptattraktion des Abends zweifellos Luisa Casati. In sprachloser Verblüffung verfolgten die illustren Gäste ihren unvergesslichen Auftritt, als sie langsam auf einer goldenen Scheibe nach oben stieg und mit einem Mal der verdunkelte Saal durch funkelnde Blitze erhellt wurde, als die zahllosen Diamanten und Edelsteine das Licht der Laternen auffingen. Zeugen schworen, die Marchesa sei unter dem freizügigen Kostüm völlig nackt gewesen. Mit einer weißen Lilie in der Hand verharrte die strahlende Erscheinung vor dem bewundernden Publikum, während Étienne de Beaumont ihr eine goldene Kugel überreichte.[21]

Nicht weniger Aufsehen erregend, doch bei weitem nicht so erfolgreich war der – diesmal nicht von Bakst stammende – Entwurf für Luisas Kostüm anlässlich eines weiteren Balls der Beaumonts. Cecil Beaton hat ihn in *The Glass of Fashion* beschrieben:

> *Die Marchesa Casati beschloss, als elektrifizierter heiliger Sebastian zu erscheinen, in einer von hunderten von Pfeilen durchbohrten Rüstung, alle mit glitzernden Sternen besetzt, die beim Auftritt der Marchesa aufleuchten sollten. Am Morgen des Balls erschien sie … mit einem Bataillon von Bediensteten, einem Elektriker und Kochgerätschaften, um während der aufwändigen Vorbereitungen Tee und Kaffee zuzubereiten … Als jedoch das Kostüm an die Stromquelle angeschlossen wurde, trat die Katastrophe ein: An Stelle des Glanzes von tausend funkelnden Sternen gab es einen Kurzschluss und die Marchesa erlitt*

einen elektrischen Schlag, sodass sie einen Rückwärtssalto vollführte. Sie war zu lädiert, um an der Soiree teilzunehmen, und sandte eine Nachricht, die schlicht lautete: „Milles regrets.“[22]

Ein solch haarsträubendes Erlebnis konnte Luisa jedoch nicht von weiteren spektakulären Experimenten abhalten, wenn es galt, ihr Publikum zu erstaunen. Zu einem von Pablo Picasso gestalteten Kostümfest der Beaumonts erschien die Marchesa angeblich in einem kubistisch inspirierten Ensemble aus Drähten und Glühbirnen, das einem Werk des Künstlers nachempfunden war. Unglücklicherweise war die dreidimensionale Kopie kaum durch die Tür getreten, als ein Kurzschluss im Kabel Luisa einen lebensgefährlichen Stromschlag versetzte. Vor den Augen der schockierten Gäste sank sie in einem Geflecht aus zischenden Drähten und flackernden Lichtern zusammen, gleich einem „abgestürzten Zeppelin“, wie Christian Bérard die gefallene Marchesa beschrieb.

Anlässe wie die Bälle der Beaumonts boten Luisa allerdings zu selten Ablenkung von ihrem isolierten Leben im Palais Rose. Es schien nicht genügend potenzielle Gäste zu geben, um selbst glanzvolle Empfänge und Bälle zu veranstalten; auch waren selbst die willigsten Besucher nicht bereit, die fast einstündige Anfahrt von Paris nach Le Vésinet oft genug auf sich zu nehmen, um das unersättliche Bedürfnis der Marchesa nach Gesellschaft befriedigen zu können. Von ihrem Publikum verlassen, war sie gezwungen, sich nach anderweitigen Zerstreuungen umzusehen. Sie verbrachte zahllose Stunden damit, in ihrem zitronengelben Hispano Suiza[23] über die Landstraßen zu rasen oder sich im Rolls Royce durch die Gegend chauffieren zu lassen; immer häufiger flüchtete sie sich auch in künstlich erzeugtes Wohlbehagen, wenn die Einsamkeit zu schwer wog. Absinth[24] und Opium waren geeignete Helfer, um nicht enden wollende Nachmittage zu verkürzen. Oder sie machte sich mit einem mitfühlenden Gefährten im Schlepptau auf, um die Pariser Boutiquen nach kuriosen Objekten zu durchstöbern.

Um die langen Abende aufzulockern, veranstaltete Luisa gelegentlich auch Soireen für ehemals prominente Mitglieder der russischen Aristokratie, darunter der verwegene Großfürst Alexander Michailowitsch, einst Admiral der russischen Marine und Schwager des unglücklichen Zaren

Nikolaus II. Ihre Gäste fühlten sich im Palais Rose in das opulente Leben zurückversetzt, das sie in ihrer Heimat geführt hatten, bevor die Revolution sie zur Flucht zwang. Manche nutzten auch die Gelegenheit und erleichterten ihre Gastgeberin unauffällig um verschiedene herumstehende Objekte. Prinz Jusupov etwa eignete sich einmal nebst anderen Kleinigkeiten einen Senftiegel an. Als ihm dieser aus der Tasche fiel und am Boden zerschellte, zog der Prinz sich aus der Affäre, indem er dem Geist Rasputins die Schuld gab, der ihm keinen Frieden gönne.[25]

Die Marchesa verstand es immer noch, das Interesse neuer Künstler auf sich zu lenken. Adrian Désiré Etienne, der unter dem Pseudonym Drian bekannt wurde, war einer davon. Seine charakteristischen Bleistift- und Kohleskizzen von Damen der französischen Gesellschaft erschienen in *La Gazette du Bon Ton* oder *Harper's Bazaar*. Drian, ein Freund Augustus Johns, porträtierte Luisa unter anderem als Sarah Bernhardt, als Sonne, als Sphinx im Garten des Palais Rose oder als die mondäne Herrin des Palazzo dei Leoni, die ihre den Gondeln entsteigenden Gäste begrüßt. Eine seiner Skizzen ist eine geschickte Studie in Selbstreferenzialität: Sie zeigt die Marchesa, während sie gerade für Drian Modell steht; das Gemälde, an dem er arbeitet, imitiert das berühmte zweite Casati-Porträt Augustus Johns.[26] Drian schuf auch zwei Ölbildnisse von Luisa; auf einem Brustbildnis in Lebensgröße ist sie mit schlichter weißer Bluse und Pelzstola abgebildet, das zweite Bild stellt sie als Jungfrau mit dem Einhorn dar.

Auch mit Graf Knut Corfitz Bonde, dem skandinavischen Diplomaten und Freund Axel Munthes, freundete Luisa sich zu dieser Zeit enger an. Obwohl Bonde über ihre feindliche Übernahme von San Michele zwei Jahre zuvor genau Bescheid wusste, konnte er sich ihrer Faszination und ihrem Charme nicht entziehen, wie er in seinem Buch über Munthes Villa schreibt:

> *Wir waren durch Zufall im Hotelzimmer eines reichen amerikanischen Künstlers im Faubourg Saint-Germain zusammengetroffen … Im Speisesaal wurde uns ein üppiger Lunch serviert … Ich hatte noch nie eine so maßlose Frau wie die Marquise gesehen. Sie aß und trank ohne Unterlass. Sie redete über die neuesten Pariser Skandale, nannte Namen, die ich nicht kannte; sie redete über neue Kunstausstellungen*

und über Bücher, die gerade herausgekommen waren, als hätte sie alle gelesen. Sie redete über Politik, als würde sie alle Staatsmänner persönlich kennen, im selben Stil, wie sie frivole Anekdoten erzählte. Ihren langen Monolog unterstrich sie mit heftigen Gesten ihrer zarten, langgliedrigen Hände, deren opulenter Goldschmuck viel zu schwer für sie schien.

Nach dem Essen … zitierte sie Proust und analysierte jedes einzelne Wort. Unsere Tischgenossen beteiligten sich an dem Gespräch; mir genügte es, einfach nur zuzuhören.[27]

Bonde war auch zu jener intimen Soiree im Hôtel du Rhin geladen, die Luisa zu Ehren der Baronin Elsie Deslandes gab, um deren erstaunliche prophetische Gabe zu präsentieren.[28] Deslandes war einst von Robert de Montesquiou als die „Botschafterin der ästhetischen Bewegung in Paris" gepriesen worden, und das mit gutem Grund. In ihrem Salon scharten sich so geistreiche Ästheten wie Oscar Wilde, Marcel Proust, Jean Lorrain und Montesquiou selbst um ihre Gastgeberin, während diese auf einem niedrigen Diwan thronte und einen Bronzefrosch mit glitzernden Diamanten fütterte. Doch nachdem ihre unvergleichlichen Verehrer tot oder in alle Winde verstreut waren, blieb von ihren Triumphen nichts als die Legende. In den Jahren ihrer zunehmenden Verarmung war die kleine rundliche Baronin für ihre seherischen Fähigkeiten von bemerkenswerter Exaktheit zu gewissem Ruhm gelangt; auch Luisa gehörte zum Kreis ihrer Bewunderer.

Mit überraschender Großzügigkeit kam sie Elsie Deslandes in deren finanzieller Notlage zu Hilfe. Das Haus der Baronin leerte sich zusehends, da sie gezwungen war, ihre Besitztümer zu veräußern. Darunter befanden sich auch die Bronzefigur eines Lamms und ein Einhorn mit Onyxaugen und einem Horn aus Elfenbein; als Deslandes verzweifelt nach einem Käufer suchte, bei dem die beiden Talismane gut aufgehoben wären, erwarb Luisa sie für ihr Palais.[29]

Der kritische Zustand ihres Heimatlandes schien die Marchesa hingegen wenig zu bekümmern. Italien wurde von einer Welle lähmender Streiks und Unruhen überzogen. In seiner Festung am Gardasee verfolgte D'Annunzio aufgeregt, wie die Situation sich zuspitzte. Am 3. August

1922 begann schließlich die faschistische Revolution; Mussolini und D'Annunzio wurden als Retter des Volkes gefeiert. Doch nur zehn Tage später kündete ein ominöser Vorfall vom bevorstehenden Niedergang des Dichters: Während einer Soiree im Vittoriale stürzte D'Annunzio aus dem Fenster des Salons und erlitt eine Schädelfraktur. Die Angelegenheit wurde nie aufgeklärt; Spekulationen über die Ursache des Sturzes reichen von Unfall über versuchten Selbstmord bis zu Mordversuch. Der Dichter selbst hat sich nie dazu geäußert. Philippe Jullian fasst das Leben D'Annunzios ab diesem Zeitpunkt bis zu seinem Tod mit brutaler Direktheit zusammen: „Der 13. August 1922 markiert einen Bruch im Leben des Dichters. Ab diesem Tag sollte er ohne Würde altern, in seinem Escorial, einer Mischung aus Opiumhöhle, Sakristei und Kabinett für Gipsfiguren."[30]

3

Von den zahllosen Abzügen, die Luisa von Man Rays surrealistischem Porträt bestellt hatte, wurde einer natürlich auf dem schnellsten Weg ins Vittoriale gesandt. Zuvor allerdings legte die Marchesa selbst Hand an das Werk: Sie stutzte ihren Hals auf der Fotografie auf beiden Seiten zurecht, sodass er unnatürlich lang erschien, und klebte den Scherenschnitt, der an eine Art-Deco-Sphinx erinnerte, auf einen Bogen schweres Papier. Neben ihren Kopf schrieb Luisa in purpurroten Lettern auf die eine Seite ihren Kosenamen für D'Annunzio, „Ariel", auf die andere Seite „Coré"; darunter stand zu lesen: „La Figure de Cire."[31]

Nun, da D'Annunzio ein Einsiedlerdasein in seinem Refugium am Gardasee fristete und Luisa die Abgeschiedenheit des Palais Rose allzu oft allein ertragen musste, flammten ihre Gefühle füreinander in neuer Intensität wieder auf. Nach all den Jahren, in denen er sich mit rätselhaften schriftlichen Botschaften und beiliegenden Reproduktionen ihrer Porträts begnügen hatte müssen, sehnte D'Annunzio sich danach, seiner Coré wieder nahe zu sein. Im Februar 1923 schrieb er ihr:

> *Liebste Freundin, weshalb berührt mich alles, was von dir kommt, so tief in meinem Inneren? Vielleicht* weil wir uns immer noch nicht

kennen*; seit jenem fernen Tag, an dem ich in der Ödnis von Gallarate zum ersten Mal diese fragile, junge Amazone vorbeireiten sah. Ich erinnere mich daran. Coré nicht.*[32]

Im März 1923 feierte der Dichter seinen 60. Geburtstag; kaum zwei Monate früher war seine Muse 42 geworden. Wie D'Annunzio – wenngleich in weniger dramatischer Form – fühlte auch Luisa, dass ihre Macht in einer Welt, in der sie viel von ihrer früheren provokanten Wirkung eingebüßt hatte, zu schwinden begann. Es war in letzter Zeit durchaus keine Seltenheit, dass sie sich mit der Gesellschaft ihrer zahllosen stummen Doppelgängerinnen begnügen musste, die die Wände ihrer Galerie schmückten. Noch eine andere unangenehme Tatsache begann sich langsam bemerkbar zu machen: Das Vermögen der Marchesa reichte nicht mehr aus, um ihren extravaganten Lebensstil zu finanzieren. Vor allem wurde es immer offensichtlicher, dass der Kauf des Palais Rose keine weise Entscheidung gewesen war; Luisas perfektes mondänes Märchenschloss war zu abgelegen und zu kostspielig in der Erhaltung.

Anfang Dezember 1923 stattete Luisa ihrer Heimatstadt Mailand einen ihrer raren Besuche ab, um die Ammansche Residenz in Monza, die Villa Amalia und ihre Anteile am väterlichen Baumwollwerk in Pordenone zu veräußern. Auch für den Verkauf der Villa in Rom wurden Vorkehrungen getroffen. Dem Zweck ihrer Reise zum Trotz logierte die Marchesa im eleganten Hotel de la Ville, während sie ihre prekäre finanzielle Lage in den Griff zu bekommen trachtete.

Aus Mailand erreichte D'Annunzio ein Telegramm, in dem Luisa um Erlaubnis bat, ihn in seiner Klause besuchen zu dürfen. In seiner Antwort vom 5. Dezember lässt der Dichter sich von seinen romantischen Gefühlen zu der entzückten Behauptung hinreißen, seine Gedanken an sie hätten ein telepathisches Erlebnis bewirkt, und fährt fort: „Ich sehne mich nach einem Wiedersehen mit dir und fürchte es gleichzeitig. Ab dem siebten Tage werde ich dich erwarten."[33]

Das Vittoriale, einst ein unscheinbares Gebäude inmitten von Olivenhainen am Ufer des Gardasees, hatte sich seit dem Einzug D'Annunzios sukzessive in ein den eklektizistischen Geschmack des Besitzers widerspiegelndes Utopia verwandelt, zu dem die Realität keinen Zutritt hatte.

Hinter den mit Ornamenten verzierten Mauern verbarg sich eine Flucht klaustrophobisch anmutender, vom Duft schwerer Parfums durchzogener Räume, vollgestopft mit einer Unmenge von Erinnerungsstücken – knapp 900 allein in einem einzigen Badezimmer. In endlosen Reihen von Vitrinen wurden vergilbte Fotografien und Briefe, stumpf gewordene Medaillen und ausrangierte Uniformen ausgestellt. Gipsabgüsse von Michelangelo-Skulpturen standen in den Ecken der Räume Wache; die hautfarbene Bemalung und die Poiret-Roben und Theaterklunker, mit denen die ursprünglich nackten männlichen Torsi geschmückt waren, verliehen ihnen eine bizarre Sinnlichkeit. Eine Bronzefigur des heiligen Franziskus hatte der Dichter mit einem amerikanischen Cowboygürtel samt Pistole dekoriert.

Die Villa war ein einziges Sammelsurium an Kuriositäten, spektakulären Souvenirs und eleganten Stücken. Von der gewölbten Decke des Auditoriums baumelte der Doppeldecker, mit dem D'Annunzio im Krieg seinen tollkühnen Propagandaflug über Wien unternommen hatte, während der Fiat, mit dem er in Fiume eingezogen war, neben einer gelben Limousine unter einem Baldachin geparkt war. Im Garten, flankiert von Zypressen, lag in Zement verankert der Bug des Kriegsschiffes *Puglia*, ein Geschenk der italienischen Marine, dessen Geschütze zu Ehren wichtiger Besucher über den See abgefeuert wurden. Der Herr über dieses Fantasiereich pflegte sein Regiment angetan mit einer Mönchskutte aus braunem Samt und einem großen diamantbesetzten Kreuz auf der Brust zu führen, während ein golden oder silbern uniformierter bewaffneter Kammerdiener und eine Dienstmagd im Nonnenhabit ihm ehrerbietig zur Seite standen.

Als Luisa am 12. Dezember 1923 zum ersten Mal D'Annunzios Traumwelt betrat, überreichte sie ihm ein Gastgeschenk von der Hand eines anderen dekadenten Poeten – ein Ring, den einst Lord Byron getragen hatte. Das Zimmer, in das D'Annunzio sie führte, trug den Namen „Leda", dokumentiert durch die kunstvolle Schnitzerei, die das Bett zierte – eine nackte Nymphe, die von einem Schwan verführt wird. Des Dichters eigenes Heiligtum, das scharlachrote „Zimmer des Aussätzigen", war von einer Atmosphäre religiös übersteigerter Profanität durchdrungen. Die Wände waren mit einer Sammlung von Atlashandschuhen geschmückt –

Trophäen von „all den Damen, die den Kopf verloren haben“,[34] wie D'Annunzio stolz erklärte. Eine lebensgroße Wachsfigur des blutüberströmten heiligen Sebastian stand Wache neben dem schmalen Bett, das von gerahmten Fotografien der vergangenen Lieben des Dichters umgeben war, zuvorderst – wenigstens für die Dauer ihres Besuches – eines der Porträts, die De Meyer von Luisa geschaffen hatte.[35]

Nach nur zwei Tagen im Vittoriale kehrte Casati nach Mailand zurück, wo in ihrer Suite im Hotel de la Ville schon ein Telegramm D'Annunzios auf sie wartete: „Ariel versinkt in Melancholie und hadert mit seiner Verbitterung.“[36] Am folgenden Tag schrieb er: „Ich habe eine kleine goldene Amphore gefunden, die sich von Deiner Halskette gelöst hat – sie ist leer, nicht die kleinste Hoffnung liegt auf ihrem Grunde – Ariel.“[37]

Am Abend des 24. Dezember traf Luisa erneut im Vittoriale ein, um ihren Dichter in seiner Abgeschiedenheit zu trösten und ihrer eigenen Einsamkeit zu entfliehen und gemeinsam die Magie vergangener Jahre heraufzubeschwören, die sie miteinander erlebt hatten. D'Annunzio führte seinen Gast durch einen Korridor, an dessen Wänden sich mehr als 2.000 Bücher aneinander reihten; auf jedem Einband und auf allen Türen stand die Inschrift „Forse che sì forse che no“ zu lesen, der Titel des Romans, zu dem Luisa D'Annunzio so viele Jahre zuvor inspiriert hatte. Im rot und golden ausgekleideten Speisezimmer war der Tisch für das Weihnachtsdiner gedeckt, mit venezianischer Spitze, Weingläsern aus Murano und einem lüsternen Art-Deco-Satyr von Le Faguays, der einer Nymphe nachstellte. Der Gastgeber sorgte mit einer antiken russischen Marionette für Unterhaltung, die er über den Tisch tanzen ließ, während er sich in schlüpfrigen Witzen erging.

So sehr Coré und Ariel dieses Beisammensein genossen, so kurz währte die Freude des Dichters über das Wiedersehen mit seiner Muse. Schon wenige Tage nach Weihnachten fuhr Luisa nach Mailand zurück, um den Verkauf ihrer Besitzungen abzuwickeln. Als sie jedoch im Hotel ihren Koffer öffnete, „sprang mir die Puppe an ihren Bleidrähten entgegen“, wie sie D'Annunzio schrieb, um in fast kindlicher Hoffnung fortzufahren: „Was soll ich jetzt tun? Muss ich sie zurückschicken?“ Ihre Nachricht endete mit den Worten: „Ich danke Dir unendlich für das Weihnachtsfest – Coré.“[38]

Im Frühjahr 1924 besuchte Luisa den Tierpark Hagenbeck in Hamburg,[39] um ein Geschenk für ihren Ariel auszuwählen. Auf einer Postkarte vom 24. April kündigte sie ihm an, ein neuer Hausgenosse sei auf dem Weg zu ihm – eine Schildkröte von Hagenbeck für den Garten des Vittoriale.[40] Am 6. Mai konnte D'Annunzio seiner Muse von der Ankunft der Schildkröte berichten, „schneller als Coré, die vielleicht nächstes Jahr kommen mag …";[41] angeblich traf der Dankesbrief in Begleitung eines zahmen schwarzen Alligators ein, das Gegengeschenk des Dichters.[42]

Vorerst blieben D'Annunzio nur seine Erinnerungen, um sich über Corés Abwesenheit hinwegzutrösten. Auch nach Paris, wo im Sommer 1924 die Olympischen Spiele stattfanden, kehrte die Marchesa nur vorübergehend zurück. Stattdessen stürzte sie sich in hektische Reisetätigkeit; zunächst flog sie abermals nach Mailand und Rom, um sich mit ihren Anwälten zu beraten. Dann fuhr sie weiter nach Lahage und Verdun, um den Schauplatz der legendären Schlacht des großen Krieges zu besuchen. Schließlich reiste sie mit dem Orientexpress nach Budapest und dann weiter bis Konstantinopel. An jeder Station ihrer Reise bestürmte D'Annunzio sie mit Telegrammen, sie möchte doch ins Vittoriale zurückkehren. „Wie Demeter folge ich Luisa, wohin sie auch geht", schrieb er. „Wollte Coré doch sogleich in die Hölle zurückkehren, wo Hades auf sie wartet."[43] Doch Luisa stieg nicht in Ariels Unterwelt hinab; ihr nächstes Ziel hieß Venedig.

Der Zweck ihres Besuchs im Palazzo dei Leoni war kein erfreulicher – die Marchesa war gezwungen, ihr Fantasieschloss am Canal Grande aufzugeben. Zuvor allerdings setzte sie alles daran, den Palazzo von der Stadtverwaltung zum nationalen Denkmal erklären zu lassen. Erst jetzt nahm sie wieder Kontakt mit D'Annunzio auf und bat ihn in einem wortreichen Telegramm um Unterstützung bei ihrer Mission. Zwar versicherte der Dichter sie geduldig seiner Überzeugung, dass der Palazzo und die Gärten unbedingt erhalten werden müssten; doch Luisas Bemühungen blieben schlussendlich ohne Erfolg. Einige Jahre später berichtete die Zeitschrift *The American Weekly*, der Palazzo dei Leoni sei nun „ein düsteres und ziemlich vernachlässigtes staatliches Museum".[44]

Wieder in Mailand, erreichte Luisa eine neuerliche flehentliche Bitte D'Annunzios, ihn zu besuchen;[45] diesmal nahm sie die Einladung an und traf in der ersten Augusthälfte 1924 im Vittoriale ein. D'Annunzio

(36) Einer der Maler, die durch Jahre mehrere Porträts der Luisa Casati schufen bzw. sich von ihr zu Bildern anregen ließen, war Kees van Dongen. Hier sein Werk „Le Sloughy Bleu“ (1917)

(37–38) Zwei weitere Luisa-Porträts von Kees van Dongen (1914 und 1921)

(41–42) Als Auftraggeberin offen für neue Stilrichtungen:

Oben: „La marchesa Casati" von Fortunato Depero (1917)

Links: „La marchesa Casati con gli ochi di mica e il cuore di legno", Materialcollage von Giacomo Balla (1915)

(39–40) Linke und rechte Seite unten:

Luisa Casati als Messalina (1914) und als Salome (1920), Zeichnungen von Alastair

(45) Durch Jahrzehnte Casatis treuer Haus- und Hofmaler – Alberto Martini

(43) Oben: Alberto Martinis „La marquise Casati à Venise“ von 1915

(44) Rechts: Alberto Martinis „La marchesa Casati – Ritratto“ von 1925

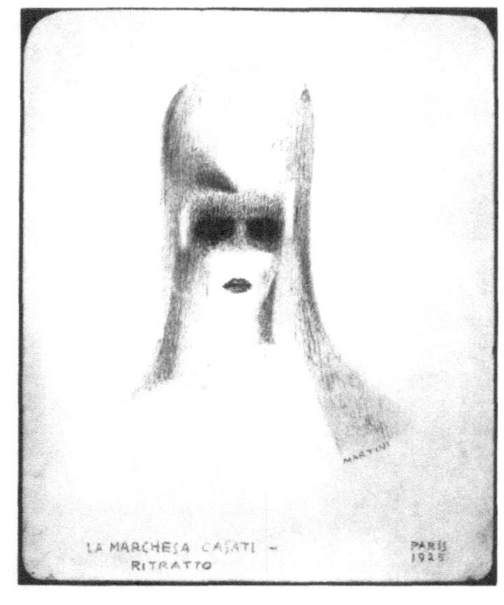

(46) Bronzebüste von Jacob Epstein (1918)

(47) Porträtfigur der Luisa Casati von Federico Beltran y Masses (1920)

(48) Oben: Luisa mit einer ihrer Schlangen auf dem Beaumont-Ball in Paris (1920)

(49–51) Unten: Winterfreuden in St. Moritz (Zeichnung eines unbekannten Künstlers), Foto und Ansichtskarte mit dem Palace Hotel und dem Carlton Hotel

(52–53) Casatis neues Domizil: Axel Munthes Villa San Michele auf Capri

(54) Unten: Die Malerin Romaine Brooks zu Besuch in San Michele

(55) Ignacio Zuloaga malte dieses Bildnis 1918 in Paris, fertiggestellt und signiert hat er es aber erst 1922 in Rom.

überreichte ihr einen Achatgürtel als Geschenk und führte sie in den Garten, wo ihre Schildkröte sich in der Sonne aalte. Auf ihre Frage, welcher d'annunzianische Name für das Tier auserkoren worden sei, musste Luisa zu ihrer Entrüstung erfahren, dass die Schildkröte mit einem schnöden „Carolina" vorlieb nehmen musste. D'Annunzio bemühte sich eilends, ihren Zorn zu besänftigen, und schob die Schuld für diese prosaische Wahl auf die Gärtner, während er selbst den würdigeren Namen „Cheli" bevorzuge, der sich vom griechischen Wort für Schildkröte herleite.

Auch diesmal blieb Luisa nur kurz im Vittoriale, bevor sie nach Spanien weitereilte, wo sie Ignacio Zuloaga einen Besuch abstattete; dann kehrte sie nach Rom zurück, um ihre restlichen Besitztümer aus der Villa in der Via Piemonte abzutransportieren und den Verkauf abzuschließen. Ihre leeren Bankkonten wurden durch die Veräußerung der Residenzen in Italien und der Anteile am Baumwollwerk wieder mit einem neuen Vermögen aufgefüllt; dennoch schien der Casati der Zusammenhang zwischen der schweren finanziellen Krise, die den Verkauf des Familienbesitzes erzwungen hatte, und der Hemmungslosigkeit, mit der sie Geld ausgab, nicht bewusst zu sein.

Der verschwenderische Enthusiasmus, mit dem sie ihre Marotten auslebte, mäßigte sich jedenfalls in keiner Weise. Der „Bal du Grand Prix" am 3. Juli 1924, eine traditionelle Wohltätigkeitsveranstaltung in der Pariser Oper, bot ihr die Gelegenheit zu einer ganz besonderen Huldigung: Der Ball stand diesmal als „Fête Espagnole" unter dem Motto einer fantastischen Nacht im Haus der Comtesse de Castiglione. Die Person der Comtesse, der berüchtigten Geliebten Napoleons III., faszinierte Luisa seit Jugendtagen und über die Jahre hatte sie eine bemerkenswerte Sammlung von Objekten zusammengetragen, die sich einst im Besitz ihres Idols befunden hatten,[46] darunter Fächer, Stickereien, Porträts, Bücher, selbst Salzfässchen, ebenso wie ein Paar Sandalen, die nun die Füße der Marchesa zierten. Zwei Jahre zuvor hatte sie dem Louvre für die Ausstellung *Le décor de la vie sous le second Empire* zwei von einem unbekannten Künstler geschaffene Gouacheporträts der Comtesse überlassen. Doch nun würde aus Casati wahrhaftig Castiglione werden – wenn auch nur für einen Abend.

Mit der Gestaltung der Kostüme für das Ereignis wurde ein junger russischer Kostümbildner betraut: Romain de Tirtoff war 1913 aus

St. Petersburg nach Paris gekommen und dort zunächst als Assistent des Modeschöpfers Paul Poiret tätig, bevor er sich als freischaffender Künstler etablierte und unter seinem Pseudonym Erté (nach der französischen Aussprache seiner Initialen) zu einem der populärsten Kostüm- und Bühnenbildner für Theater, Oper und die Folies Bergère wurde.

Die Marchesa und Erté, die sich über Adolph und Olga de Meyer kennen gelernt hatten, konzipierten gemeinsam den Einzug in den Ballsaal. Für Luisas Auftritt als Castiglione entwarf der Künstler einen gewaltigen, mit Diamanten übersäten Reifrock aus Tüll und schwarzer Spitze; ebenso aufwändige Kostüme aus Brokat, Silber- und Goldlamé gestaltete er für ihre Entourage, die neben Don Luis, dem Sohn der spanischen Infantin Eulalia, dessen Freund Antonio Vasconcelos und Baron de Meyer auch Erté selbst sowie seinen aktuellen Liebhaber Fürst Nicolas Ourousoff umfasste, nebst einem kleinen Äffchen mit federgeschmücktem Hut.

Nach wochenlangen ermüdenden Proben unter der Aufsicht des angesehenen Ballettmeisters und Choreografen Leo Staats war das Sextett schließlich bereit für den Auftritt am Ballabend. Ein Zug von Fackelträgern sollte der Marchesa und ihren Begleitern vorangehen. In Sorge um die Brandgefahr in dem mit spanischen Schals und goldenen Bögen ausgeschmückten Gebäude hatte der Direktor der Oper jegliches offene Feuer untersagt, nicht einmal Kerzen waren erlaubt. Luisa reagierte auf das Verbot mit der wegwerfenden Bemerkung: „Wenn die Oper brennt, komme ich für den Schaden auf!“[47] Die Oper brannte nicht; stattdessen geschah etwas völlig Unerwartetes: Luisa bekam Lampenfieber und es bedurfte Ertés ganzer Überredungskunst, um sie endlich doch dazu zu bewegen, den Gang über die mit Rosenblättern bestreute Treppe in den großen Saal anzutreten, wo das Publikum sie mit tosendem Applaus begrüßte.

In *Femina* wurde die Hauptattraktion des Abends als „la belle marquise Casati“ gepriesen.[48] Nicht alle Zuschauer zeigten sich jedoch von Luisas Darstellung der Comtesse begeistert, wie die Memoiren von André de Fouquière andeuten:

> *Diese auffallenden Augen [Casatis] hatten etwas Fatales an sich. Sie wirkten wie die eines Insekts ... Als Schauspielerin ohne Theater verbrachte sie ihr Leben damit, für andere und vor allem für sich selbst*

die Charaktere zu verkörpern, die ihre Fantasie gebar … Doch an jenem Abend, als die Marchesa Casati als Castiglione auftrat …, schien sie entweder zu viel oder zu wenig Schminke aufgetragen zu haben, arrogant und doch nervös … unter ihrem im byzantinischen Stil geflochtenen Haarhelm. Als käme sie aus einem kaiserlichen Mausoleum. Sie bot ein seltsames Bild: archaisch, kostbar und dennoch wild. Sie war nicht die glanzvolle Castiglione der damals noch nicht weit zurückliegenden Vergangenheit, sondern ein Traumwesen, eine Emanation der Legende, keine lebensechte Darstellung, sondern eine geisterhafte Erscheinung.[49]

Die Aufgabe, Luisa in ihrer jüngsten Inkarnation zu verewigen, fiel wieder einmal Alberto Martini zu. Die 1925 entstandene Bleistiftzeichnung, die im Jahr darauf bei der XV. Biennale in Venedig ausgestellt wurde, porträtiert die Marchesa in Ertés Kreation und angetan mit verschiedenen persönlichen Habseligkeiten der Castiglione, die Augen hinter einer Maske versteckt.

Fast ein halbes Jahrhundert später, nachdem er einige der reichsten Frauen der Welt eingekleidet hatte, erinnerte Erté sich in seiner Autobiografie Luisas mit großem Scharfblick und Erstaunen:

Tatsächlich war die Marchesa ein schüchterner Mensch; mit ihrem exzentrischen Benehmen versuchte sie ihre Schüchternheit zu verbergen. Ich glaube, das trifft auf viele exzentrische Menschen zu. Sie besaß von allen Frauen, die ich getroffen habe, sicherlich die eigenwilligste Extravaganz.[50]

4

Das Jahr 1924 markierte den Beginn dramatischer Veränderungen im persönlichen Leben von Luisa Casati. Während ihres Aufenthalts in Budapest erlangte sie die seit langem überfällige Scheidung von Camillo, womit sie angeblich – laut mehreren Quellen – zur ersten geschiedenen Katholikin Italiens avancierte. Die Klatschkolumne des *Aux Ecoutes*[51] verbreitete das

Gerücht, der Marchese habe im Scheidungsverfahren die Schuld auf sich genommen, um eine Griechin heiraten zu können. Die Zeitschrift berichtete auch, Luisa habe nur unter der Bedingung in die Scheidungsvereinbarung eingewilligt, dass sie ihren ehelichen Namen und Titel behalten könne – ein kluger Schachzug, wie sich herausstellte; das Prestige des Namens, den sie selbst weit über die Grenzen ihres Heimatlandes hinaus bekannt gemacht hatte, würde ihr auch in Zukunft viele Türen öffnen. Camillo war wohl nicht nur erleichtert über die Trennung von einer Ehefrau, mit der er seit einem Jahrzehnt so gut wie keinen Kontakt mehr gehabt hatte, sondern vor allem auch daran interessiert, sich gegen die ausschweifenden Extravaganzen Luisas finanziell abzusichern. Gerüchte sprachen sogar davon, er habe versucht, sie für tot erklären zu lassen, um nicht für ihre Schulden zur Verantwortung gezogen zu werden.[52] Wie bei der offiziellen Trennung zehn Jahre zuvor traf das Paar sich noch einmal in der Kanzlei seiner Mailänder Anwälte. Alimente standen nicht zur Debatte – Luisa verlangte keine und Camillo bot keine an. Nach der Abwicklung des Verfahrens blieb der Marchese in der Villa Casati in Cinisello Balsamo, während die gemeinsame Tochter Italien endgültig den Rücken kehrte.

Am 21. Oktober 1925 wurde Cristina, die ihr Studium englischer Literatur in Oxford abgebrochen hatte, in einer privaten Zeremonie mit Francis John Clarence Westenra Plantagenet, Viscount Hastings, dem späteren 15. Earl of Huntingdon, getraut; beide waren 24 Jahre alt. Die Bemühungen des Brautpaars, die Hochzeit geheim zu halten, wurden von mehreren Zeitungen vereitelt.[53] Die Londoner *Times* vom 29. Oktober enthielt folgende aufschlussreiche Notiz: „Wir sind autorisiert zu berichten, dass die vergangene Woche auf einem Standesamt in London stattgefundene Trauung von Viscount Hastings und Miss Casati ohne Zustimmung und Wissen seiner Eltern und seiner Familie erfolgt ist." Da von Luisas Seite kaum Widerstand gegen diese so vorteilhafte Verbindung zu erwarten war, darf wohl angenommen werden, dass die Heimlichtuerei des Bräutigams wenigstens zum Teil dem zweifelhaften Ruhm seiner Schwiegermutter in spe und der zu erwartenden Reaktion seiner Familie geschuldet war. In einem Bericht über die Hochzeit in der *New York Times* wurde die Marchesa denn auch als „wohl bekannt in Künstlerkreisen und versiert in der Kunst des Tangos"[54] beschrieben. Vermutlich war der Zorn von Hastings

Eltern, vor allem seines Vaters, allerdings hauptsächlich auf die angeblichen kommunistischen Sympathien des jungen Paars zurückzuführen. Als er und Cristina heirateten, hatte Hastings sich bereits als talentierter Maler einen Namen gemacht und kurz nach der Hochzeit verließ das Paar England auf der Suche nach einem exotischeren Ambiente in Australien, Mexiko und der Südsee.

Luisas finanzielle Situation hatte sich nun zumindest vorübergehend in einer Höhe stabilisiert, die ihr die Rückkehr an die Spitze der glamourösen Pariser High Society ermöglichen konnte. Doch mittlerweile waren die Veränderungen in der gesellschaftlichen Landschaft unübersehbar geworden. Casatis Stil galt ungeachtet ihrer zeitlos skandalösen Extravaganz als hoffnungslos altmodisch, denn, wie ihr Freund Baron de Meyer im *Harper's Bazaar* kommentierte: „Geschmack und edle Zurückhaltung sind zu einer der schönen Künste geworden; Exzentrizität gilt als Verbrechen und ist schlicht die unverzeihlichste Modesünde, die eine Frau heutzutage begehen kann.“[55] Die neue Mode, wie die eleganten und zweckmäßigen Kreationen von Chanel oder Patou, begeisterte Luisa ebensowenig wie der Trend zu auffälligem und sichtlich unechtem Modeschmuck. Wie die gleißenden Automobile und Flugzeuge, die sie symbolisierten, steigerte die moderne Welt unablässig ihre Geschwindigkeit, während die Marchesa und ihre Gefährten langsam aber sicher den Halt verloren.

Auch in D'Annunzios Festung am Gardasee machte sich die Vergänglichkeit bemerkbar, trotz aller verzweifelten Bemühungen, durch wilde Pläne und Aktionen der Zeit Einhalt zu gebieten. „Die Schildkröte hat ihren Winterschlaf begonnen und wird im Frühling wieder erwachen ... Um zehn Uhr heute Morgen bin ich sehr alt geworden.“ Dieses bittersüße, melancholische Telegramm vom Dezember 1924 war die letzte dieser Botschaften, die der Dichter an Luisa sandte. Der große Magier war zu müde und verbittert geworden, um die verschlungenen Pfade zu verfolgen, auf denen seine kapriziöse Muse sich bewegte. Während Luisa sich ihren Marotten widmete, versank D'Annunzio mehr und mehr in eine Traumwelt, ein Fantasieleben, in dem sich Phasen mönchischer Abstinenz mit periodischen Ausbrüchen zügelloser Sexualität abwechselten. Er prahlte damit, dass diese Exzesse zur Wiederbelebung seiner Kreativität beitrugen.

Auch im Palais Rose forderte die Vergänglichkeit ihren Tribut: Anaxagarus, die Boa constrictor der Marchesa, erkrankte an Lungenentzündung, und alle Kunst der besten Veterinäre von Paris erwies sich als vergebens. Die Trauer der Hausherrin über den Tod ihrer Schlange teilten wohl nicht alle Mitglieder ihres Haushalts, zumindest nicht jene, in deren Zuständigkeit die Schlachtung der Legionen von Hühnern und Kaninchen für den Speiseplan der Boa gefallen war. Auch Alberto Martini reagierte mit Unverständnis auf die Bitte, die Luisa anlässlich des Ablebens ihres Lieblings an ihn richtete: „Als das Furcht erregende Reptil starb, bat die Marchesa mich mit liebenswürdigem Lächeln, die silbergraue, zehn Meter lange Haut der Kreatur nach Venedig mitzunehmen, damit sie ihre schwarze Gondel damit bespannen könne. Doch als ich ging, ließ ich die Haut des Monstrums aus unüberwindlicher Abscheu zurück.“[56]

Nach dem Tod der Boa beauftragte Luisa sofort das Reptilienhaus des Londoner Zoologischen Gartens damit, ihr Ersatz zu besorgen. Die daraufhin in Taïpang bestellte gelbschwarze Python wurde auch nach Paris geliefert, verschied jedoch nur zwei Wochen nach ihrer Ankunft, nachdem sie auf dem Flugfeld von Le Bourget in ihrem Käfig stundenlang der Januarkälte ausgesetzt gewesen war. Nach diesem weiteren Verlust verzichtete Luisa vorerst auf eine neue Schlange. Während der folgenden Trauerwochen blieb der große Glaskubus im Foyer leer, „als Denkmal für eine unbekannte Python“, wie die Marchesa ihren Gästen erklärte.

Das unglückliche Reptil selbst befand sich mittlerweile im Jardin des Plantes und harrte seiner Mumifizierung. Nach Meinung der dortigen Experten stellte die verstorbene Python ein außerordentlich vollkommenes Exemplar ihrer Gattung dar. Die Tierpräparatorin Dr. Marie Phisalix präsentierte den Kadaver sogar der französischen Akademie der Wissenschaften, wo er für einen Artikel für die Zeitschrift der Akademie einer peniblen Untersuchung unterzogen wurde.[57] Nach ihrer Rückkehr ins Palais Rose wurde die riesige ausgestopfte Python in ihrem Glasgehege in realistischer Manier um einen massiven Ast drapiert. Das harmlose Objekt übte auf den uneingeweihten Betrachter genau die beunruhigende Wirkung aus, die sich die Marchesa erhofft hatte. Mrs. Hwfa Williams erinnert sich an ihre Begegnung mit dem stummen Wächter:

[Casati] sagte, sie wolle mir ihre Python zeigen. Ich hege keine große Zuneigung zu Schlangen und war nicht besonders erpicht auf dieses Privileg, aber nachdem ich kaum ablehnen konnte, ohne unhöflich zu sein, begaben wir uns also zur Höhle der Python. Ich starrte auf die üppigen schwarzgelben Verschlingungen, während ich versuchte, meine Nervosität so gut wie möglich zu verbergen, die durch die Erklärung der Marchesa, Pythons seien nicht giftig, sondern pflegten ihre Opfer zu erwürgen, mitnichten gemindert worden war.
Ich betrachtete den unbeweglichen Knoten mit leichter Besorgnis. Würde sie gleich springen? Sprangen Pythons überhaupt? Erwürgten sie das Opfer langsam oder drückten sie einmal fest zu?
„Sie ist sehr ruhig", sagte ich nach einer Minute.
„Ja, nicht wahr? Sie ist jetzt schon ziemlich lange tot."[58]

Vielleicht um sich über den doppelten Verlust hinwegzutrösten, wandte Luisa sich 1925 wieder verstärkt ihrem bevorzugten Steckenpferd zu – der künstlerischen Darstellung ihrer eigenen Person. Zu diesem Zweck beorderte sie ihren angestammten Hofmaler Alberto Martini nach Le Vésinet, wie der Künstler berichtet: „An einem Herbstabend traf ich auf den dringenden Ruf der großen Künstlerin aus Italien ein. Sie war in Gold gekleidet und mit einem authentischen Dolch aus dem Besitz der Borgias bewaffnet. Ein tragisches Bild ..."[59] Martini besaß zwar ein Atelier in Montparnasse, doch die zahlreichen Profil- und Porträtskizzen und überdimensionalen Darstellungen in Öl, Tusche, Bleistift und Pastell, die er in dieser Phase schuf, entstanden hauptsächlich im Palais seiner Auftraggeberin. Luisa erwarb auch ein Gemälde Martinis, *Hamlet*, auf dem Shakespeares tragischer Held den leblosen Körper der ertrunkenen Ophelia in den Armen hält.

Im Winter 1925 trat die Marchesa auf dem Luxusdampfer S. S. Leviathan eine ausgedehnte Reise in die Vereinigten Staaten an. Auf der international besetzten Passagierliste fanden sich unter anderem Guiglio de Blaas, Porträtist und Freund der Casati, ihre High-Society-Rivalin Prinzessin de Polignac, der kubanische Schachmeister José Raúl Capablanca und Graf Byron Khun de Prorok, der Abenteurer und Afrikaforscher, der Juwelen und andere in Grabmalen entdeckte Schätze mit sich führte. Es war jedoch die Reisebegleitung der Marchesa, die während der ersten Tage der Überfahrt für Aufsehen sorgte – eine erst kurz zuvor erworbene neue Boa constrictor. Als bekannt wurde, dass sie aus ihrem Käfig entkommen war, brach auf dem Schiff Chaos aus, vor allem unter den Emigranten, die fürchteten, ihre Kinder könnten im Magen der herumirrenden Schlange enden; es kam sogar das Gerücht auf, in der dritten Klasse habe die Boa bereits ein Kind mit Haut und Haar verschlungen. Die Schlange blieb verschwunden, während Luisa an der Ritz-Bar des Dampfers ihre Tränen trocknete.[60]

Als durchaus angemessenes Finale dieser bizarren Überfahrt krachte die Leviathan bei der Ankunft in New York am 21. Dezember 1925 in den Pier, wobei zum Glück niemand verletzt wurde. Ab dem Zeitpunkt ihrer Landung in den Staaten – angetan mit einer tief dekolletierten Robe aus Goldbrokat und passender Kniehose – war Luisa weniger eine Touristin als eine Schlagzeilenlieferantin für die Sensationspresse. Reporter im ganzen Land rissen sich darum, über die neuesten Coups dieses europäischen Paradiesvogels zu berichten, den es ins Reich der Yankees verschlagen hatte. Die üppig ausgeschmückten Artikel in einigen Zeitungen zeugten von der an Stars der Stummfilmära wie Theda Bara und Valentino geschulten Begeisterung einer Nation für das Exotische.

In New York mietete Luisa sich zunächst im luxuriösen Ritz-Carlton Hotel an der Madison Avenue ein und ersuchte einen amerikanischen Freund unverzüglich um zwei Gefallen: einen anständigen Wein zum Abendessen und eine Ersatzschlange von mindestens zehn Metern Länge. Da letzterer Wunsch sich leider als unerfüllbar erwies und auch das Angebot der Boutiquen nicht besonders zufrieden stellend war, fiel ihr Aufenthalt in New York eher enttäuschend aus, abgesehen von einem Besuch im Atelier Guiglio de Blaas', wo ein weiteres Ganzfigurbildnis Casatis entstand. Nachdem sie die Weihnachts- und Neujahrsfeiertage in Manhattan verbracht und unter anderem einem Wohltätigkeitsball im Madison zu Gunsten des St. Mark's Hospital beigewohnt hatte, begab Luisa sich in der zweiten Januarhälfte 1926 auf die Weiterreise Richtung Süden.

Den Couturemantel, den die Marchesa bei einer Stippvisite in Palm Beach, Florida, zur Schau trug, beschrieb ein Reporter als „so unglaublich farbenfroh, dass sich Josefs prächtiges Gewand daneben wie der Kittel eines Quäkers ausnehmen würde".[61] Im für diese Jahreszeit ungewöhnlich kalten und verregneten Florida logierte sie zunächst im Royal Poinciana Hotel, einem riesigen Kurhotel am Ufer des Lake Worth, in dem schon Luisas Kindheitsidol Sarah Bernhardt während einer Tournee durch die Staaten logiert hatte, und begab sich dann in den exklusiven Everglades Club. Über eines der Ensembles, die sie dort zum Diner trug, berichtete die amerikanische *Vogue* in ihrer Ausgabe vom 15. März 1926: „An einem Sonntagabend, dem elegantesten Abend in den Everglades, erregte die Marchesa Casati mit ihrer ‚robe de style' aus Goldbrokat, zu der sie einen mit schwarzen Federn verzierten Goldhelm trug, sensationelles Aufsehen, eine fantastische Kostümierung, die auf eigenartige Weise dem dramatischen Ambiente des tropischen Mondscheins angemessen erschien."

Das nächste Ziel war Kalifornien, wo der *San Francisco Chronicle* ihr eine aufgeregte Notiz widmete:

> *La Casati, wie sie genannt wird, ist nicht nur für ihre außergewöhnliche Schönheit berühmt, sondern auch für ihre Vorliebe für das Exotische, Bizarre, Spektakuläre … Sie ist stets vom Glamour des Mysteriösen und Romantischen umgeben und laufend damit beschäftigt, die Welt zu verblüffen und zu unterhalten … Wer ihr Porträt gesehen hat, kann sich kaum vorstellen, dass sie als reale Person ebenso auftritt, doch tatsächlich ist genau das der Fall.*[62]

Das nach dieser provokanten Einführung auf die eigenen Worte der Marchesa gespannte Publikum wurde vom *Chronicle* nicht enttäuscht, der Luisa mit einer Äußerung zitierte, die Greta Garbos würdig gewesen wäre: „Anders zu sein bedeutet allein zu sein. Ich finde keinen Gefallen an dem, was üblich ist. Also bin ich allein." Laut Schilderung des Reporters hatte Luisa sich für das Interview einen breitkrempigen schwarzen Sombrero auf ihr kurz geschnittenes, gewelltes blondes Haar gestülpt, während ihr Pelzmantel kaum die glitzernde, grüne Robe bedeckte. Was die Vorliebe der Marchesa für Schleier betraf, so übertrumpften die Reporter sich gegenseitig mit gewagten Theorien. Während ein Bericht andeutete, die Schleier dienten dazu, die Narben zu verdecken, die ihre exotischen Haustiere ihr beigebracht hatten, verbreitete ein anderer die gruselige Geschichte des italienischen Grafen, der Luisa, nachdem sie ihm den Laufpass gegeben hatte, seine Initialen auf die Stirn gebrannt und sich dann erschossen hatte.[63]

In Kalifornien, wo sie im Hotel St. Francis in San Francisco logierte, war die Marchesa unter anderem zu Gast bei William Randolph Hearst, traf in Hollywood den Schauspieler John Barrymore und besuchte Uplands, das riesige Anwesen des Multimillionärs und Kunstmäzens Charles Templeton Crocker. Vor ihrer Abreise zurück an die Ostküste beehrte Luisa auf Einladung eines Freundes noch ein Baseballspiel in Los Angeles mit ihrer Anwesenheit. Auf ihre Frage, wie man sich für eine solche Gelegenheit passend kleide, erhielt sie zur Antwort, was immer sie gerade trage, sei in Ordnung – worauf Luisa in einem bodenlangen Nerzmantel über einem schlichten Seidennachthemd erschien. Die enthusiastischen Rufe und Sprünge, mit denen sie jedem Homerun applaudierte, zogen mehr Aufmerksamkeit auf sich als die Aktivitäten auf dem Spielfeld.[64]

Bevor Luisa nach New York zurückkehrte, traf sie an einem höchst unerwarteten Ort mit Sir Francis Rose zusammen: „Ich wollte den Grand Canyon sehen. Als ich ankam, war er von dichtem Nebel bedeckt und nur die Marchesa Casati stand dort und wartete darauf, bewundert zu werden. Sie war der Geist der goldenen Sonnenuntergänge und verwandelte die Schluchten in Blut und Flammen. Ihre Rubinaugen waren hinter Schleiern verborgen, ihre Beine von Hosen aus Leopardenfell verhüllt ... Der Nebel schien aus dem intensiven Magentarot ihrer wilden Locken zu sickern ...“[65]

Inspiriert von diesem Wunderwerk der Natur ließ Luisa sich später von Martini als Indianerin malen, eine Gestalt, die für Europäer des frühen 20. Jahrhunderts romantische Exotik symbolisierte; das Porträt zeigt sie mit Pistole und Bogen bewaffnet in herausfordernder Haltung am Rande des Grand Canyon. Am 12. März 1926 schiffte die Marchesa sich schließlich in New York auf der R. M. S. Majestic, dem luxuriösen Flaggschiff der White Star Line, mit Kurs auf Europa ein.

Nach ihrer Rückkehr ins Palais Rose dauerte es nicht lange, bis Luisas Privatleben wieder im Mittelpunkt des Tratsches stand. Die seriöse Nachbarschaft in Le Vésinet war nie besonders glücklich über ihre unkonventionelle Mitbürgerin gewesen; allein ihre Vorliebe für nudistische Auftritte gab zu verschiedensten Gerüchten Anlass, etwa dem, sie pflege in dem geräumigen Bassin von Madame de Montespans Brunnen geruhsame Bäder zu nehmen, während ihre gesamte Dienerschaft nebenbei Habtacht stand, um ihre Befehle entgegenzunehmen. Auch die Beziehungen zwischen der geschiedenen Herrin des wunderlichen Palais und ihrem muskulösen schwarzen Chauffeur Yamina, der seine Formen in einer geradezu schamlos engen Uniform zur Schau stellte, wurden selbstverständlich von den Klatschbasen der Umgebung heftig diskutiert.

Die berüchtigte Marchesa selbst war eifrig damit beschäftigt, ihr derzeitiges Domizil wie einst den Palazzo dei Leoni in ein Karnevalswunderland zu verwandeln. Mit neu erwachter Begeisterung plante sie eine Reihe von Kostümfesten und sandte Fluten von Einladungen an die internationale Haut Monde. Ihre ausgefallenen Veranstaltungen waren wie früher begehrte Zerstreuungen für die High Society, wenn diesmal unter den Gästen auch viele zu finden waren, die aus Mitleid oder boshafter Neugier kamen, da manche ihrer Spektakel sich ins Groteske verzerrten.

Während einer Festivität, so wurde berichtet, sei die Marchesa nackt mit einer brennenden Kerze in der Hand und dem Ausruf „Ich bin die Wahrheit!" auf den Lippen quer durch den Garten gewandelt. Ihren Bal du Noir wiederum hielten viele für einen heimlichen Tribut an die Heldentaten Yaminas im Schlafzimmer seiner Herrin, ein Gerücht, das durch Luisas strikte Forderung, alle Gäste müssten mit geschwärzten Gesichtern erscheinen, noch bestärkt wurde. Der Abend fand einen etwas abrupten Abschluss, als ein Gewitter die Partygesellschaft aus dem Garten ins Palais trieb, wo sie Pfützen aufgelöster schwarzer Schminke auf dem Marmorboden hinterließ. Angeblich blieb Kees van Dongen zurück, um die Gastgeberin über die Flucht ihrer Gäste hinwegzutrösten. Ein Trupp von Schaulustigen, die bei einem anderen Fest die Mauern erklommen, um zu sehen, was im Garten des berüchtigten Palais vor sich ging, verdarb Luisa ihren Auftritt als juwelengeschmückte Schlange inmitten zweier nackter Begleiter, die Adam und Eva darstellen sollten. Während die Zuschauer die verkleideten Partygäste verhöhnten, weigerte sich die erzürnte Marchesa, ihr Zimmer zu verlassen. Auf einer orientalischen Soiree hingegen schlugen die Gäste selbst – inspiriert von Unmengen an Champagner und stärkeren Stimulantien – solchen Krawall, dass die empörten Nachbarn sich beim Bürgermeister von Le Vésinet beschwerten, der wiederum den italienischen Botschafter um Hilfe ersuchte. Doch die Marchesa schenkte den Appellen des Botschafters ebenso wenig Gehör wie jenen des Bürgermeisters.[66]

Im Juni 1927 sollte im Palais Rose ein Event stattfinden, mit dem Luisa alles bisher da Gewesene in den Schatten zu stellen gedachte. Der Ball fand zu Ehren des legendärsten Okkultisten der italienischen Geschichte statt: Giuseppe Balsamo, besser bekannt als der berüchtigte Graf Cagliostro.[67] Schon die auf Goldpapier mit Martinis Medusa-Porträt bedruckten Einladungen ließen das übersinnliche Ambiente des Abends erahnen.[68] Der Beginn des Balls war für elf Uhr abends angesetzt. Angesichts der späten Stunde kamen Casati mit einem Mal Zweifel, ob ihre Gäste das Palais Rose in der Dunkelheit auch finden würden. Mit Hilfe der beeindruckenden Gestalt ihres Chauffeurs setzte sie schließlich eine Lösung für ihr Problem durch: Yamina erschien in voller Uniform im Büro des Bürgermeisters und präsentierte den Vorschlag seiner Herrin, entlang der Route von Paris nach Le Vésinet eine Reihe von Schildern zu montieren, die mit reflektierender Farbe bestrichen waren. Der Bürgermeister stimmte schließlich widerwillig zu. Die leuchtenden Schilder begannen an einer Seinebrücke und führten direkt zum Palais Rose.[69]

Die Ausstattung für Cagliostros Fest erforderte umfangreiche Vorbereitungen. Da die Marchesa für diesen Abend kein elektrisches Licht erlaubte, wurden die Räume des Palais, der Garten und die Brunnen mit Fackeln aus Lalique-Kristall beleuchtet. Weiße Wasserlilien schmückten das Bassin der Madame de Montespan und ein kostbarer Savonnerie-Teppich bedeckte die große Rasenfläche im Garten, wo in einem kleinen Pavillon auf Spiegeltischen das Diner serviert werden sollte. Die Speisen und Türme von Desserts waren von Eisskulpturen umgeben und von zahllosen schwarzen Kerzen beleuchtet. An der Haupttreppe und entlang der Wege stand ein Bataillon von Lakaien mit Kandelabern in der Hand Spalier, angetan mit weißen, mit silbernen Borten verzierten Livreen und gepuderten Perücken, während die Barkeeper in schwarzem, mit Gagatperlen besticktem Samt als Teufel verkleidet waren.

Die eintreffenden Gäste wurden ins Palais geführt, wo die Marchesa in höchst erstaunlicher Manier zu ihrer Begrüßung bereitstand, wie der französische Schauspieler Roger Gaillard schildert:

Sie stand auf Stelzen, wie jene Riesen, die auf flämischen Festen Kinder erschrecken, eingehüllt in eine mit Einhörnern übersäte schwarze Robe, und verschwand beinahe unter ihrer auftoupierten roten Perücke, die der Decke bedrohlich nahe kam. Die unbewegliche Marquise, ängstlich darauf bedacht, nicht zu stürzen, verkündete mit huldvoller Stimme: …
„Ich heiße Sie willkommen in Cagliostros verwunschenem Haus."
Die Marquise hockte mit außerordentlicher Förmlichkeit auf ihrer Stange, offensichtlich entschlossen, oben zu bleiben … Da jedoch die Herren sich weder verbeugen noch die Hand küssen konnten, die so hoch über ihnen schwebte, blieb ihnen nichts übrig als den Kopf zu heben und zu sagen:
„Hallo, Luisa! Va bene?"[70]

Viele der Gäste waren als Höflinge verkleidet, die einst tatsächlich Cagliostros Weg gekreuzt hatten, etwa Madame du Barry – alias Mrs. William Randolph Hearst –, Cardinal de Rohan und Voltaire. Die polnische Chanteuse Ganna Walska, berühmt für ihre Vorliebe für die kostbarsten Juwelen und die attraktivsten Männer von Paris, erschien in einer Explosion vielfarbiger Federn. Am meisten Aufsehen erregten die als Männer verkleideten weiblichen Gäste, wie die Hon. Mrs. Reginald Fellowes als Casanova oder die imposante Lady Colebrooke als Pierre Le Grand, komplett mit Schwert und Schnurrbart. Die Duchesse de Gramont hatte einen spektakulären Auftritt als schwarze Schlange, die auf einem Sarkophag von vier als ägyptische Sklaven verkleideten Pagen hereingetragen wurde.

Die Hauptattraktion des Abends war jedoch zweifellos die Gastgeberin selbst, nachdem sie von ihren Stelzen herabgestiegen war und sich umgezogen hatte. Luisa war als Cagliostro im klassischen Stil des 18. Jahrhunderts ausstaffiert, mit Kniebundhose, Weste, Handschuhen und federgeschmücktem Dreispitz – gemäß ihrer eigenwilligen Interpretation allerdings ausschließlich aus Gold- und Silberbrokat gefertigt und mit Diamanten übersät. Das glitzernde Ensemble wurde komplettiert durch hochhackige Stiefel, eine goldene Augenmaske und ein eigens angefertigtes „magisches" Kristallschwert. Luisas Bal de Cagliostro hätte der luxuriöseste

Ball werden sollen, den die Pariser Szene seit Jahren gesehen hatte; und zunächst schien diese Hoffnung sich zu erfüllen. Doch als der sorgfältig geplante Ablauf des Abends durcheinander geriet, waren die Folgen so katastrophal, dass es beinahe schien, als laste auf dem Ball ein böser Fluch.

Das Unheil kündigte sich schon während der Anreise der Gäste nach Le Vésinet an. Die Route führte durch ein Armenviertel am Rand von Paris, dessen Einwohner nicht nur vulgäre Schimpftiraden auf den Konvoi von Luxuslimousinen losließen, sondern ihn auch mit Tomaten bewarfen. Im Ballsaal des Palais sorgten die Schlangen der Marchesa für Unruhe, nicht nur die echten, die über das Parkett glitten und Tänzer zu Fall brachten, sondern auch eine Unmenge speziell für diesen Anlass in Deutschland angefertigter mechanischer Schlangen, die auf das Kommando der Gastgeberin auf den Tanzboden losgelassen wurden und die ängstlicheren unter den Gästen in Panik versetzten. Als die Festgesellschaft sich gerade für den geplanten Zug durch den Garten bereitmachte, trieb ein frischer Wind die ersten Sturmwolken über den eben noch klaren Himmel. Ein mechanisches Skelett, das in einem geheimnisvollen Lichtschein aus einer dunklen Höhle auftauchte, war das Unheil verkündende Signal für den Beginn der Prozession; ihren Abschluss sollte eine reich verzierte, von vier weißen Pferden gezogene Kutsche bilden, in der die Comtesse de Segonzac und ihr junger Begleiter, der Pariser Revuestar Pierre Meyer, saßen, kostümiert als Marie Antoinette und Comte d'Artois. Doch ein plötzlicher Donnerschlag, der erste Vorbote des nahenden Sturms, schreckte die Pferde so, dass sie durchgingen und wie wild zurück in die Stallungen galoppierten. Als das Gefährt mit vollem Karacho in den Unterstand einfuhr, schlug das Tor ins Schloss, und zum Leidwesen der Fahrgäste war der Stall zu eng, um die Türen der Kutsche öffnen zu können. Zu allem Überfluss war auch noch der Schlüssel verschwunden, und die Versuche, das Tor aufzubrechen, versetzten die Pferde noch stärker in Panik. Zum Glück konnten die beiden Gefangenen schließlich doch noch aus ihrer misslichen Lage befreit werden.[71]

Ein anderer Partygast hatte nicht so viel Glück: Eine nicht namentlich genannte Dame verbrachte den Abend angeblich in einem Schrank, in den die Marchesa sie gesperrt hatte, weil die unselige Besucherin es gewagt hatte, das Kostüm der Gastgeberin zu imitieren.

Der Sturm brach schließlich mit voller Wucht los, noch bevor Luisa ihre als Höhepunkt des Balls geplanten Zauberkunststücke vorführen konnte. Krachender Donner erschütterte das Palais, Blitze tauchten die panischen Szenen, die sich abspielten, in unheimliches Licht, während durch die offenen Glastüren der Regen hereinströmte. Das Buffet, die Kandelaber und die Eisskulpturen wurden vom stürmischen Wind über die Terrasse davongetragen. Philippe Jullian schildert das alptraumhafte Finale des Abends:

> *Die Lichter gingen aus; in wilder Panik stürmten alle in die Salons zurück, maskierte Gäste in schlammbespritzten Reifröcken, Lakaien, deren Puder in Bächen über ihre Livree strömte, Damen, deren Furcht und Falten gleichermaßen von den aufleuchtenden Blitzen enthüllt wurden, Chauffeure auf der Suche nach ihrer Herrschaft … La Casati fand sich allein in einem verwüsteten Haus wieder, inmitten klatschnasser Straußenfedern, verwelkter Blumen, umgestürzter Kandelaber und vergessener Fächer und Hüte.*[72]

Der letzte Eindruck, den die flüchtenden Gäste von diesem unheilvollen Ball mitnahmen, war das unvergessliche Bild der wild gestikulierenden Marchesa Casati, an deren goldenem Kostüm und Federschmuck der Sturmwind zerrte, während sie in dem absurden Versuch, die Ordnung wiederherzustellen, das Kristallschwert drohend über ihrem Kopf schwenkte. Dann fiel sie in Ohnmacht.

VII

Libelle im Bernstein

1927–1957

Alles Exzentrische ist nur erträglich, solange es unverbraucht ist.
Behält man es auch in Not und Elend bei,
so wirkt es peinlich und abschreckend.

Maurice Druon
La Contessa

Wenn das Leben der Marchesa auch ebenso ausschweifend
wie wertlos gewesen sein mag – man kann nichts mitnehmen
aus dieser Welt und solange sie in ihr lebte,
funkelte sie wie eine wundersame Libelle.
Das ist viel wert in einer Welt, die ansonsten so eintönig ist.

Woodrow Wyatt
Confessions of an Optimist

1

Nach dem katastrophalen Bal de Cagliostro nahmen die Gerüchte, die über Luisa Casati kursierten, noch übertriebenere und bösartigere Dimensionen an. Es gibt keine Quellen dafür, ob ihr selbst bewusst war, wie viel und wie niederträchtig über sie geklatscht wurde. Manche der bösen Zungen meinten, das Desaster wäre eine angemessene Strafe für die Exzesse früherer Jahre. Die französische *Vogue* vom September 1927 allerdings verschwieg ihren Lesern die unheilvolleren Aspekte des Abends und brachte stattdessen einen schöngefärbten Bericht samt Fotografien ausgesuchter Gäste von Scaïoni und Hoyningen-Huene und einem Porträt der kostümierten Gastgeberin von der Hand Drians.

Das wohl spektakulärste Gerücht über Luisa betraf ihre angebliche indirekte Verwicklung in den Tod des Erzbischofs Dubois. Die Marchesa, so wurde berichtet, wolle sich durch eine Art spiritueller Läuterung von den Sünden ihrer Vergangenheit lossagen. Zwar darf bezweifelt werden, dass diese Umkehr ernst gemeint war, doch gelang es ihr, auch diesem hehren Schauspiel einen exzentrischen Anstrich zu verleihen, wie die Erinnerungen der Principessa Jane di San Faustino veranschaulichen:

> *In Paris mündete [Casatis] bizarres Benehmen in eine Tragödie. In der ganzen Stadt sprach man vom Erzbischof [Dubois], der die Torheiten der eleganten Gesellschaft von der Kanzel herab verdammte. Luisa wollte ihn sofort treffen und lud ihn in ihr Haus ein, um ihn zu beruhigen, doch der Erzbischof lehnte alle Einladungen ab. Dann verschwand Luisa plötzlich aus dem Blickfeld ihrer Freunde; man wusste, dass sie jedes Amüsement aufgegeben hatte, jeden Tag zur Messe ging und die Armen und Kranken besuchte. Diese tugendhafte Phase dauerte gerade einen Monat, bevor Luisa verkündete, sie sei von einem Dämon besessen, und nach dem Erzbischof schickte, damit er ihn austreibe.*
>
> *Dubois antwortete, er läge mit Bronchitis im Bett, worauf Luisa ihn daran erinnerte, dass er die Rettung einer gefährdeten Seele nicht verweigern dürfe. Der Erzbischof ließ sie wissen, er käme zu ihrer Rettung, sobald es ihm besser ginge. Auf diese Nachricht schickte Luisa*

in ihrer Ungeduld mitten in der Nacht einen Diener zum Erzbischof, der ihn aus dem Schlaf läutete und ihm berichtete, seine Herrin läge infolge eines schrecklichen Autounfalles im Sterben und bitte ihn um die letzte Ölung. Es war fast Mitternacht. Dubois eilte trotz seines Fiebers zu Luisas Haus, wo sie ihn in weiße Schleier gehüllt empfing, mit einer Kerze in der rechten und einer Lilie in der linken Hand. Die Segnung dauerte höchstens fünf Minuten … Zwei Tage später starb der Erzbischof an Lungenentzündung.[1]

Der Wahrheitsgehalt dieser durchaus anregenden Schilderung ist kaum nachzuweisen und in jedem Fall erscheint es übertrieben, Luisa für den Tod eines ohnehin bereits gebrechlichen 73-jährigen Mannes verantwortlich zu machen. Mit dieser so negativen Darstellung der Casati könnte die Principessa sich auch für die schlechte Behandlung gerächt haben, die ihrem einzigen Enkel, dem verliebten Marquis Don Ranieri Bourbon del Monte, von Luisa als dem Objekt seiner Begierde widerfuhr. Die Klatschmäuler in den Salons von Paris schmückten die Geschichte noch weiter aus. In der verfeinerten Version empfing die Marchesa den Erzbischof ganz in Weiß auf einem von vier nackten Dienern getragenen Sessel mit einer weißen Gladiole im Schoß und einem weißen Papagei zu ihren Füßen, der den Heiligen Geist symbolisierte. Mit starrem Blick wiederholte sie wieder und wieder den Satz: „Ich bin die unbefleckte Jungfrau!“, woraufhin der schockierte Erzbischof sie fast exkommunizieren ließ. Nach einer anderen Variante schickte Dubois an seiner Stelle einen anderen Priester, der gegen Mitternacht im Palais Rose ankam und durch den Garten zum Haus geführt wurde. Auf halbem Wege tauchte aus dem Dunkel die splitternackte Marchesa auf, die mit einem Kandelaber in der Hand eine Litanei rezitierte. Der entsetzte Priester machte kehrt und floh. Am nächsten Tag zeigte der Erzbischof Luisa wegen Erregung öffentlichen Ärgernisses und Blasphemie an. Diese Anekdote schloss nicht mit dem Tod Dubois', sondern mit der unwahren Behauptung, Casati hätte sechs Monate in einer Nervenheilanstalt verbracht.

Doch Verfall und Tod machten sich auch in durchaus realer Manier in Luisas Freundeskreis bemerkbar. Schon 1924 war Léon Bakst, ihr Freund und persönlicher Kostümbildner gestorben,[2] während Nijinsky, der bejubelte Faun der Ballets Russes, in eine Irrenanstalt eingewiesen wurde. Isadora Duncan kam 1927 in Nizza ums Leben, und nur ein Jahr später starb auch Diaghilew. Giovanni Boldini war nach dem Krieg aus seinem Exil an der französischen Riviera in sein Pariser Atelier zurückgekehrt. Der mittlerweile schwerhörige und fast blinde Künstler pflegte auf die Todesanzeigen alter Freunde mit zornigen Temperamentsausbrüchen zu reagieren: „Sie sterben alle, nur um mich zu ärgern!" 1929 heiratete Boldini – zur Überraschung derjenigen seiner Freunde, die noch lebten – seine 30-jährige Sekretärin. Kaum zwei Jahre später starb er im Alter von 89 Jahren.

Als der Tod im Vittoriale Einzug hielt, wenngleich auf unauffälligere Weise, romantisierte der Hausherr das Unglück in typisch d'annunzianischer Weise. 1929 war Luisa erneut nach Mailand gereist, um sich in Gesprächen mit ihren Anwälten und ihrem Buchhalter Lorenzo Saracchi einen Überblick über ihre finanzielle Lage zu verschaffen. Der für seine Engelsgeduld und Loyalität geschätzte Saracchi hatte schon während ihrer Ehe die Finanzen von Camillo[3] und Luisa betreut und behielt beide auch nach der Scheidung als Klienten. Diesmal war seine Prognose für die Marchesa düster; zwar befand sich noch Geld auf ihren Konten, doch war absehbar, dass sich diese Reserven dank ihrer chronischen Verschwendungssucht bald erschöpfen würden. Ein Vortrag über umsichtiges und vernünftiges Wirtschaften würde hier nicht viel nützen, das wusste Saracchi aus seiner langjährigen Bekanntschaft mit Luisa nur allzu gut. Man kann sich vorstellen, wie fassungslos er die immer noch offenen Rechnungen für den Bal de Cagliostro begutachtete, insgesamt über 500.000 Goldfrancs, davon 120.000 allein für die Beleuchtung. Doch er konnte nicht mehr tun als seine Klientin warnen. Deren Gedanken weilten allerdings bereits bei ihrem bevorstehenden Besuch im Vittoriale.

D'Annunzio, mittlerweile ein älterer Herr, war entzückt, Luisa wieder in seinem Königreich begrüßen zu dürfen, und tat sein Bestes, um sie mit humorigen Epigrammen und Geschichten über seine Jugend als Bauernjunge in den Abruzzen von ihren finanziellen Sorgen abzulenken. Doch auch er hatte eine Hiobsbotschaft für sie: Die Schildkröte aus dem Tierpark Hagenbeck, die sie ihm geschenkt hatte, war infolge des übermäßigen Genusses von Nachthyazinthen aus dem Garten des Vittoriale verschieden. D'Annunzio beeilte sich, Luisa zu trösten, und führte sie ins Speisezimmer, um ihr zu demonstrieren, dass ihr Geschenk in ebenso würdevoller Weise für die Nachwelt bewahrt worden war wie die Python des Palais Rose.

Am Kopfende des Tisches enthüllte der Dichter sein neuestes Maskottchen: Auf einem roten Satinkissen ruhte in golden glänzender Pracht die entschlafene Schildkröte. Nachdem das Tier seinen kapriziösen, süß duftenden Tod gefunden hatte, hatte D'Annunzio den Panzer mit einer Goldschicht überziehen und Kopf und Füße in Bronze gießen lassen. Die fertige Skulptur wirkte überaus lebensecht. Zu Ehren der nun nachgerade mythischen Schildkröte benannte D'Annunzio sein Speisezimmer nach ihr; es wurde seit dem Besuch Luisas nur mehr „Zimmer der Cheli" genannt.[4] Möglicherweise fand der Dichter diese symbolische Warnung vor Völlerei auf seinem Esstisch auch durchaus angemessen. Zum Abschied verehrte D'Annunzio seiner Muse noch ein ganz besonderes Zeichen seiner Zuneigung, ein „eigenwilliges Kleinod", das er bei seinem bevorzugten Juwelier Mario Buccellati speziell für „die Marchesa Casati, berühmt für ihre einzigartige Eleganz", in Auftrag gegeben hatte.[5] Die genaue Beschaffenheit des ungewöhnlichen Stücks ist leider nicht überliefert. Dies sollte das letzte Mal sein, dass Coré ihren Ariel traf.

Luisa kehrte nach Le Vésinet zurück, doch auch ihre marmorne Festung konnte ihr nicht länger Schutz gegen die Schatten des Todes bieten, die sie zu umgeben schienen: Im Garten des Palais war einer ihrer Bediensteten tot aufgefunden worden. Als man den Leichnam entdeckte, hatte einer der Hauspapageien ihm bereits die Augen ausgehackt. Der grausliche Fund brachte die Gerüchteküche erneut zum Brodeln; so wurde gemunkelt, die Python der Marchesa habe den Mann auf dem Gewissen, ungeachtet des Umstands, dass eine tote und ausgestopfte Schlange wohl kaum in der Lage wäre, einen Mann zu erwürgen. Böse Zungen behaupteten auch, die einzige Sorge der Hausherrin angesichts des Unglücks wäre das Wohlergehen ihres Papageis gewesen.

Neben ihren finanziellen Nöten trug auch diese Tragödie zur Ernüchterung Luisas bei. Einer boshaften Laune des Schicksals zufolge erschien just zu dieser Zeit ein Roman, für dessen Hauptfigur und luxuriöses venezianisches Ambiente die Marchesa und ihr Lebensstil aus opulenteren Tagen Pate gestanden hatten: *La Gondole aux chimères*, 1929 vom französischen Schriftsteller Maurice Dekobra veröffentlicht, war nach dem drei

Jahre zuvor publizierten internationalen Bestseller *La Madone des sleepings* der zweite Teil einer Trilogie über die Abenteuer von Lady Diana Wynham, einer fiktiven schottischen Femme fatale, deren Flair für Extravaganz zweifellos der realen Faszination zu verdanken war, die der Autor aus einer flüchtigen Bekanntschaft für die Marchesa Casati empfand.

Nicht nur die wachsenden Schulden beunruhigten Luisa, auch ihre Besorgnis, das Palais Rose könnte erneut ausgeraubt werden, nahm ständig zu. Schon im Dezember 1925 hatten Diebe während Luisas Abwesenheit zahlreiche Nippes und Silbersachen aus dem Palais entwendet, nachdem der Concierge von einem der Papageien gebissen worden war und ins Krankenhaus gebracht werden musste, wie *Aux Ecoutes* im Januar 1926 berichtete.[6] Zur Vorbeugung gegen Einbrecher wurde der mechanische Panther in der Eingangshalle technisch aufgemöbelt, insbesondere um einen wilderen Brüllton zu gewährleisten; dass die damit beauftragten Arbeiter sich insgeheim über sie lustig machten, erfuhr Luisa zum Glück nie. Auch verschiedene Zigeunergruppen hatten das Palais Rose mittlerweile als profitables Ziel für sich entdeckt, dank der Begeisterung der Hausherrin für das Okkulte und ihrer Vorliebe für exotische Tiere. Nicht selten belagerten sie die Tore und boten Zaubersprüche, dressierte Affen und sprechende Papageien zum Kauf an, bis sie von der imposanten Gestalt Yaminas vertrieben wurden.

Soireen und Bälle im Palais Rose wurden zu einer Seltenheit und hörten schließlich ganz auf, nicht nur, weil die fatalen Ereignisse des Bal de Cagliostro den potenziellen Gästen noch allzu gut in Erinnerung waren, sondern auch angesichts der Ebbe auf Luisas Bankkonten. Sie selbst frequentierte nach wie vor zahlreiche Galaempfänge der Pariser Gesellschaft, unter anderem den Bal Blanc, mit dem der elitäre Coiffeur Antoine die Eröffnung seiner ausgefallenen, fast zur Gänze aus Glas erbauten Residenz an der Rue St. Didier zelebrierte. Die Marchesa erschien kostümiert als eine Gestalt aus einem Gemälde von Salvador Dali und sorgte für eine Sensation. Auch ihre jüngstes modisches Faible erregte Aufsehen, vor allem in Kombination mit dem lebenden Accessoire, mit dem sie das Ensemble vervollständigte: Mehrere Zeitungen berichteten darüber, dass die Casati in den elegantesten Restaurants und zu verschiedenen aristokratischen Tees in scharlachroter Pluderhose und Lederstiefeln erschienen war, der

Uniform des Zouave-Infanterieregiments der französischen Armee, in Begleitung eines schwarzen Jünglings, der auf der Lehne ihres Sessels saß und von ihr mit ihrer Gabel gefüttert wurde.[7]

Die Zahl von Luisas Verehrern und Vertrauten schwand rapide dahin, so sehr sie sich auch bemühte, ihre Verbindungen zu den Spitzen der Gesellschaft aufrechtzuerhalten. Sie freundete sich sogar vorsichtig mit der Prinzessin de Polignac an, ihrer einstigen Kontrahentin. Auf einem Ball 1928 trat die lesbische Prinzessin in Männerkleidung als der französische Dramatiker Tristan Bernard auf; die Aufsehen erregende Frau an ihrem Arm, die Argentina, die Gattin des Autors, darstellte, war niemand anderer als Luisa.[8]

Aus Saracchis Büro in Mailand trafen währenddessen laufend Mahnungen ein, Luisa möge doch ihre Ausgaben einschränken und nichts mehr kaufen, bevor nicht die offenen Rechnungen bezahlt wären. Eine Zeit lang gelang es Luisa, sich die Gläubiger vom Leib zu halten, indem sie Schmuck und sonstige Wertgegenstände an Stelle der geschuldeten Beträge anbot. Dennoch musste sie etwa den Mietvertrag für die Villa San Michele, den sie Axel Munthe auf so gefinkelte Weise aufgezwungen hatte, nach fast zwölf Jahren beenden, in denen sich ein Mietrückstand von 50.000 Lire angesammelt hatte. In einem Brief beschwor sie D'Annunzio, sich mit ihr einen neuen Mietvertrag für San Michele zu teilen, doch der Plan schlug fehl.

Luisas sporadische und fruchtlose Bemühungen, den Bankrott abzuwenden, waren von ihrer üblichen Sorglosigkeit geprägt und schadeten ihr letztlich nur. So opferte sie für die Rückzahlung eines einzigen kleinen Darlehens einen aus Elfenbein geschnitzten Christus, der einst Papst Alexander II. gehört hatte und dessen Wert ihre Verbindlichkeit bei weitem überstieg.[9] Schließlich ging sie dazu über, einige ihrer liebsten Sammlerstücke direkt zu verkaufen, ebenfalls um Summen, die unter ihrem eigentlichen Wert lagen: Das Boldini-Porträt von 1908 verkaufte sie an Baron Maurice de Rothschild, eine ägyptische Frauenstatue, die sie besonders schätzte, weil deren Maße ihren eigenen exakt entsprachen, an den Marquis Georges de Cuevas und seine Gattin Margaret Rockefeller[10], und die Bronzegazellen, die schon ihre Wohnsitze in Rom und Capri geschmückt hatten, an Coco Chanel.[11]

Es verwundert nicht, dass Luisa leichte Beute für skrupellose Geldverleiher und Pfandleiher wurde; Taxifahrer, Händler und Lieferanten bezahlte sie mit Diamantarmbändern, Smaragdringen und Perlen. Laut Augustus John war Casati „leichtgläubig wie ein Wilder aus dem Busch [und] jedem Betrüger auf Gedeih und Verderb ausgeliefert".[12] Selbst ihre Enkelin Moorea konnte nur verblüfft zusehen: „Wenn sie etwas sah, das ihr gefiel, gleichgültig was es war, musste sie es einfach haben, also nahm sie eines ihrer Schmuckstücke ab und tauschte es dagegen ein, selbst wenn das, was sie dafür bekam, völlig wertlos war. Auf diese Art muss man sein Vermögen ja verlieren."[13] Und das Ende ließ nicht lange auf sich warten.

Von den hohen Summen, die Luisa erst wenige Jahre zuvor aus dem Verkauf ihrer Anteile und Besitzungen lukriert hatte, war nicht mehr viel übrig, dank verschwenderisch organisierter Kostümbälle, Reisen und zahlloser flüchtiger Marotten. Es dauerte nicht lange, bis sich auch Steuereinnehmer zu den ungeduldigen Gläubigern gesellten. Jeden Tag trafen im Palais Rose weitere, seit langem überfällige Rechnungen ein. Luisa entzog sich der Notwendigkeit, eine Entscheidung zu treffen, durch einen Ausflug nach Rom, wo sie unter anderem der Familie ihrer verstorbenen Schwester einen unangekündigten Besuch abstattete und Karten mit Reproduktionen ihrer von Martini geschaffenen Porträts verteilte.

In Le Vésinet warteten schon ihre Gläubiger auf sie und forderten die sofortige Begleichung ihrer Außenstände. Bis zu ihrem 50. Geburtstag im Januar 1931 waren Luisas Schulden auf über 300.000 Francs in Frankreich und fast 20 Billionen Lire in Italien angewachsen, was heute einer Summe von etwa 25 Millionen US-Dollar entsprechen würde. Aus Angst vor einem Skandal ersuchte Saracchi sogar die italienische Botschaft in Paris um Hilfe, doch ohne Erfolg. Der beschämende Höhepunkt der Krise stand jedoch noch bevor.

Wie in *American Weekly* berichtet wurde, hatte Luisa einem Pariser Kohlenhändler als Sicherheit für einen Scheck über 29.000 Francs „zwei Bilder der Boucher-Schule, eine mit Halbedelsteinen besetzte Onyxstatue, einen mit Diamanten verzierten Adler und zwei Pfandscheine" angeboten.[14] Doch als der Scheck platzte, ließ der Händler Luisa verhaften. Vor Gericht wurde sie zunächst zu zwei Jahren Gefängnis verurteilt, später wurde die Strafe auf zwei Monate auf Bewährung herabgesetzt. Dann legte das Gericht den Termin fest, an dem das restliche Vermögen der Marchesa versteigert werden sollte.

In ihrer Verzweiflung sandte Luisa am 14. Dezember 1932 ein letztes Telegramm ins Vittoriale:

Bin unerhört verzweifelt – Kunstversteigerung Palais Rose für Samstag angesetzt – telegrafiere mir 10.000 Lire – und schick jemanden, um die Stücke auszusuchen, die du haben willst – Dank und Anerkennung – Luisa Casati

Die flehentliche Bitte war weder mit ihrem Titel, noch mit dem Kosenamen, den D'Annunzio selbst ihr gegeben hatte, unterschrieben. Die Zeit der magischen Poesie und gemeinsamen erhabenen Exzesse der Liebenden war endgültig vorbei. Das Telegramm blieb unbeantwortet.

2

Die Versteigerung der persönlichen Habe von Luisa Casati zur Befriedigung ihrer zahllosen Gläubiger war für den Morgen des 17. Dezember 1932 im Palais Rose angesetzt. Das Inventar der von den französischen Behörden beschlagnahmten Gegenstände lässt erahnen, aus welchen privilegierten und dekadenten Höhen ihre Eigentümerin herabgestürzt war. Auf den noch erhaltenen Listen finden sich unter anderem verschiedene vergoldete Louis-XVI.-Möbelstücke, darunter Bücherregale, Konsolen, Stühle und Hocker, dann zwei Dutzend Porzellanteller mit Wappen der Casatis in Goldprägung, ein zwölfteiliges Sèvres-Teeservice Louis' XVI. inklusive Kaffeeservice, 200 in marokkanisches Leder gebundene Bücher, ebenfalls mit goldenem Familienwappen, vier Vermeilkandelaber, ein Satz Fackeln aus Lalique-Kristall, zwei chinesische Truhen aus Schildpatt und Perlmutt, ein Messingeinhorn und ein Marmorphönix. Selbst persönliche Gegenstände wurden versteigert, wie ihre Fotoalben und Bettwäsche, etwa vier Paar Laken, die mit ihrem Wappen bestickt waren und ein Satinüberzug mit in Gold aufgestickten Tigern, Hirschen und Gazellen.

Auch verschiedene Stücke aus der Garderobe der Marchesa fanden Käufer: eine Robe aus persischem Brokat von Worth, sechs Paar handgearbeiteter Gold- und Silberschuhe von Hellstern an der Place Vendôme, ein Pantherfellmantel, sechs Abendkleider mit Schleppe, zwei Paar Handschuhe aus Silberfuchs und eines aus Tigerfell, ein Paar Schuhe mit Diamantschnallen, ein weinroter Seidenmantel von Réville mit Silberknöpfen, auf die das Casati-Wappen geprägt war, ein rosafarbener Mantel aus Straußenfedern inklusive Fächer, zwölf Garnituren Satin- und Spitzenunterwäsche und 15 Kostümierungen, darunter eine aus Brokat und Diamanten. Die Liste wird unpassenderweise ergänzt durch einen grauen und einen braunen Herrenanzug. Luisas Souvenirs aus dem Besitz der Comtesse de Castiglione kamen ebenfalls unter den Hammer.

Schließlich wurde auch der Großteil der Exponate aus der „Casati-Galerie" veräußert und der Pavillon, den die Marchesa zum Schrein ihrer Selbstverherrlichung erhoben hatte, bis auf die nackten Mauern ausgeräumt. Unter den unersetzlichen Werken, die verkauft wurden, waren Zeichnungen Luisas von der Hand Boldinis und Johns, die Ölgemälde von Beltran y Masses und de Blaas, die Gouache von Brunelleschi, Montesquious Aquarell, die Bronze von Troubetzkoy, die Gemälde von Corcos und zahlreiche Porträts von Drian und Martini.[15]

Innerhalb weniger Monate nach der Versteigerung musste auch das Palais selbst zur Abdeckung der Steuerschuld verpfändet werden, bevor es schließlich einem der Gläubiger zuerkannt wurde. Das Personal wurde entlassen und das leer stehende Gebäude den Elementen überlassen. Ein Bericht aus dem Jahr 1935 schildert den traurigen Zustand, in den der rosafarbene Marmorpalast der Marchesa verfiel: „Jetzt ist es beinahe eine Ruine, der wundervolle Garten von Gras überwuchert, mit vielen zerbrochenen Fensterscheiben."[16] Jean Cocteau hat sich in zwei Memoirenbänden, *La difficulté d'être* und *Portraits-souvenir*, in bittersüßen Worten den Glanz von Luisas letztem Märchenschloss und die Frau, die es geschaffen hatte, in Erinnerung gerufen.[17] Die poetische Qualität seiner Schilderungen macht sie zu einer Huldigung an die Frau und ihren Palast:

> *Die Marquise Casati hatte ein besessenes Haus. Ehe sie es bewohnte, war es keineswegs verhext gewesen …*
> *Luisa Casati war einstmals brünett. Ihre große, knochige Gestalt, ihr Gang, ihre etwas hervortretenden Augen, ihr Pferdegebiss, ihr schüch-*

ternes Wesen entsprachen ganz und gar nicht dem konventionellen italienischen Schönheitstyp jener Zeit. Sie überraschte. Sie gefiel nicht. Eines schönen Tages beschloss sie, ihren Typ auf die Spitze zu treiben. Es handelte sich für sie nicht mehr darum, zu gefallen, zu missfallen oder aufzufallen. Sie wollte verblüffen. Sie entrauschte ihrem Ankleidezimmer wie einer Theatergarderobe. Sie war nunmehr rothaarig. Ihre Haarsträhnen sträubten und ringelten sich um ein so gesucht hergerichtetes Gorgonenhaupt, dass ihre schwarz untermalten Augen, ihr knallrot geschminkter Mund mit den starken Zähnen unverzüglich alle männlichen Blicke von anderen Augen und anderen Mündern abzog. Niemand sagte mehr: „Sie ist irgendeine." Jedermann sagte: „Schade, dass eine schöne Frau sich derart anmalt!" …
Ihrer Theatergarderobe entschritten, heimste die Marquise Casati den Beifall ein, der sonst den berühmten Tragödinnen beim Betreten der Bühne zuteil wird. Blieb nur noch das Stück zu spielen. Aber es gab kein Stück. Das war ihr Schicksal und deshalb wurde ihr Haus zu einem verwunschenen. Die Leere musste um jeden Preis angefüllt werden, der Vorhang musste ohne Atempause vor irgendeiner Aktschlussüberraschung niedergehen: vor dem Horn eines Einhorns, vor kostümierten Affen, vor einem mechanischen Tiger, vor einer Boa. Die Affen erwischten dabei die Schwindsucht. Das Horn des Fabeltiers überzog sich mit Staub. Der mechanische Tiger wurde von den Motten aufgefressen, die Boa segnete das Zeitliche. Und trotz dieses ganzen unseligen Trödelkrams kam keine Lächerlichkeit auf. Es blieb ihr kein Spielraum …
Ich schloss Bekanntschaft mit dem Trödelkram der Marquise Casati. Ihre ausgestopften Boas, Bronzegazellen, mechanischen Tiger und Fabeltierhörner sind mir lieber als jene vornehme Extravaganz der Mode, jener gute Geschmack, der den schlechten Geschmack von gestern an den Pranger stellt und nichts weiß von Rätselhaftigkeit oder Bedeutsamkeit.

Nachdem die Mehrzahl der Gläubiger mit dem Erlös aus der Versteigerung zufrieden gestellt werden konnte, sammelte die Marchesa den Rest ihres Vermögens zusammen und machte sich auf die schwierige Suche nach einer neuen Heimstatt. Zunächst mietete sie sich für 2.000 Francs im Monat in einem Apartment der rumänischen Schriftstellerin Prinzessin Marthe Bibesco am Quai de Bourbon ein, nahe der Spitze der Île Saint-Louis in Paris.[18] Selbst in ihren neuen beschränkten Verhältnissen legte Luisa noch immer großen Wert auf die Ausstattung ihrer Wohnräume. Ihr Freund und häufiger Gast André Germain lobte das Resultat ihrer Bemühungen als „très poétique". Über die Marchesa selbst in jener Zeit schrieb er: „Ab und zu besuchte sie mich auf meiner Seite der Seine. Manchmal kam sie vor mir an, und es gab nichts Beeindruckenderes als ihren Anblick, wenn sie auf der kleinen Treppe im Hof stand, gleich einer Gorgo."[19]

Das Palais Rose gab bizarrerweise selbst nach seinem Verkauf an Olivier Scrive im Jahr 1936 noch zu Gerüchten im Zusammenhang mit seiner ehemaligen Besitzerin Anlass. Erté berichtet in seinem Memoiren von einem tragischen Vorfall, der sich ereignet haben soll, als zwei Maler im Auftrag des neuen Eigentümers im Palais arbeiteten. Während einer auf einer hohen Leiter stand, aktivierte der andere versehentlich den – offenbar nicht verkauften – mechanischen Panther der Marchesa. Erschrocken über dessen plötzliche Bewegungen und lautes Grollen stürzte der Arbeiter von der Leiter auf den Marmorboden, wobei er sich tödliche Verletzungen zuzog. Diese ausgestopfte Bestie war also durchaus noch fähig, einen Mann zu töten.

Luisa blieb nur ein halbes Jahr im Apartment der Bibesco. Während dieser Zeit lernte sie die gefeierte Tänzerin Elise Jouhandeau kennen, die unter dem Namen Caryathis auftrat. Bei einem gemeinsamen Lunch bot Luisa an, während der bevorstehenden Tournee Jouhandeaus deren Haus zu mieten. Als die Tänzerin allerdings erfuhr, dass die Renovierungspläne der Marchesa unter anderem vorsahen, alle Bäume im Garten golden zu streichen und die Innenräume in zellenartige Kammern zu verwandeln, lehnte sie den Vorschlag dankend ab. Die Tatsache, dass während des Essens einige von Luisas Schlangen aus ihrem Käfig entkamen, mag durchaus zu dieser Entscheidung beigetragen haben.[20]

Das Apartment am Quai de Bourbon war das letzte eigene Domizil Luisas in der Seinemetropole. Danach residierte sie dank der Großzügigkeit alter Freunde wie Filippo Marinetti eine Zeit lang im Hôtel Laucas an der Rue de Berri, bevor sie die Gastfreundschaft des Künstlers und Bonvivants Marchese Giuseppe Nobili Vitelleschi annahm, der ihr seine Suite im Hôtel Regina zur Verfügung stellte.[21] Während ihrer Bekanntschaft porträtierte Vitelleschi eine modisch elegante Marchesa in trägerlosem Kleid, die dem Betrachter einen unverfrorenen Blick zuwirft, während hinter ihr eine ägyptische Statue Wache steht.[22]

Am 27. Januar 1934, etwa ein Jahr nach der Zwangsversteigerung im Palais Rose, brachte Luisa bei Gericht einen Antrag auf Rückstellung ihres konfiszierten Eigentums ein, dem eine vollständige Liste sämtlicher beschlagnahmter Gegenstände beilag. Welcher Bescheid auf diesen Antrag erging, ist nicht bekannt, doch keines der Objekte wurde jemals zurückgegeben. Laut Ertés Erinnerungen versuchte die Marchesa auch auf andere Weise, sich ihren Platz an der Sonne zurückzuerobern:

> *Viele Jahre später ... erzählte mir die Opernsängerin Lucrezia Bori eine außerordentliche Geschichte: Nachdem die Marchesa Casati ihr ganzes Geld für ihren extravaganten Lebensstil verschleudert hatte, beschloss sie wieder zu heiraten und fasste als Zielobjekt einen der reichsten Männer der Vereinigten Staaten ins Auge. Sie schrieb Bori nach New York, sie würde mit dem nächsten Schiff übersetzen, und bat, man möge für den Tag nach ihrer Ankunft ein Mittagessen mit ihrem potenziellen künftigen Gatten arrangieren. Lucrezia Bori telegrafierte zurück, das sei unmöglich, da der fragliche Herr bereits verheiratet sei. Die Marchesa antwortete postwendend: „Kein Problem. Er wird sich scheiden lassen. Ich komme." Bori arrangierte den Lunch und La Casati kam nach New York. Während sie noch auspackte, entfuhr ihr plötzlich der Schrei: „Ich habe meine Schlange vergessen!" Ungeachtet der heftigen Proteste Lucrezia Boris telefonierte Casati mit dem Zoo, um sich eine Schlange auszuleihen, was ihr nach langen Diskussionen schließlich – um einen enormen Preis – gestattet wurde. Die Schlange wurde geliefert, und am nächsten Tag, nachdem der als Bräutigam vorgesehene Herr erschienen war, inszenierte die Marchesa einen majestätischen Auftritt mit der Schlange, die sich um ihren Arm wand. Der Mann war so geschockt, dass er ohne ein Wort der Begrüßung oder des Abschieds Hals über Kopf davonstürzte.*[23]

Dieser fehlgeschlagene Plan – sofern dem Bericht Glauben geschenkt werden darf – entbehrt nicht der Ironie. Mehr als drei Jahrzehnte lang hatte Luisa Casati, finanziert durch ihr eigenes Vermögen, einen höchst unabhängigen Lebensstil gepflegt und sich der traditionellen Verpflichtungen als Gattin und Mutter mit einem Achselzucken entledigt. Es ist gut möglich, dass sie nun, da die finanziellen Mittel, die ihr diese Freiheit ermöglicht hatten, erschöpft waren, ein konventionelleres Arrangement in Betracht zog, wenn diese Hoffnung sich auch als trügerisch erwies.

Im Jahr 1934 traf Luisa zum letzten Mal ihren Hofmaler Alberto Martini, der sich mittlerweile als Bühnenbildner für italienische und französische Theaterproduktionen etabliert hatte, doch nach wie vor die Aufträge der Marchesa ausführte, obwohl sie ihn nicht mehr bezahlen konnte. Auf einem seiner späteren Porträts ist sie als Euterpe, die Muse der Musik, verewigt, in der Hand ein fantasievoll gestaltetes Saiteninstrument und mit mehreren Augenpaaren, offensichtlich als Hommage an Man Rays berühmte Fotografie. Das letzte Bild, das Martini von ihr schuf, war ein ovales Porträt, das in Paris entstand und angeblich für die Sammlung eines ausländischen Fürsten bestimmt war. „Und plötzlich war sie verschwunden", wie der Künstler in seinen Memoiren schreibt. „Ich habe nie wieder etwas von ihr gehört."[24]

Der traditionelle Maskenball von Comte und Comtesse de Beaumont im Juli 1935 stand unter dem Motto „Tableaux Célèbres": Die Gäste sollten sich als berühmte gemalte Figuren, gleichgültig ob real oder fiktiv, kostümieren. Luisa, für die es der letzte Bal Beaumont werden sollte, erschien als Kaiserin Elisabeth von Österreich aus Franz Xaver Winterhalters Porträt, allerdings gemäß ihrer eigenwilligen Interpretation nicht in weißem Satin und Tüll wie das Original auf dem Bild, sondern in schwarzem Rock und Jackett mit Schleppe, Kragen und Ärmelaufschlägen aus weißen Straußenfedern. Dazu trug sie eine karottenfarbene Perücke mit langen Locken, die mit sternförmigen Haarnadeln geschmückt war. Sie präsentierte sich den versammelten Gästen mit einer Reitpeitsche in der Hand vor einer von Christian Bérard gemalten Kulisse mit zwei sich aufbäumenden weißen Hengsten, die Flick und Flock, die Pferde der Kaiserin, darstellten. Berichten zufolge war Luisas Auftritt ein großer Erfolg. Das legt auch die Tatsache nahe, dass Man Ray sie in diesem Ensemble porträtierte. Diese Fotografie wurde zu einem der bekanntesten und am häufigsten abgedruckten Porträts der Marchesa, so in einer ganzseitigen Reproduktion im britischen *Tatler* vom 2. Oktober 1935.

Nur ein Jahr später in Venedig bot Luisa ein weit weniger majestätisches Bild. Im Dezember 1936 war sie dort bei Prinz Louis Ferdinand d'Orleans Borbone zu Gast. Borbone, der sich selbst von engen Freunden mit „Monsignor" anreden ließ, hatte mehr als ein Jahrzehnt zuvor in der Entourage Casatis bei ihrer Darstellung der Comtesse de Castiglione mitgewirkt, gemeinsam mit seinem Liebhaber Antonio Vasconcelos. Das Paar residierte mit mehreren Pekinesen und einem zahmen Affen auf der Giudecca in der Villa Ca'Leone, ein Name, der frappant an Luisas einstige Residenz am Canal Grande erinnerte. Der Zufall wollte es, dass der Haushalt Borbones von Emilio und Italia Basaldella geführt wurde, dem ehemaligen loyalen Gondoliere der Marchesa und seiner Frau, für deren Heirat Luisa sich einst so leidenschaftlich gegen den Widerstand von Italias Familie engagiert hatte. Die beiden führten eine glückliche Ehe und vergaßen der Marchesa nie ihre Hilfe.

Obwohl Italia mit der Organisation des Haushalts und ihren sechs Kindern genug zu tun hatte, kümmerte sie sich rührend um Luisa. Die Basaldellas betrachteten ihre einstige Wohltäterin, die nun so tief gefallen war, mit beinahe elterlicher Besorgnis. Italia verzweifelte schier darüber, wie die Marchesa sich zur Schau stellte. Ihr jüngster Sohn Francesco erinnerte sich später in seinem Buch über die Giudecca an den exzentrischen Gast:

> *Solange die berühmte Marchesa in der Ca'Leone weilte, war es niemals ruhig; Klagen, Kapriolen und Ärger folgten ihr überallhin. Es dauerte stets geraume Zeit, bis sie sich entschieden hatte, welchen Teil Venedigs sie besuchen wollte. Dann kehrte sie überstürzt um, wanderte durch Straßen voller neugieriger Menschen, die ihr folgten, bis sie sich in ein Geschäft flüchtete. Um sie vor ihren Verfolgern zu retten, musste der Monsignor sie in seinem Motorboot nach Hause fahren. Die Ursache all der Aufregung war, dass die „göttliche Marchesa", eine extravagante und launenhafte Frau, sich mit Schleiern und Pfauenfedern behängt hatte oder auch mit Pelzstreifen, die von Sicherheitsnadeln zusammengehalten wurden.*[25]

Italia behielt Luisa ständig im Auge und versuchte sie von den Kumpanen des Prinzen fernzuhalten, die dem Kokain mit allzu großer Begeisterung zusprachen. Wenn ihre Bemühungen erfolglos blieben, berichtet Francesco, verlor seine Mutter zuweilen die Fassung und schrie die Casati an: „Du willst dich also umbringen?! Dieses Dreckszeug ist Selbstmord!“ In ruhigeren Stunden blätterte die Marchesa in D'Annunzios neuestem Buch *Cento e cento e cento e cento pagine del libro segreto di Gabriele D'Annunzio tentato di morire*. Nachdem D'Annunzio ihr verzweifeltes Telegramm aus dem Palais Rose ignoriert hatte – was mag sie wohl über dieses Werk gedacht haben, in dem auch das sehr persönliche Fragment *La Figure de cire* enthalten war, das aus den Tagen der leidenschaftlichen Liebe zwischen Coré und Ariel stammte?

Anfang 1937 übersiedelte Luisa in die Calle Querini, wo sie von der Geigerin Olga Rudge, der Lebensgefährtin von Ezra Pound, ein kleines Haus mietete. Sie erschien in Begleitung von zwei Lakaien sowie „eines Pekinesen und einer schwarzen Katze, eingehüllt in ihr berühmtes Leopardenfell und mit einem (nicht brennenden) Kandelaber in jeder Hand. Der Bürgersteig war voller Venezianer, die riefen: ‚Da dove viene questa vecchia strega?‘ – ‚Wo kommt denn die alte Hexe her?‘“[26]

Etwas mehr als ein Jahr später holte der Tod, der ihn sein ganzes Leben lang fasziniert hatte, auch Gabriele D'Annunzio ein. Mit zunehmendem Alter und dem Verlust seiner provokativen Kraft hatte sich sein Interesse am Okkulten, das er einst mit Luisa geteilt hatte, mehr und mehr zu einer Besessenheit ausgewachsen. Die Abende im Vittoriale verbrachte er vor Ouijabrettern, Tarotkarten und anderen magischen Utensilien und versuchte, Kontakt mit dem Jenseits aufzunehmen. In einem Kalender, auf dem Voraussagen künftiger Ereignisse aufgedruckt waren, hatte D'Annunzio die Prophezeiung für den 1. März 1938 unterstrichen, die lautete: „Tod eines berühmten Mannes“. Am Abend ebendieses Tages, während er allein in seinem Schreibzimmer saß, erlitt der Dichter einen Gehirnschlag und starb im Alter von 74 Jahren. Sein Leichnam wurde in voller Paradeuniform aufgebahrt, flankiert von zwei der grell geschmückten Gipsreproduktionen von Michelangelos Sklaven, und in der marmornen Grabstätte, die er selbst im Garten seines Refugiums erbauen hatte lassen, zur letzten Ruhe gebettet.

(56–57) Das Palais Rose in Le Vésinet bei Paris, Casatis feudaler Wohnsitz in den zwanziger Jahren und Schauplatz fantastischer Feste (Foto um 1922)

(58) Einladung zum Cagliostro-Ball von 1927 mit dem Martini-Bild der Casati als Medusa

(59–60) Unten: links Casati als Cagliostro (Zeichnung von Drian, 1927) und rechts als Sarah Bernhardt (Zeichnung von Drian, 1922)

(61) Casati als Comtesse de Castiglione, gezeichnet von Alberto Martini (1925)

(62–63) Unten: links Kostümentwurf „Königin der Nacht" von Léon Bakst und Luisa Casati in dieser von ihr abgewandelten Kreation (beides 1922)

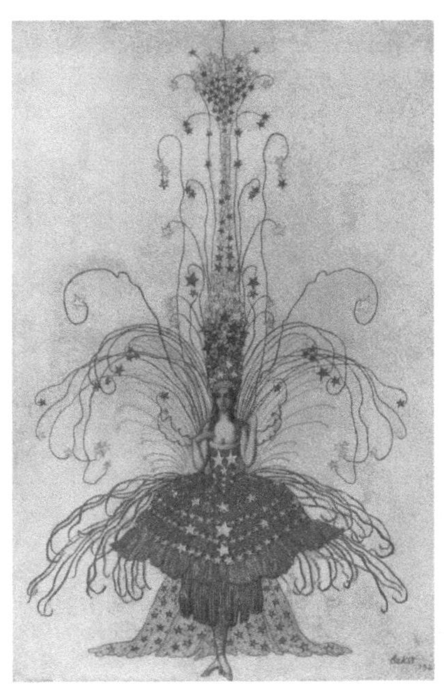

(64) Skizze von Drian mit der Casati als Modell im Atelier (1923)

(65–66) Unten: Das berühmt gewordene surrealistische Fotoporträt von Man Ray (1922) und ein zweites Foto der Serie

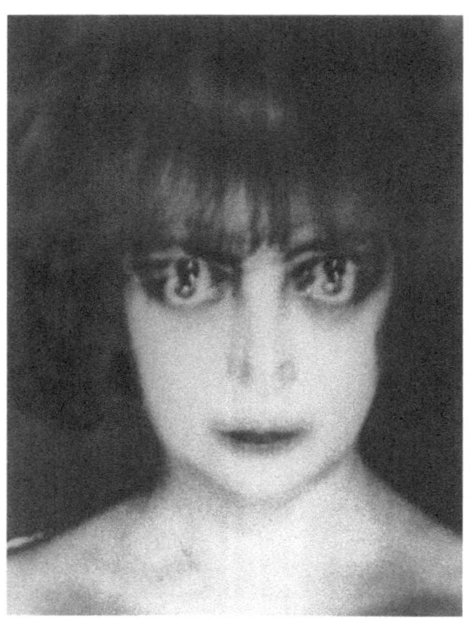

(67) Casati 1926 im Everglades Club in Palm Beach (anonyme Illustration)

(68–69) Porträt von 1934, geschaffen von John Hastings, der Luisas Tocht[illegible] Cristina (oben) geheiratet hat.

(70–71) Viel Erinnerung schwingt mit in den 1940/41 entstandenen Bildern von Casatis Künstlerfreund Joseph Paget-Fredericks (oben und unten links)

(72) Unten rechts: Augustus John schuf 1941 ein letztes großes Porträt seiner früheren Geliebten, hier eine Skizze dazu

(73–74) Porträt eines unbekannten Künstlers von ca. 1940 und eines der letzten Fotos der Casati, die sie einen neuen Freund, den österreichischen Flüchtling Carl L. T. Reitlinger 1942 machen ließ.

(75) Das Grab der Marchesa Luisa Casati auf dem Londoner Brompton Cemetery

(76) Vivien Leigh im Theaterstück „La Contessa", einer der Versuche, Leben und Legende der Marchesa Casati auf die Bühne oder die Filmleinwand zu bringen

(77–78) Hommage des Modeschöpfers John Galliano und des Hauses Dior an Luisa Casati (1998)

D'Annunzio war tot. Luisa kam nicht zu seinem Begräbnis und ob unter den zahllosen Blumengebinden auf seinem Grab auch ein letzter Gruß seiner Muse zu finden war, ist ungewiss. Damit war die letzte Verbindung gekappt, die sie noch mit dem Fantasieleben ihrer Vergangenheit verbunden hatte.

Camillo Casati war kurz nach der Scheidung im Jahr 1924 von Cinisello Balsamo nach Rom gezogen, wo er mit Anna Ewing Cockrell zusammenlebte, der Tochter eines amerikanischen Senators und Witwe von Lambros Coromilas, des griechischen Gesandten in den USA.[27] Möglicherweise war sie die „Griechin", die Camillo angeblich heiraten wollte. Luisa erkannte die Lebensgefährtin ihres Exgatten niemals als ihre Nachfolgerin an und verbat sich in ihrer Gegenwart die Erwähnung dieser Frau oder ihrer Familie.[28] 1927 gebar Cockrell dem Marchese einen Sohn, der nach seinem Vater benannt wurde. Obwohl er unehelich zur Welt kam, erkannte Camillo ihn als sein leibliches Kind an und traf Vorkehrungen um sicherzustellen, dass nach seinem Tod der Titel des Marchese Casati Stampa di Soncino auf seinen Sohn übergehen würde. Camillo führte ein ruhiges Leben mit seiner Familie und seinen geliebten Pferden und Hunden und erlag am 18. September 1946 im Alter von 69 Jahren einem Herzleiden.[29]

Cristina und ihr Mann waren auf die Südseeinsel Moorea gezogen. Als sich Nachwuchs ankündigte, kehrten sie vorübergehend nach England zurück, wo Cristina am 4. März 1928 einer Tochter das Leben schenkte, die als Hommage an das Eiland, das ihre Eltern so liebten, den Namen Moorea erhielt. Das Kind blieb in der Obhut seiner Großeltern väterlicherseits zurück, als seine Eltern kurze Zeit später zu einer Reise nach Mexiko und den Vereinigten Staaten aufbrachen, wo Hastings bei Diego Rivera studieren wollte, dem mexikanischen Maler und überzeugten Kommunisten, dessen politische Haltung sich im Sozialrealismus seiner Werke widerspiegelt. In San Francisco ergab sich schließlich eine Begegnung zwischen den Hastings und Rivera und dessen Frau Frida Kahlo, aus der eine komplexe Freundschaft entstand, die bis weit in die 1930er Jahre halten sollte. Während dieser Zeit soll es auch zu einer kurzen Romanze zwischen Cristina und Kahlo gekommen sein.[30] Die Szene erinnert auf eigenartige Weise an das Verhältnis zwischen Luisa und Romaine Brooks: Auch diese Affäre entwickelte sich zwischen Malerin und Modell, während

Kahlo an einem Porträt Cristinas arbeitete. In seiner Biografie Frida Kahlos beschreibt Hayden Herrera nicht nur diese Zeichnung, sondern auch die hervorstechendsten Charakterzüge des Modells, die auf eine mehr als nur oberflächliche Ähnlichkeit zwischen Cristina und ihrer Mutter schließen lassen:

> *Eine einzige präzise Bleistiftskizze sagt viel aus über die aristokratische Arroganz und Kultiviertheit der in Mailand geborenen und in Oxford erzogenen Lady Cristina Hastings, deren zwischen Langeweile und explosionsartigem Zorn oder Lachen schwankende Launenhaftigkeit auf Frida anziehend und amüsant wirkte.*[31]

Ein Vorfall, der Cristinas Neigung zu Tobsuchtsanfällen plastisch demonstriert, ereignete sich auf einer Italienreise, von der sie mit einem Arm in der Schlinge zurückkehrte. Auf die Frage, wie sie sich die Verletzung zugezogen habe, antwortete sie gelassen: „Ich habe mich über einen Domestiken geärgert und ihn so heftig geschlagen, dass irgendein Knochen in meinem Arm zu Bruch gegangen ist."[32]

Cristina unternahm auf eigene Faust mehrere politisch motivierte Reisen nach Brasilien und Spanien. Aus Rio de Janeiro wurde sie gemeinsam mit zwei Mitstreitern wegen des Verdachts kommunistischer Aktivitäten nach England abgeschoben. In Valencia besuchte sie italienische Gefangene, die während des spanischen Bürgerkrieges in einem Kloster unter Arrest gehalten wurden. Der Kontrast zwischen Cristinas entschlossenem politischem Engagement und der früheren hemmungslosen Verschwendungssucht ihrer Mutter ist durchaus bemerkenswert.

Ende der 1930er Jahre kehrten Cristina und Hastings nach England zurück, um sich um ihre Tochter zu kümmern. Die Familie lebte teilweise in ihrem Stadthaus an der Wellington Street in der Nähe des Regent's Park und teilweise in Blackbridge House, dem Familiensitz der Hastings in Hampshire. Während eines Besuchs Luisas in England schuf Hastings ein Porträt seiner Schwiegermutter, das mit 1934 datiert ist. Es zeigt das Modell sitzend, verschleiert und in Schwarz gekleidet und mit einer Kristallkugel in der Hand. Auch Cristina war künstlerisch tätig, für kurze Zeit sogar durchaus erfolgreich; als die Lefevre Gallery in der Bruton Street eine Ausstellung ihrer Bilder und handgearbeiteten Flickenteppiche zeigte, fanden sämtliche Stücke einen Käufer.

Währenddessen konnte Luisa die schwierige Entscheidung, wo sie sich niederlassen sollte, nicht länger aufschieben. In Frankreich und Italien warteten noch zu viele Gläubiger auf ihre Außenstände, als dass sie dort unbehelligt hätte bleiben können, und unter den Mitgliedern der europäischen High Society konnte sie angesichts ihres immer noch allzu fragwürdigen Rufs kaum auf Großzügigkeit hoffen. Nun, wenige Jahre vor ihrem 60. Geburtstag, war ihre Herrschaft als „göttliche Marquise" endgültig Vergangenheit. In Ermangelung anderer Optionen setzte Luisa sich über den Ärmelkanal nach Großbritannien ab.

3

Der genaue Zeitpunkt von Luisas Übersiedlung nach England lässt sich nicht mit Sicherheit feststellen; ebenso wenig gibt es gesicherte Nachweise darüber, wo sie zu Beginn ihrer Londoner Zeit wohnte. Zwar hatte sie damals den Großteil ihres Vermögens bereits verloren, doch reichten ihre Mittel noch aus, um ihr ein Auskommen zu ermöglichen – ein Zustand, den sie dank ihrer Weigerung, ihren Lebensstil zu reformieren, allerdings nur vorübergehend aufrechterhalten würde können.

Laut verschiedenen Quellen ließ Luisa sich zunächst im mondänen Londoner Viertel Mayfair nieder. Gabriel-Louis Pringué etwa berichtet, seine letzte Begegnung mit ihr habe 1939 in London stattgefunden, wo sie „ein englisches Haus in Mayfair … in einen italienischen Renaissancepalast [verwandelt hatte], dessen Räume groß genug waren, um ihr in ihren Pelzen und Roben aus kolossalen schwarzen Flamingofedern Bewegungsfreiheit zu erlauben".[33] Auch Graf Knut Corfitz Bonde erinnert sich an dieses Domizil, seine Schilderung bringt allerdings etwas andere Details ans Licht:

> *In London mietete [Casati] ein großes Haus für fünf Pfund Sterling im Monat … Das Haus war so riesig, dass niemand sonst es haben wollte … Als sie genug von London hatte, kehrte sie vorübergehend nach Paris zurück. Der Eigentümer nutzte die Gelegenheit, sein Haus*

wieder in Besitz zu nehmen, und warf ihre sämtlichen Habseligkeiten hinaus. Das meiste davon bekam sie jedoch wieder … Als ich die Marquise zum letzten Mal traf, verkündete sie, sie habe sich aus dem gesellschaftlichen Leben zurückgezogen und läse ausschließlich in der Bibel, denn, wie sie sagte: „Wenn man sich intensiv damit befasst, findet man auf der ganzen Welt keinen interessanteren Roman.“[34]

In London suchte Luisa Kontakt zu alten Freunden, nicht nur um der Gesellschaft willen, sondern auch angesichts der Tatsache, dass ihre Reserven langsam zur Neige gingen. Augustus John stand ihr als Kamerad ebenso wie als Sponsor verlässlich zur Seite. Die 20 Jahre, die seit der kurzen Liebesaffäre zwischen Maler und Modell verstrichen waren, taten der großen Zuneigung, die zwischen ihnen herrschte, keinen Abbruch. John hieß Luisa in London enthusiastisch willkommen, obwohl angesichts des bevorstehenden Krieges „London zurzeit gar nicht lustig“ war, wie er ihr mit leichter Untertreibung erklärte.[35] Luisas Begeisterung über ihre neu gewonnene Heimat konnten jedoch alle Widrigkeiten nichts anhaben, denn, wie sie einmal sagte: „Ich liebe England. Es ist geheimnisvoll und voller Überraschungen und um so vieles zivilisierter, subtiler und schwieriger zu verstehen als irgendein anderes Land.“

Zu den alten Freunden, die Casati aufsuchte, zählten auch Tony de Gandarillas, Lord Berners und Lord Alington. Alington besaß das 1919 entstandene erste Augustus-John-Porträt Luisas, das sich auf seinem Landsitz Crichel in Dorset befand, wo es später Gesellschaft von einem Abguss der Casati-Büste von Jacob Epstein bekommen sollte. Luisa knüpfte auch neue Freundschaften, so mit Baronin Violet de Goldschmidt oder Lord Tredegar, ehemaliger Kammerherr im Vatikan, der damals als „reichster Peer des Königreichs“ galt.[36] Sein besonderes Steckenpferd war es, auf Cocktailpartys möglichst unvereinbare Persönlichkeiten zusammenzubringen, in der Hoffnung, sie würden sich in die Haare geraten. Bei einer dieser Partys in Tredegars Londoner Residenz lernte Luisa Aleister Crowley kennen und sehr zur Freude des Gastgebers – wenn auch nicht der anderen Gäste – gerieten die beiden aneinander und lieferten sich einen lebhaften Streit.[37]

Eine Zeit lang gelang es Casati noch, wenigstens einen matten Anschein ihres früheren Lebensstils aufrechtzuerhalten. Vittorio Scarpa, ein ihr treu ergebener Italiener, war ihr nach London gefolgt und fungierte als ihr Diener, obwohl sie ihm oft den Lohn schuldig blieb; nebenbei chauffierte er sie in einem großen grünen Automobil durch die Stadt. Doch angesichts ihrer unzureichenden Mittel und des drohenden Krieges musste die Marchesa bald nicht nur auf den Wagen, sondern auch auf ihren Chauffeur und Diener verzichten. Nach Kriegsbeginn fand Scarpa sich – wie viele andere italienische Immigranten – in einem Internierungslager auf der Isle of Man wieder. Luisa drohte ein ähnliches Schicksal, nicht zuletzt da sie das Geburtsdatum in ihrem Pass drastisch zu ihren Gunsten verändert hatte. In Begleitung von Baronin Goldschmidt begab sie sich auf das örtliche Polizeirevier, um das Schlimmste zu verhindern, und kehrte dank ihrer altbekannten Chuzpe als triumphale Siegerin über behördliche Widerstände zurück – wenn auch um viele Jahre gealtert, doch dafür offiziell als „befreundete Ausländerin“ anerkannt.[38]

Bereits im April 1939 war Luisa in eine Etagenwohnung mit Bedienung in der Stratton Street 14 gezogen. Dort lernte sie Rose Reitlinger und deren Sohn Carl kennen, die zu Beginn des Krieges aus Österreich nach London emigriert waren und im Laufe der Zeit enge Freunde Luisas wurden. Von Carl Reitlinger stammen auch die letzten „glamourösen“ Fotoporträts der Marchesa, die 1942 entstanden und ihre ungebrochene Anziehungskraft selbst als ältere Frau dokumentieren. Luisa, die sich offenbar ihrer katholischen Wurzeln entsann, besuchte gemeinsam mit den Reitlingers die Sonntagsgottesdienste in der Church of the Immaculate Conception in der Farm Street, wo sie allzu lange Predigten mit dem auf Französisch ausgestoßenen Seufzer: „Er hört und hört nicht auf!“ zu kommentieren pflegte. Bei anderen Gelegenheiten nahm Luisa ihre Nachbarn mit zu Séancen bei der Spiritistin Mary Churchill.[39] Casati war auch eine Klientin der berühmten Hellseherin Estelle Roberts. Eine der Sitzungen bezahlte sie mit den letzten Überbleibseln ihres berüchtigten Castiglione-Kostüms von 1924 – einem Unterrock in Gold und Silber und einer Perlenkorsage.[40]

Zu Beginn der 1940er Jahre war die finanzielle Situation der Marchesa bereits äußerst prekär. Ihre letzten paar Wertgegenstände verteilte sie in altgewohnter Sorglosigkeit an Stelle anderer Zahlungsmittel an Händler und Taxifahrer.[41] Das wenige Bargeld, das ihr noch blieb, verpulverte sie binnen kürzester Zeit für okkulte Utensilien und ähnlichen Firlefanz. Nebenbei legte sie sich in London auch ein kleines Rudel Pekinesen zu, es waren bis zu fünf gleichzeitig, die ihr Gesellschaft leisteten, wenn ihre zweibeinigen Freunde keine Zeit für sie hatten. Spider, ein Pekinese, den ihr angeblich Sir Alfred Munnings' Gattin Violet geschenkt hatte,[42] war Luisas Favorit; seine besondere Zuneigung galt hingegen eher dem Ärmel ihres abgetragenen Pelzmantels, den er bei passender Gelegenheit heftig zu umwerben pflegte. Nicht selten sparte Luisa sich die Leckerbissen für ihre Lieblinge buchstäblich vom Mund ab. Eine Fotografie aus dem Familienarchiv zeigt die Pekinesenschar um einen winzigen Christbaum versammelt, der zur Feier des Tages mit Bonbons und Knochen geschmückt ist.

Der Verzicht auf Essen zugunsten ihrer Menagerie bedeutete für Luisa kein besonders großes Opfer – sie war durchaus bereit, sich auf eine Diät aus Champagner, Whiskey und angeblich auch anderen Stimulantien zu beschränken. Ihre schlanke Gestalt wirkte mittlerweile knochig und ausgezehrt, ihre Hände waren von Rheuma geplagt und zum Lesen benötigte sie eine Brille, die sie in ihrer Eitelkeit allerdings nur hervorholte, wenn es sich absolut nicht vermeiden ließ. Dennoch wirkte sie dank ihrer Größe, Schlankheit und robusten Kondition jünger als ihre 60 Jahre, eine Illusion, die unterstützt wurde durch den dichten Schleier, mit dem sie sich ständig verhüllte und den sie nur in Gegenwart ihrer vertrautesten Freunde lüftete. Um nur ja keinen Anhaltspunkt über ihr wahres Alter zu liefern, wenn sie etwa inmitten eines Gefolges aus jungen Künstlern und Mitgliedern der Ballettszene Hof hielt, verbot sie ihrer heranwachsenden Enkelin Moorea strikt, die Verwandtschaftsbeziehung zwischen ihnen zu erwähnen. Ihre Anweisung lautete schlicht: „Vergiss nicht – wir sind nicht verwandt!" Moorea erinnert sich an ihre erste Begegnung mit der Marchesa:

Großmutter Casati habe ich erst mit acht Jahren kennengelernt, obwohl sie mir natürlich nie erlaubt hätte, sie so zu nennen. Als sie ins Haus meiner Eltern kam, von Kopf bis Fuß in schwarzem Samt, mit Zylinderhut, Schleier, langen schwarzen Handschuhen und hochhackigen Stiefeln, kam sie mir vor wie eine Figur aus einem Märchen, die zum Leben erwacht ist, magisch, Furcht einflößend und mit großem

Respekt zu behandeln. Sie muss wohl mit einem Taxi gekommen sein, mich persönlich hätte es allerdings keineswegs überrascht, wenn diese wundersame Erscheinung auf einem Besenstiel angeflogen wäre.[43]

1942 war Luisa so gut wie mittellos. Dank der Großzügigkeit von Freunden und Angehörigen konnte sie sich gerade noch über Wasser halten, doch leider wurde bald offensichtlich, dass das Geld, das ihr zugesteckt wurde, weder für die Miete noch für Lebensmittel Verwendung fand. Einmal unternahm sie per Taxi eine dreistündige Fahrt nach Dorset zu Lord Alingtons Anwesen, um ihn um Geld zu bitten; der Betrag, den er ihr schließlich aushändigte, reichte gerade für die Taxifahrt zurück nach London. Es war offensichtlich, dass dringend eine dauerhafte Lösung für Luisas finanzielle Misere gefunden werden musste.

Augustus John nahm schließlich die Angelegenheit in die Hand und richtete für seine gefallene Muse ein Bankkonto ein. Die Kontounterlagen bezeugen die Großzügigkeit, die er Luisa für den Rest ihres Lebens erwies.[44] Zu den weiteren Sponsoren zählten Freunde wie Lord Berners, Lord Alington, Lord Tredegar, Tony de Gandarillas und der Duke of Westminster, ebenso Cristina und ihre Tochter, später auch der Marquis de Cuevas, mit dem die Marchesa sich in einem beständigen scherzhaften Wettstreit darüber erging, wer von ihnen in der Vergangenheit die luxuriöseren Feste gegeben habe. Selbst Alice Astor, die Tochter des Multimillionärs John Jacob Astor, der beim Untergang der Titanic ums Leben gekommen war, trug ihr Scherflein bei und versorgte Luisa mit so essentiellem Firlefanz wie mondänem Schuhwerk oder künstlichen Blumen.

Auf Luisas Bankkonto wurden wöchentlich kleine Beträge zwischen einem und fünf Pfund einbezahlt, da jedem klar war, wohin größere Summen verschwinden würden. Sie sollte einfach nicht um Geld betteln müssen. Johns Biograf Michael Holroyd bemerkte: „Ihr einziges Kapital war ihre völlige Hilflosigkeit; dadurch ging die Verantwortung für ihr Überleben auf alle anderen über."[45] Selbst Axel Munthe brachte es nicht über sich, ihr seine Hilfe zu versagen, wie Knut Corfitz Bonde sich erinnert:

Lange Jahre, nachdem sie Capri verlassen hatte, bat die Marquise Dr. Munthe um Hilfe. Damals wohnte sie in einem kleinen Hotel in der

Jermyn Street, keiner sehr luxuriösen Gegend. In ihrem Brief an Munthe ließ sie anklingen, wie verzweifelt ihre Situation war. Wir konnten seine Großzügigkeit nicht verstehen; er eilte zum Hotel, in dem die Marquise in höchst armseligen Verhältnissen logierte. Aber sie schien sich durchaus wohl zu fühlen, nicht anders als damals in der Villa.
„Hätten Sie gerne einen Whiskey-Cola, Doktor?", fragte sie liebenswürdig, während sie nach dem Kellner läutete. Der brachte unverzüglich den Drink, verlangte jedoch Bezahlung im Voraus, da das Hotel keinen Kredit gebe.
„Aber ich habe kein Geld", sagte die Marquise ohne eine Spur von Verlegenheit.
Munthe zückte seine Geldbörse und versprach der Marquise, er würde sich um sie kümmern …
Als Munthe mir viele Jahre später diese Geschichte erzählte, fragte ich ihn, ob er denn nun den Whiskey mit Cola bekommen hätte. Er antwortete: „Der Whiskey ist verdunstet, ebenso wie Luisa Casati. Ich habe nie wieder etwas von ihr gehört."[46]

Einer der bevorzugten Zufluchtsorte Luisas war das Atelier von Augustus John in der Tite Street in Chelsea, wo sie in ihren abgetragenen Roben aus schwarzem Samt und Leopard aufzutauchen und sich häuslich niederzulassen pflegte, um in Erinnerungen zu schwelgen; von ihrem schwarzen Satinhut hing der unvermeidliche Schleier herab, ihre Haare waren feuerrot wie eh und je. „Die Puderschichten wurden dicker, die Geschichten über Italien länger, die Kleider verwaschener und zerschlissener und die Handschuhe aus Leopardenfell waren voller Löcher", schreibt Holroyd.[47] Dessen ungeachtet scheint die häufige Präsenz Luisas nicht selten die Eifersucht von Johns Frau, seinen Töchtern und diversen Geliebten des Künstlers erregt zu haben. John entschloss sich, das Beste aus der Situation herauszuholen und mit einem neuen Porträt seines Dauergasts zu beginnen. Unter seinen Skizzen befindet sich eine sehr schmeichelhafte Studie ihres Kopfes. Aus dieser Zeit stammt auch seine *Caricature of Marchesa Casati with a Hang-Over*, die eine Luisa mit knallroten Lippen, hohem Hut und überdimensional langen Wimpern zeigt, deren benommener Blick durch den Titel des Werks erklärt wird.[48]

Das 1942 entstandene Porträt Luisas von Augustus John präsentiert uns eine immer noch kultivierte 61-jährige Dame, die auf einem hochlehnigen, mit schwarzem Leder bezogenen Stuhl sitzt, auf dem Schoß eine große schwarze Katze, deren herausfordernder Blick den der Marchesa widerspiegelt. John wusste natürlich um Luisas okkulte Leidenschaft, und es ist gut möglich, dass das schwarze Ungetüm eine Hommage an dieses Steckenpferd ist. Der bläuliche, stürmische Hintergrund, der an El Greco gemahnt, verstärkt den unirdischen Charakter des Bildes. Der rätselhafte Gesichtsausdruck seines Modells war für John ganz offenbar eine Herausforderung: Restaurierungsarbeiten haben ergeben, dass das Gesicht auf dem Porträt mehrmals überarbeitet wurde.

John blieb Luisa ein verlässlicher Freund, der sie oft in Soho zum Essen ausführte und ihre Exzentrizitäten gelassen hinnahm. Er bemerkte einmal: „Der Verlust ihres Vermögens scheint ihr Vertrauen in ihren Glücksstern und den Glauben daran, dass er wieder aufsteigen wird, nur bestärkt zu haben. Sie begegnet allen Misslichkeiten mit Unbekümmertheit.“[49] Auch Lady Moorea bestätigt den völligen Mangel an Pessimismus, der ihre Großmutter selbst unter widrigsten Umständen auszeichnete: „Ich habe sie niemals über ihre Lage jammern gehört.“[50] Wie Holroyd berichtet, konnte nichts ihre Grandezza erschüttern: „Ungeachtet aller Verwahrlosung präsentierte sie uns bis zuletzt dieses geisterhafte Abbild der d'annunzianischen Heldin. ‚Bringt die Getränke!‘, rief sie, und ein vom Alter gebeugter italienischer Domestik kam mit einer halbvollen Bierflasche angeschlurft.“[51]

Ihre Wohnungen wechselte die Marchesa je nach aktueller finanzieller Lage. Mehrere Jahre lang logierte sie in Hamilton House in Piccadilly, unweit von Hyde Park Corner, in einem Apartment im obersten Geschoss. Sie war entzückt über die romantische historische Bedeutung dieses georgianischen Gebäudes, das einst Lady Emma Hamilton, Lord Nelsons Geliebte, und später Lord Byron beherbergt hatte. Jahrzehnte zuvor war Casati in den damals noch opulenten Räumlichkeiten von Hamilton House ein häufiger Gast der wilden Partys von Baronin d'Erlanger gewesen. Hier verbrachte sie die Zeit bis zum Ende des Krieges, neben einer Vielzahl anderer exzentrischer ausländischer Persönlichkeiten, die sich eher von den günstigen Mieten als von der legendären Vergangenheit angezogen fühlten; auch Aleister Crowley residierte hier für kurze Zeit.[52] Französische Flüchtlinge und Offiziere der amerikanischen Armee vervollständigten die bunte Hausgemeinschaft. Der Schriftsteller Maurice Druon, der damals als Flüchtling nach London gekommen war, um sich Charles de Gaulles Freien Französischen Truppen anzuschließen, beschrieb die Wohnungen im Hamilton House als „prachtvoll, aber heruntergekommen, mit unzuverlässiger Bedienung, unorthodoxer Möblierung und ziemlich durchgelegenen Matratzen".[53] Während der Luftangriffe und Bombardements harrte die Marchesa unerschütterlich in der Not und Tristesse der schwer geprüften britischen Hauptstadt aus. Das Chaos schien ihr nichts anhaben zu können, und selbst während der strengsten Lebensmittelrationierung mussten ihre geliebten Pekinesen niemals hungern.

Luisas häufige Adresswechsel machten es nötig, ihre Besitztümer zum Teil bei Freunden und Bekannten zu lagern. Einem italienischen Lebensmittelkrämer in der Old Compton Street vertraute sie nebst anderen Stücken das Kristallschwert an, das sie auf dem Bal de Cagliostro getragen hatte. Eine Zigeunerin hatte ihr einst prophezeit, dass ihr Glück so lange anhalten würde, wie sie das Schwert besäße; als der Laden des Italieners bombardiert wurde, verfiel Luisa demgemäß in Panik. Wie durch ein Wunder konnte sie ihr Schwert heil aus den Trümmern herausholen, obwohl ihre anderen Habseligkeiten dabei verloren gingen, darunter angeblich ein faustgroßer Topas, den ihr der Abkömmling eines türkischen Sultans geschenkt hatte. Der Krämer hatte für diese zweifelhafte Behauptung nur ein verärgertes Schulterzucken übrig.[54]

Seit den 1930er Jahren war Luisa mit Cecil Beaton befreundet, der sich damals schon als einer der herausragenden britischen Fotografen und Bühnen- und Kostümbildner etabliert hatte. In seinen Tagebüchern schildert Beaton die Ankunft der Marchesa bei ihrem ersten Besuch auf Ashcombe, dem Landhaus, das er in Dorset gemietet hatte, als sie an einem der kältesten Tage des Winters durch den Schnee stapfte, angetan mit einem riesigen Cowboyhut, einer eng anliegenden kurzen Jacke aus Goldbrokat, weißen Tennishosen aus Flanell und Korksandalen an den bloßen Füßen.[55]

In späteren Jahren sollte ihre Freundschaft einen tiefen Riss erleiden; dennoch war Beaton einer der glühendsten Verehrer Luisas. In seinem Buch *The Glass of Fashion* erinnert er sich Luisas und der zunehmenden

Verwahrlosung ihrer Lebensumstände. An einem trüben Wintertag während des Krieges, als Beaton sie wie so oft zum Lunch in sein Haus einladen wollte, fand er die Marchesa damit beschäftigt, sich an dem Tisch in der Mitte ihres Zimmers ihre dicke Augenkosmetik aufzulegen. In diesem staubbedeckten Ambiente erblickte Beaton „eine erschreckende Vision des Niedergangs: alte künstliche Blumen, kaputte Uhren, Flaschen mit vergälltem Spiritus". Er fährt fort:

Als wir in mein Haus kamen, entspannte sie sich in der Wärme und wurde enthusiastisch und fröhlich wie ein Kind. „Wir wollen alles genießen – dieser köstliche Sherry, wie selten man so etwas bekommt. Das offene Feuer, der Duft nach Rosmarin, wie gut das alles tut." Ihr Gebaren war das einer Kaiserin, ihre Gesten forsch und kraftvoll. Und irgendwie schien der unbezwingbare Lebensmut in ihr diesen alten Papierkorb aus schwarzem Satin auf ihrem Kopf zu veredeln und die alte Baumwollrose auf ihrer Schulter in ein Kunstwerk zu verwandeln. Hier saß eine große Persönlichkeit, eine Frau, deren Charakter und Courage über jede Mittelmäßigkeit erhaben waren und die Armut in Würde verwandeln konnte.[56]

Manche Quellen geben an, dass Luisa während der fast zwei Jahrzehnte, die sie in London verbrachte, an mehr als 15 verschiedenen Adressen lebte; mit einiger Zuverlässigkeit dokumentiert sind neben dem Haus in Mayfair, der Etagenwohnung in der Stratton Street und Hamilton House in Piccadilly noch das Hotel in der Jermyn Street, eine Wohnung in der Ebury Street 110 sowie eine weitere in der Moscow Road unweit der Kensington Gardens, außerdem Räume in der Half Moon Street, in der Clarges Street 1 und in der Cheyne Row.

Nebenbei war die Marchesa regelmäßig bei vielen ihrer Sponsoren und deren Freunden zu Gast, wie etwa in Augustus Johns Atelier in Chelsea und auf seinem Anwesen in Hampshire. Angesichts ihrer Gewohnheit, die angebotene Gastfreundschaft deutlich überzustrapazieren, ist es nicht verwunderlich, dass ihre Besuche bald eher gefürchtet waren. Der Bühnenbildner Oliver Messel, der Luisa aus Venedig kannte und gut mit ihr befreundet war, sah sich gezwungen, seinem Freund Carl Toms, der die Marchesa unbedingt kennen lernen wollte, diesen Wunsch abzuschlagen, wie Toms sich erinnert. Auf seine Frage, ob man die Dame nicht zum Tee bitten könne, antwortete Messel: „Ich fürchte, das wird nicht gehen. Als Hugh Skillen sie einmal zum Tee eingeladen hat, ist sie drei Tage geblieben.“[57]

Lord Alington und Lord Berners luden die Marchesa häufig ein, sich für ein Wochenende auf dem Land zu entspannen. Alingtons Tochter Mary Anna Marten erinnert sich gern an Luisas Besuche in Crichel:

> *Ich war damals erst neun oder zehn Jahre alt und die Leute dachten, ich würde mich vor ihr fürchten. Aber ich fand sie einfach toll. Diese riesigen Augen werde ich nie vergessen oder ihren hohen Zylinder mit dem Schleier und wie freundlich sie immer zu mir war … Casati wegen ihrer grellen Extravaganz für eine derbe Person zu halten, wäre ein Trugschluss. Sie war nicht die Spur vulgär. Sie war die Letzte ihrer Art. Nach ihr hat es keine mehr wie sie gegeben. Das macht vielleicht verständlich, weshalb so viele von uns sie später mit kleinen Geschenken unterstützen wollten.*[58]

Auch Lord Berners war Luisa bis zu seinem Tod 1950 ein verlässlicher Freund. Allerdings war auch sie nicht vor seinen Scherzen gefeit. Angeblich war es Berners, der das boshafte Gerücht in die Welt setzte, Casati habe, um zu Geld zu kommen, in ihrer Verzweiflung in einem schottischen Schloss angeheuert, wo sie in weiße Schleier gehüllt Schlag Mitternacht auf der Terrasse ihren Auftritt als Hausgeist zu absolvieren habe.

Ein anderes Gerücht wirft ebenfalls ein wenig würdevolles Licht auf Luisas Gewohnheiten in jener Phase. Angeblich pflegte sie Geschenke von engen Freunden weiterzuverkaufen, etwa antike Porzellanstücke, in Leder gebundene Bücher oder Kristalle. Ob ihre Wohltäter davon wussten, ist nicht dokumentiert, doch nach einiger Zeit nahm die Zahl der Geschenke merklich ab. Edoardo Amman, der Sohn von Luisas Cousin Mario, bestätigt diese Geschichte. Im Dezember 1948 besuchte der damals 26-Jährige die Marchesa in London, um die Frau zu sehen, deren glamouröse Eskapaden in Venedig, Capri und Paris jahrelang für Gesprächsstoff in der Familie gesorgt hatten. Doch an Stelle der strahlenden Königin aus einem dekadenten Märchen, die er erwartet hatte, traf er „eine freundliche, magere alte Frau, die manchmal ein zerschlissenes Leopardenfell trug. Unter ihren Betttüchern zog sie eine Flasche Gin hervor. Als wir zum Lunch ausgingen, war sie geschminkt wie ein Clown." Alles in allem erschien ihm seine berüchtigte Anverwandte als „alte Frau, die alles verloren und sich hinter die Mauern ihrer verzweifelten Selbstsucht zurückgezogen hatte".[59]

Selbst aus den Erinnerungen verständnisvollerer Zeitgenossen ergibt sich ein beunruhigendes Bild Luisas, verwahrlost und von Drogen gezeichnet. Philippe Jullian berichtet, er habe sie einmal dabei beobachtet, wie sie Mülleimer nach Stofffetzen aus Samt und Spitze durchwühlte. Laut einem anderen Gerücht pflegte sie ihr Outfit mit Affenpelzresten zu schmücken, die ihr eine Garderobiere der Chelsea Palace Music Hall überließ.[60] Nachdem sie sich Taxis nicht mehr leisten konnte und ihre unorthodoxe Aufmachung die Benutzung öffentlicher Verkehrsmittel nicht zweckmäßig erscheinen ließ, entschlossen sich einige Freundinnen, ihr ein paar konventionellere Kleidungsstücke nähen zu lassen. Doch als die Schneiderin zur ersten Anprobe erschien, wurde sie wütend aus der Wohnung gewiesen.[61] Stattdessen stolzierte Luisa in von Porzellanspangen zusammengehaltenen Leopardenfellen, Federn und hoch geschlitzten Röcken, die ihre immer noch bemerkenswert wohlgeformten Beine enthüllten, durch die Straßen Londons. Dicke Ringe aus schwarzer Schuhcreme umrandeten ihre Augen, da sie sich teure Kosmetika nicht mehr leisten konnte. Das ganze Ensemble wurde gekrönt von einem hohen, zerknautschten Hut und dem unvermeidlichen schwarzen Schleier.

Unter dem Einfluss der berauschenden Substanzen, die sie konsumierte – die Angaben reichen von Alkohol bis zu Kokain und Opium –, konnte Luisa ein überaus unterhaltsamer Dinergast sein, wenn auch zuweilen etwas schwer verständlich. Sobald allerdings die Wirkung der Aufputschmittel nachließ, fühlte sie sich krank und neigte zu unberechenbaren Zornesausbrüchen.[62]

Cristina war nicht nur mit der schwierigen Aufgabe konfrontiert, sich um ihre Mutter zu kümmern. Anfang der 1940er Jahre mussten sie und Hastings sich wohl oder übel das Scheitern ihrer Ehe eingestehen. Ihre Tochter Moorea besuchte damals ein Internat in der Schweiz. In den Ferien begleitete sie ihre Großmutter häufig zum Lunch ins Royal Court Restaurant am Sloane Square, jedoch nicht bevor Cristina ihr die übliche ernste

Warnung mit auf den Weg gegeben hatte: „Du darfst deiner Großmutter niemals Geld geben. Du kannst sie einladen, ihr Geschenke oder Essen kaufen, aber du darfst ihr unter keinen Umständen Geld anbieten oder sie nach Hause einladen; sobald sie einen Fuß hineinsetzt, wird es *ihr* Haus sein."[63]

Lady Moorea erinnert sich, mit welcher Nervosität sie als Schulmädchen die Besuche bei ihrer unberechenbaren Großmutter, die in der Familie liebevoll „Malu" genannt wurde, absolvierte: „Ich fürchtete mich vor ihr, weil man nie wusste, was passieren würde. Wenn sie ein Restaurant betrat, drehten sich sämtliche Gäste nach ihr um und starrten sie an. Wie peinlich das war!" Dennoch genossen die beiden üblicherweise ihre gemeinsamen Ausflüge. Trotz aller Verlegenheit konnte Moorea nicht anders als hilflos kichern, wenn die Marchesa in einem Restaurant ihren Lieblingsstreich durchspielte. Dazu pflegte sie sich einen nichts ahnenden Gast auszusuchen, um ihn dann in deutlich vernehmbarem Flüstern und einem Mischmasch aus Französisch, Italienisch und stark akzentverbrämtem Englisch mit erschreckender Präzision zu imitieren. Danach ging sie zu Spekulationen über Charakter und Lebensstil ihres Opfers über, die in der Regel natürlich alles andere als schmeichelhaft ausfielen.[64]

Luisas boshafte Ader blieb auch Cecil Beaton nicht verborgen, wie dieser Eintrag aus seinen Tagebüchern der Jahre 1939–44 bezeugt:

> *Sie ist für viele nicht nur eine exotische, sondern eine geradezu Furcht erregende Erscheinung; doch kaum jemand ahnt, was hinter der schwarzweißen Maske ihres Gesichts wirklich vor sich geht. Tatsächlich ist Luisa eine sehr menschliche und höchst geistreiche und witzige Persönlichkeit, deren ganze Leidenschaft der Schönheit in ihren fantastischeren Erscheinungsformen gilt und die das ungläubige Staunen genießt, das sie in nichts ahnenden Fremden auszulösen pflegt. Sie besitzt auch einen Hang zur Grausamkeit und hat schon so manchen Gegner mit einem einzigen Satz zur Strecke gebracht; in ihrem Sarkasmus und ihrer Bitterkeit kann sie erbarmungslos sein.*

1943 ließen Cristina und John Hastings sich scheiden; im Jahr darauf heirateten beide erneut, Hastings die Schriftstellerin Margaret Lane und Cristina Wogan Philipps, den späteren Lord Milford. Auf Grund seiner Position in der britischen kommunistischen Partei wurde Philipps auch der nicht ganz so aristokratische Titel „der Rote Peer" verliehen. Cristina und Philipps gründeten eine landwirtschaftliche Kooperative in Italien, bevor sie sich schließlich nach Butler's Farm in Colesborne, Gloucester, zurückzogen. Das ohnehin gespannte Verhältnis zwischen Luisa und ihrer Tochter erlitt eine weitere Beeinträchtigung, als Philipps seiner Schwiegermutter Hausverbot erteilte. Seine strikte Haltung erwuchs nicht nur aus der Sorge, dann womöglich für Luisas Lebensunterhalt aufkommen zu müssen, sondern auch aus der seiner Ansicht nach groben Vernachlässigung ihrer Mutterpflichten gegenüber Cristina in der Vergangenheit. Überdies waren die politischen Ansichten Casatis mit denen ihres Schwiegersohns kaum vereinbar. Während des folgenden Jahrzehnts blieb der Kontakt zwischen Luisa und ihrer Tochter und deren Mann auf ein absolutes Minimum beschränkt.

Anfang der 1950er Jahre wurde bei Cristina Brustkrebs diagnostiziert. Die Ärzte konnten die Ausbreitung der Krankheit nicht verhindern. Am 22. März 1953 starb Cristina Philipps auf Butler's Farm im Alter von 51 Jahren. Ihre Mutter war bei dem Begräbnis, das auf dem Landsitz stattfand, nicht anwesend. Einige Zeit später fand man heraus, dass Cristina während ihrer Krankheit stundenlange autobiografische Aufzeichnungen auf Band aufgenommen hatte, die Wogan Philipps nach ihrem Tod vernichtete – somit war das einzige Dokument, das Licht auf die komplexe Beziehung zwischen Cristina und ihrer egozentrischen Mutter hätte werfen können, unwiederbringlich verloren.

Dass Cristina ihrer Mutter dennoch eine gewisse Bewunderung entgegenbrachte, zumindest was deren Talente als Organisatorin sensationeller Feste betraf, deutet eine Bemerkung an, mit der sie einmal die Ausstattung eines Maskenballs kommentierte, den sie in Begleitung einer amerikanischen Gesellschaftskolumnistin besuchte:

> *Während wir die lange Vorhalle passierten, bemerkten wir in regelmäßigen Abständen bestimmte Herren, die zwar speziell für diesen Anlass angeheuert worden waren und danach wieder in ihre Vororte zurückkehren würden, doch hier mit ihren Lendenschurzen eine durchaus überzeugende Darstellung nubischer Sklaven lieferten … Die Wirkung war großartig. Alle Gäste waren höchst beeindruckt*

vom nubischen Flair der Party – alle, mit Ausnahme von Lady Hastings. Ihr einziger Kommentar war: „Bei Mutter wären es richtige Nubier gewesen.“[65]

Zur Zeit, als ihre Tochter starb, war Luisa bereits in das Apartmenthaus in Beaufort Gardens 32 in Knightsbridge in der Nähe von Harrods gezogen, das ihre letzte Adresse werden sollte. Dort bewohnte sie ein einziges Zimmer, dessen Balkon sie mit ihren Nachbarn teilte, darunter Prinz Monolulu, ein für seine gefiederten Eingeborenenkostüme und Tipps fürs Pferderennen berühmter, selbst ernannter afrikanischer Edelmann, der auch schon bessere Tage gesehen hatte. Hier führte Luisa ein ruhigeres, wenngleich nicht minder exzentrisches Leben, das von ihren Tagen als eine der faszinierendsten Musen der schönen Künste Lichtjahre entfernt schien. Doch dass die inspirierende Kraft ihrer Persönlichkeit ungebrochen war, zeigte sich noch im selben Jahr zunächst in Italien, später auch in Amerika und Frankreich.

4

„Mrs. Goforth, was ist das für ein Gefühl, schon zu Lebzeiten eine Legende zu sein?“ Mrs. Goforth ist die Protagonistin aus Tennessee Williams' 1953 entstandener Kurzgeschichte *Man Bring This Up Road*, die – das ergibt sich aus einer Analyse – von Luisa Casatis ungewöhnlichem Leben inspiriert wurde. Die allegorische Handlung dreht sich um Flora Goforth, eine reiche Kunstmäzenin, die mit ihrer Menagerie von Haustieren in einer Villa abseits der Amalfiküste lebt, und ihre apokalyptische Begegnung mit einem vagabundierenden Dichter, der in Wahrheit vielleicht der Engel des Todes ist. Die Idee zu dieser Geschichte entstand in Venedig während Williams' Zusammenarbeit mit Luchino Visconti für den Film *Senso*. Aller Wahrscheinlichkeit nach war es Visconti, der Williams von der Marchesa erzählte; einst, als kleiner Junge, hatte der Regisseur sie im Zug nach Cortina getroffen.[66] Als weiterer Informant diente vermutlich Luisas Verbündeter Sir Harold Acton, den Williams in Rom kennen lernte.[67]

Aus der Kurzgeschichte entstand später Williams' Drama *The Milk Train Doesn't Stop Here Anymore*, das 1964 mit Tallulah Bankhead in der Hauptrolle am Broadway Premiere hatte.[68] Die Parallelen zwischen Goforth und Casati wurden im Stück um die Verbindungen zu den Ballets Russes, eine Aufsehen erregende Residenz außerhalb von Paris und Hinweise auf spektakuläre Auftritte auf Maskenbällen in den 1920er Jahren erweitert. Eine weitere Figur des Stücks scheint ebenfalls von Luisa inspiriert zu sein – die Marchesa Condotti, auch die Hexe von Capri genannt, deren Kostümierung und Ankunft per Seilbahn Luisas erster Caprireise im Jahr 1920 entnommen scheinen. 1968 adaptierte Williams sein Stück für den Film *Boom* mit Elizabeth Taylor, Richard Burton und – in einer bizarren Verwirrung der Geschlechter – Noël Coward als Hexe von Capri.

Mit dem Erscheinen von *On the Road* wurde Jack Kerouac 1957 schlagartig als die ikonoklastische Stimme der Beat Generation berühmt. Vor seinem literarischen Durchbruch hatte Kerouac viele Jahre seine Inspiration in einem rastlosen und letztlich selbstzerstörerischen Lebensstil gesucht. Im März 1954, während eines Aufenthalts im Cameo Hotel in San Francisco, schrieb er 80 kurze Gedichte, die er unter dem Titel *San Francisco Blues* zusammenfasste.[69] An der Wand seines Hotelzimmers befand sich durch Zufall eine fleckige und zerrissene Reproduktion von Augustus Johns Casati-Porträt von 1919.[70] Kerouac wusste kaum etwas über die Geschichte der Frau auf dem Bild, ebenso wenig war ihm bekannt, dass sie fast 30 Jahre zuvor San Francisco besucht hatte. Dennoch inspirierte ihn Luisas einzigartige Aura – und Johns kunstfertige Darstellung ihrer Komplexität – dazu, drei Gedichte seiner Sammlung der Marchesa Casati zu widmen, die nicht nur die sinnliche Faszination widerspiegeln, die sie auf den Dichter ausübte, sondern auch einige erstaunlich d'annunzianische Anspielungen enthalten.

Im Mai 1954 publizierte der französische Schriftsteller Maurice Druon seinen Roman *La Volupté d'être*, der von den letzten Tagen der Contessa Lucrezia Sanziani handelt, einer Kurtisane aus der goldenen Zeit der Belle Époque, der einst Könige und Krieger zu Füßen gelegen waren und die von Literaten und Malergenies geliebt und in ihren Werken verewigt worden war. Dem schäbigen Ambiente des römischen Hotels, in dem La Sanziani ihren Lebensabend verbringen muss, entflieht sie durch Reminiszenzen an ihre Glanzzeit in Pariser Schlössern und venezianischen Palazzi, mit denen sie ihr fasziniert lauschendes Zimmermädchen, die zweite Hauptfigur des Romans, bezaubert. In Interviews nach der Veröffentlichung des Buches gab Druon an, die Figur der Sanziani basiere zu drei Vierteln auf der Gestalt der Marchesa Casati; die zweite Quelle seiner Inspiration war die italienische Schönheit Contessa Anna Morosini, die Geliebte Kaiser Wilhelms II.[71]

Mehr als ein Jahrzehnt vor Erscheinen des Romans hatte der Autor Casati in London kennen gelernt, als beide in Hamilton House logierten. Seine Schilderung bezeugt die bleibende Faszination, die er für Luisa empfand und die ihn später inspirierte:

> *Wenn Luisa Casati durch London spazierte, mussten die Engländer, die üblicherweise durch nichts zu schockieren sind, all ihre Selbstdisziplin zusammennehmen, um dieses Phantom nicht mit offenem Mund anzustarren, das da in seinem abgetragenen Ensemble aus Samt, Leder und Pantherfell daherkam. Zu Hause liebte sie es, in einem Handspiegel ihr Gesicht zu betrachten, während sie in ihren etwas verworrenen Erinnerungen schwelgte und mit tragischer, ersterbender Stimme erzählte, wie eine ältliche Kameliendame. Obwohl sie völlig mittellos war, gelang es Casati, sich ihre Selbstachtung zu erhalten, ebenso wie jene Illusion von Schönheit und Charme, die man in Frauen findet, die oft verführt haben und verführt worden sind.*[72]

La Volupté d'être, das in Frankreich hervorragend aufgenommen wurde und immer noch neu aufgelegt wird, wurde auch in mehrere Sprachen übersetzt; die deutsche Ausgabe erschien 1963 unter dem Titel *Die Contessa.*[73] Der Erfolg des Romans bewog Druon, es für die Bühne zu adaptieren. 1962 fand am Théâtre de Paris die Premiere von *La Contessa* statt; die Produktion erhielt in Frankreich ebenso wie danach in Italien, Griechenland und Russland ausgezeichnete Kritiken. Den englischsprachigen Bearbeitungen sollte weniger Glück beschieden sein.

Nicht lange nach der erfolgreichen französischen Inszenierung begann der amerikanische Produzent Leland Hayward mit den Vorbereitungen für eine Aufführung in London; der Dramatiker Paul Osborn wurde mit der Erstellung der englischen Version beauftragt. Als Besetzung für die schwierige Rolle der aufdringlichen und doch machtvollen Persönlichkeit der Sanziani wählte Hayward Vivien Leigh. Doch bereits die erste Aufführung von *La Contessa*, die am 6. April 1965 in Newcastle-upon-Tyne stattgefunden hatte, erhielt katastrophale Kritiken; die Regie wurde ebenso bemängelt wie die Dialoge und das Bühnenbild. Das Ensemble spielte zwar noch einige Vorstellungen, doch angesichts der schlechten Presse war kaum mit vollen Häusern zu rechnen und nach nur einem Monat wurde das Stück abgesetzt.

Dieser Misserfolg hinderte den Hollywoodregisseur Vincente Minelli nicht daran, sich ein Jahrzehnt später an einer Adaptierung von Druons Roman für die Kinoleinwand zu versuchen. Seine damals fast 30-jährige Tochter Liza erschien ihm als die perfekte Besetzung für die Darstellung des Zimmermädchens Carmela, mit dem die Contessa sich anfreundet – laut Drehbuch ein zartes, scheues junges Mädchen von 17 Jahren. Für die entscheidende Rolle der Sanziani konnte Ingrid Bergman gewonnen werden. Die Premiere von *A Matter of Time* fand im Oktober 1976 in der Radio City Music Hall in New York statt, doch wie die englische Bühnenfassung Jahre zuvor erhielt auch der Film vernichtende Kritiken. Er musste nach kurzer Zeit aus dem Programm genommen und als Verlustgeschäft verbucht werden.[74]

Mehr als ein halbes Jahrhundert nach seiner ersten Begegnung mit Luisa erinnert sich Maurice Druon an die bemerkenswerte Frau, die ihn zu einem seiner berühmtesten Werke inspirierte:

> *Luisa Casati ist unter all den Persönlichkeiten, die mir begegnet sind, eine einzigartige Erscheinung – eine Frau, die erfüllt war von der Betrachtung ihrer selbst, der romantischen Gestaltung ihres lebenden Traums, besessen davon, sich selbst verschwinden zu sehen.*[75]

5

Das einst so extravagante Leben der Marchesa Luisa Casati hatte in weitläufigen Villen und luxuriösen Suiten begonnen, sie in eine Ehe in einem gleichermaßen privilegierten Umfeld geführt, später in einen venezianischen Palazzo am Canal Grande und ein Palais aus rosafarbenem Marmor am Rande von Paris. Diaghilew, Nijinsky, Isadora Duncan, Robert de

Montesquiou, Giovanni Boldini, Artur Rubinstein und Jean Cocteau hatten teilgehabt an all dieser Opulenz. Gabriele D'Annunzio, Kees van Dongen und Augustus John hatten Luisa Casati geliebt. Sie hatte ein riesiges Vermögen verschleudert für die Schaffung eines nächtlichen Universums nie enden wollender Maskeraden, für Kostüme von Bakst und Roben von Fortuny – für die Begründung ihrer eigenen Unsterblichkeit. Nun war ihr Leben auf die vier Wände eines kleinen gemieteten Zimmers in Beaufort Gardens 32 beschränkt.

Die wenigen Habseligkeiten, die ihr noch geblieben waren, hätten selbst die Trödler an der Portobello Road kaum begeistert – ein Rosshaarsofa und eine altmodische Badewanne, eine kaputte Kuckucksuhr und verstaubte Bouquets aus künstlichen Blumen. Auch einige Kuriositäten befanden sich darunter, etwa ein ausgestopfter Löwenkopf, eine Maske von Perikles, die den Kaminsims zierte,[76] und ein Kristallreliquiar, von dem die Marchesa behauptete, es enthielte das Fragment eines Fingers von Petrus, das während einer Séance auf sie herabgefallen war. Die Bücher, die sie noch besaß, waren so arrangiert, dass die mit Goldschnitt versehenen Seiten nach außen wiesen, was an Stelle einer alltäglichen Reihe von Büchern den Eindruck eines glänzenden Goldbarrens erweckte.[77] Mitten durch dieses kuriose Arrangement bahnten sich Luisas alternde Pekinesen ihren Weg.

Doch selbst unter diesen bedrückenden Bedingungen bewahrte Casati sich eine ansteckende Lebenslust. Fred Rainer, den sie in ihren späteren Londoner Jahren kennen lernte, erinnert sich an Einladungen zu Dosenmahlzeiten oder an ihre aufgeregten Anrufe, wenn sie wieder einmal zu Geld gekommen war: „Ich habe zehn Shilling – kaufen wir uns eine Flasche billigen Wein oder sollen wir uns ein Taxi leisten?"[78]

Der materielle Reichtum der Marchesa war längst Vergangenheit, doch der Reichtum ihrer Fantasie wurde dadurch keineswegs geschmälert. Das demonstriert wohl am besten die unerwartete Rückkehr zu den künstlerischen Ambitionen ihrer Kindertage. Neben Karikaturen, die sie von Freunden und Feinden anfertigte,[79] entwickelte Luisa in ihren letzten Lebensjahren eine Leidenschaft ganz besonderer Art: Sie verbrachte Stunden damit, Fotografien, Überschriften und sonstige Details, die sie ob ihrer Schönheit oder ihres bizarren Charakters ansprachen, aus Zeitungen und Magazinen auszuschneiden und daraus Collagen zusammenzustellen. Dabei bewies sie einen unfehlbaren Blick für sowohl satirische als auch ästhetische Bildkomposition; die offensichtliche Sorgfalt, mit der sie aus so vielen zusammenhanglosen Einzelteilen jeweils eine bestimmte Idee klar und deutlich herausarbeitete, beweist, dass dies kein bloßer Zeitvertreib war. Ein Blatt etwa, das von einem Bild Heinrichs VIII. dominiert wird, zeigt neben einem ominösen, surrealistisch überdimensionierten Rasiermesser eine Reihe viel kleinerer Schaufensterpuppen, deren Köpfe säuberlich abgeschnitten wurden. Luisas Collagen füllten schließlich drei überdimensionale Alben.[80] Doch ihr neues Steckenpferd fand ein abruptes Ende, wie Philippe Jullian berichtet:

> *Die Marchesa schien einen regelrechten Horror vor Geld zu haben. Cecil Beaton, einer ihrer jüngeren Freunde, bewunderte einmal ihre Collagen … die wie alles, was durch die Hände der Marchesa ging, eine eigenartige Anziehungskraft besaßen. Er schlug ihr vor, eine Ausstellung ihrer Collagen vorzubereiten. Doch sobald sie auf ein lukratives Ziel hinarbeiten sollte, verließ sie die Inspiration und sie fasste nie wieder eine Schere an.*[81]

Nebenbei frönte Luisa nach wie vor ihrer Leidenschaft für das Okkulte. Ihre Sammlung magischer Utensilien war über das ganze Zimmer verstreut, auf allen Tischen und in allen Schränken. Mit Wachs beschmierte Rechnungen, die mit Brandlöchern verziert sind, belegen den Kauf so essenzieller Artikel wie Kristalle und indischer Weihrauch.[82] Nachdem sie sich professionelle Medien nicht mehr leisten konnte, entwickelte Luisa ihre eigenen Methoden, um mit dem Jenseits in Kontakt zu treten, nicht nur mit dem Ouijabrett, sondern auch mit Hilfe eines Stabs, der ihren Behauptungen nach einst einem großen Magier gehört hatte, und eines großen, von einem Engel gekrönten Bronzeschlüssels.[83]

Während die Abende okkulten Ritualen gewidmet waren, verbrachte Casati so manchen Tag mit der Erstellung von Listen. Auf einer notierte sie etwa sämtliche prominente Persönlichkeiten, die sie gekannt hatte, auf anderen versuchte sie, die zahllosen Künstler zu katalogisieren, berühmte und unbekannte, die sie porträtiert hatten. Die Schwierigkeit, einen umfassenden Index sämtlicher Mitwirkender an der „Casati-Galerie" zu erstellen, erklärt sich auch aus der Unvollständigkeit und Ungenauigkeit von Luisas eigenen Aufzeichnungen und dem Fehlen von Informationen über wenig bekannte Künstler und jene, die lediglich reiche Amateure waren. So werden etwa Boldini, John, Van Dongen und Epstein neben Hohenlohe, Nikolai Riabushinsky, Oliver Messel und Eduardo Chicharro, dem Direktor der spanischen Akademie der Schönen Künste in Rom, genannt. Aus der zweiten Gruppe sind nach derzeitigem Wissensstand keine Casati-Porträts erhalten. Die überraschendste Nennung auf Luisas Liste ist allerdings wohl Tranquillo Cremona, ein Künstler, der zum Zeitpunkt ihrer Geburt bereits über drei Jahre tot war.

Die Marchesa besaß noch eine weitere Liste, die weitaus dämonischeren Zwecken diente: Auf ihr hatte sie die Namen all jener Personen notiert, die ihr nach ihrer Meinung in irgendeiner Weise unrecht getan hatten. Cecil Beaton nahm auf dieser Liste einen Ehrenplatz ein. Die Freveltat, die zum Bruch ihrer jahrelangen Freundschaft führen sollte, beging Beaton auf einer Soiree, die Luisa gemeinsam mit ihren Pekinesen besuchte. Unter dem Vorwand, die Hunde zu fotografieren, machte Beaton eine Reihe von Aufnahmen der damals etwa 73-jährigen Marchesa in ihrem abgetragenen Samt- und Leopardenoutfit. Sie durchschaute Beatons Trick sofort und versuchte dem erbarmungslosen Auge der Kamera auszuweichen; auf den Aufnahmen hat sie den Kopf abgewandt oder verbirgt das Gesicht hinter ihrer Hand. Es mutet seltsam ironisch an, dass dies die letzten Porträts einer Frau sind, deren Leben einst der Verherrlichung ihres eigenen Abbilds gewidmet war. Ihre heftige Abwehr war nichts als ein verzweifelter Versuch, die Legende zu schützen, deren Erschaffung so viele Jahre ihres Lebens gegolten hatten.

Um den Zorn seines unfreiwilligen Modells zu besänftigen, versprach Beaton, den Film zu vernichten; stattdessen beging er ein weiteres Sakrileg. 1954 erschien sein Buch *The Glass of Fashion*, ein Lobgesang auf die faszinierendsten und schönsten Frauen der Welt,[84] zu denen er natürlich auch die Marchesa Casati zählte. Das Buch wurde im Schaufenster von Harrods an der Brompton Road beworben, unter anderem mit einem vergrößerten Abzug eines von Beatons verbotenen Bildern von Casati. Luisa war außer sich über diesen Verrat, der noch verschlimmert wurde durch die örtliche

Nähe der Stätte ihrer Schmach zu ihrer Wohnung. Sie wagte sich kaum noch an die Öffentlichkeit aus Angst, sofort erkannt zu werden.

Doch sie hatte das Buch noch nicht gelesen. Eine der Anekdoten, die Beaton darin erzählt, handelt von ihrem nicht stattgefundenen Auftritt als elektrifizierter heiliger Sebastian auf einem Bal Beaumont. Während der Vorbereitungen, so schrieb er, habe sie unablässig Kaffee und Tee konsumiert. Das war nach Meinung der Marchesa eine Diffamierung, die gerichtlich geahndet werden musste. Niemals hätte sie vor einem glanzvollen Fest so triviale Getränke auch nur angerührt, versicherte sie; nichts als Champagner hätte sie akzeptiert. Moorea gelang es mit Müh und Not, sie von der Idee einer Klage abzubringen, da ganz abgesehen von den Kosten wohl kaum ein Richter diese ästhetisch motivierte Anschuldigung ernst genommen hätte.

Unbeirrt von der Realität versuchte Luisa ihrem Zorn auf okkultem Wege Luft zu verschaffen. Die Botschaften, die sie aus dem Jenseits erhielt, sind auf zerknitterten Papierfetzen im Familienarchiv nachzulesen: „Habe Beaton getötet. Versuche seine Vernichtung fortzusetzen … Gebe dir Macht über abscheuliche Person." Trotz dieser Verwünschungen würde Beaton noch fast 25 Jahre am Leben bleiben. Andere mystische Botschaften enthüllen das Bild einer Frau, die zwar niemals über ihr Los klagte, doch nichtsdestoweniger mit ihrer gegenwärtigen Situation unzufrieden war, die durch den Tod einiger Wohltäter wie Lord Alington, Lord Tredegar und des Duke of Westminster noch prekärer wurde. Die Geister versprachen ihr Geld und Verehrung: „Deine Freude wird herrlich sein. Großes Geschenk von Cuevas wird kommen. Westminster hat ein Testament für dich gemacht … Ich verspreche, du wirst eine reiche Marquise sein. Die Menschen werden dich achten und dir gehorchen."

Auch als alte Frau besaß Luisa noch eine dominierende Persönlichkeit, die alle faszinierte, die sie trafen. Manche bewunderten ihre Exzentrizität und ihren unleugbaren Camp-Appeal lediglich aus der Ferne, andere wurden enge Freunde.[85] Einer davon war Joseph Paget-Fredericks, der damals in Kalifornien lebte und unterrichtete; dort war er Luisa auch in den 1920er Jahren während ihrer Amerikareise begegnet. Fasziniert von ihrer Vorgeschichte nahm er wieder Kontakt zu ihr auf und verewigte sie auch auf mehreren Porträts. Eines zeigt sie etwa in Schwarz, Weiß und

Gold gekleidet in Begleitung ihrer zahmen Geparden vor einem goldenen Hintergrund.[86] Daneben entwarf Paget-Fredericks eine Reihe von Fantasiekostümen, für die der Stil Casatis Pate stand. Um auch andere an seiner Begeisterung teilhaben zu lassen, veranlasste er, dass im Rahmen einer Ausstellung über die Welt des Tanzes ein Teil ausschließlich der Marchesa gewidmet wurde; die Ausstellung war ein großer Erfolg und erhielt ausgezeichnete Kritiken.

Paget-Fredericks war nicht der einzige, der sich an Luisa und ihre glanzvolle Extravaganz erinnerte. Im Lauf der Jahre erschienen eine Reihe von Tagebüchern und Memoiren von Casatis Freunden und Bekannten, in denen sie auch von ihren erstaunlichen Begegnungen mit dieser einzigartigen Frau berichteten, deren schillernde Exzentrizität und Aufsehen erregender Stil vom düsteren Grau des Nachkriegseuropa Lichtjahre entfernt lag. Man sehnte sich zurück nach den glamourösen Tagen des venezianischen Lido und den funkelnden Nächten von Paris und St. Moritz. Die Memoiren des Schriftstellers Beverley Nichols spiegeln diese nostalgische Melancholie vielleicht am besten wider, und auch er entsinnt sich der legendären Marchesa:

> *Erinnern Sie sich noch an die Marchesa Casati, dieses Monster, das einem von Beardsleys Bildern entsprungen schien ..., und wie sie jenen fantastischen Ball betrat, neben sich einen Pagen, den sie mit Blattgold hatte überziehen lassen – und war der Page infolge dieser Behandlung tatsächlich erstickt? Wenn ja, was war mit der Leiche passiert? Werden wir jemals die Antworten auf diese Fragen erfahren, die uns einst so faszinierten?*[87]

Darüber hinaus wird Luisa auch in Curzio Malapartes Stück *Das Kapital* und Evelyn Waughs Roman *Unconditional Surrender* erwähnt.

Von März bis Juni 1954 fand in der Royal Academy of Arts eine Sonderausstellung zu Ehren Augustus Johns statt, bei der neben vielen anderen bekannten Werken auch das erste seiner Casati-Porträts aus 1919 gezeigt wurde. Luisa besuchte die Ausstellung in Begleitung eines Freundes, des Kunststudenten Bernard Nevill. Er erinnerte sich später: „Als wir uns das großartige Porträt Johns von Casati ansehen wollten, teilte sich buchstäblich die Menge vor ihr, als sie auf das Bild zuging. Sie war immer noch exquisit."[88]

Etwa ein Jahrzehnt zuvor hatte Luisa im Shanghai, einem chinesischen Restaurant in Soho, zufällig ihren alten Bekannten Otto Haas-Heye getroffen. Das bescheidene Ambiente ihres Wiedersehens hätte sich nicht stärker von dem des glamourösen Palace Hotels in St. Moritz unterscheiden können, wo sie sich mehr als 30 Jahre zuvor zum ersten Mal begegnet waren. Auch Haas-Heye hatte – nicht unähnlich der Marchesa – mittlerweile die riesige Erbschaft verschleudert, mit der er seinen luxuriösen Lebensstil finanziert hatte, und musste sich nun als Kunstlehrer verdingen. In den Jahren ihrer erneuerten Freundschaft besuchte er Casati oft in Beaufort Gardens:

> *Der kleine Pekinese lag auf ihren Knien und schien sich bei seiner außergewöhnlichen Beschützerin geborgen zu fühlen. Seine Augen blitzten in der Farbe rauchigen Quarzes, ein Farbton, der sich im Kleid seiner Herrin wieder fand und in ihren unsagbar tiefen und großen Augen kulminierte. Ich sagte ihr, wie schön sie heute war.*
> *Als ich aufbrach, schaute ich noch einmal in den großen und schon fast dunklen Raum zurück, in dem auf einer hohen Säule eine Lampe brannte, auf die massiven Möbel, das auf dem Tisch ausgebreitete große weiße Tuch, wie ein Altar vor dem Fenster, und auf das lebensgroße Porträt D'Annunzios in der Mitte. In dunklem Grün hatte Luisa seinen Namen „Gabriele" auf die Leinwand geschrieben. Auf der Frisierkommode standen große weiße Blumen, die aussahen wie Tauben.*[89]

1956 war die Marchesa Mitte siebzig. Ihre Enkelin und ihre Freunde bemühten sich, die Einsamkeit zu mildern, die für sie so unerträglich war. Einer von ihnen war Sydney Farmer, ein Lebemann und selbsternannter Spiritist, mit dem Luisa ihre Leidenschaft für das Okkulte teilte. Er leistete ihr an vielen Nachmittagen Gesellschaft, brachte ihr Blumen und andere kleine Geschenke und verbrachte Stunden mit ihr vor dem Ouijabrett, während der Duft indischen Weihrauchs den Raum erfüllte.

Im Frühling 1957 zog Luisa sich noch weiter in ihre Traumwelt zurück. Sie hörte auf, Briefe zu schreiben, da sie überzeugt war, durch Telepathie kommunizieren zu können, und behauptete, die Vögel vor ihren Fenstern seien Geister, deren Sprache sie verstünde. Ihre Pekinesen, die einer nach dem anderen starben, ließ sie bei einem Tierpräparator in der Regent Street ausstopfen; die Rechnungen wurden an ihre Enkelin geschickt. Moorea engagierte auch eine Schwester für die regelmäßige Betreuung einer Großmutter, die sich nach wie vor in Samt und Pelz kleidete, ihr Haar feuerrot färbte und mit Belladonna ein Funkeln in ihre berüchtigten Augen zauberte, die langsam ihre Sehkraft verloren.

Am 1. Juni 1957, einem Samstag, nicht lange nach einer spiritistischen Sitzung mit Sydney Farmer, erlitt Luisa einen Gehirnschlag und starb um drei Uhr nachmittags in ihrer Wohnung.[90] Sie war 76 Jahre alt. Mit der Organisation der Trauerfeier wurde die Kapelle von Harrods beauftragt. Als Farmer von Luisas Tod erfuhr, fabrizierte er ein Paar neuer falscher Wimpern für sie und holte einen der ausgestopften Pekinesen aus der Wohnung. Für die Aufbahrung kleidete man die Marchesa in schwarzen Samt und Leopardenfell, das Ensemble, das gut ein Jahrzehnt lang ihr Markenzeichen gewesen war. In der Chapel of Our Lady of Sorrows des Brompton Oratory fand am 5. Juni um zehn Uhr die Totenmesse statt; Luisas Sarg war von weißen Nelken umgeben. Unter den Trauergästen waren Lady Moorea Black und ihr damaliger Mann Woodrow Wyatt, Sydney Farmer, Fred Rainer, Robert Heber Percy, der Gefährte des verstorbenen Lord Berners, und – unerkannt im Hintergrund – Emilio Basaldella, der treue Gondoliere des Palazzo dei Leoni.[91] Weder Augustus John noch Cecil Beaton nahmen an dem Begräbnis teil. Bevor der Sarg geschlossen wurde, legte man den ausgestopften Pekinesen in den Sarg zu Luisas Füßen. Vielleicht war es dieses Detail, das einen der Trauergäste zu der Bemerkung veranlasste, die Marchesa in ihrem Sarg gemahne an eine „grandiose gotische Figur".[92]

Luisa Casati wurde auf dem Brompton Cemetery zur letzten Ruhe gebettet, einem ausgedehnten viktorianischen Friedhof im Bezirk Kensington. Das Grab wird von einer kleinen, mit Blumen bekränzten gemeißelten Urne geschmückt, auf der ihr Name und Todestag zu lesen sind. Ihr Epitaph, das von ihrer Enkelin ausgewählt wurde, umfasst nur eine einzige Zeile, die Shakespeares Beschreibung der berühmten ägyptischen Pharaonin in *Antonius und Cleopatra* entnommen ist:

Age cannot wither her nor custom stale her infinite variety.[93]

Epilog

Wohlerzogene Frauen gehen selten in die Geschichte ein.

Laurel Thatcher Ulrich

Die große Marmortreppe der Pariser Oper ist in übernatürliches blaues Licht getaucht. An der Seite, im Schatten, steht völlig regungslos ein exotisch gekleideter Diener. Ein plötzlicher Donnerschlag lässt die Luft erzittern, Blitze zucken durch die Halle, während sich am unteren Ende der Treppe eine Gestalt in Bewegung setzt und langsam die Stufen hinaufschreitet. Die geisterhafte Erscheinung trägt ein voluminöses Ballkleid aus schwarzem Taft im Stil eines vergangenen Jahrhunderts, ihr Kopf wird von einem federgeschmückten Dreispitz mit Schleier gekrönt. Einen Moment lang hält sie inne, um in einer eleganten Bewegung über die Stufen hinweg ihre Hand dem Diener zu reichen, bevor sie ihren Weg nach oben fortsetzt. Der Applaus, der sie begleitet, übertönt beinahe das Grollen des künstlichen Donners. Mehr als vier Jahrzehnte nach ihrem Tod wird der Geist der Marchesa Luisa Casati als einzigartige und unübertroffene modische Inspiration heraufbeschworen.

Die Haute-Couture-Kollektion Frühjahr/Sommer 1998, die John Galliano für Christian Dior entwarf, wurde ein triumphaler Erfolg. Er widmete sie der außergewöhnlichen Frau, die für sie Pate stand. Hoch gewachsene Mannequins mit feuerrotem Haar und kajalumrandeten Augen, mit drei Windhunden an der Leine, oder angetan mit einer glänzenden Silberrobe, deren Arm einer Rüstung im Stil von Casatis Cesare-Borgia-Kostüm nachempfunden war, präsentierten zahllose brillante Kreationen, die inspiriert waren von La Casati und ihren Roben und Maskeraden, ihren Marotten und Leidenschaften und ihrer Art zu Leben. Und es gibt wohl kaum einen Schauplatz, der dieser Huldigung angemessener sein könnte als jene Treppe, auf deren Stufen Luisa selbst ein Dreivierteljahrhundert zuvor Triumphe gefeiert hat.

Nicht nur Gallianos Kreationen begeisterten das Publikum. Die Vertreter der internationalen Presse saßen an mit Zebrafellimitat bespannten Tischen, Reproduktionen der Liebesbriefe zwischen Coré und Ariel lagen verstreut zu ihren Füßen, exotischer Duft durchzog die Räume. Michael Howells, von dem die Ausstattung für die Präsentation stammt, erklärt sein Konzept:

Die Schau beginnt während des Sturms, in dem Casatis berüchtigter Bal de Cagliostro unterging. Die Marchesa steht zunächst allein auf der Treppe ihres Marmorpalais, dann erscheinen nach und nach all die fantastischen Persönlichkeiten, die sie gekannt hat ..., bis die Bühne überfüllt ist mit einer Versammlung extravaganter und mondäner Geister, mit Casati im Mittelpunkt – an dem Platz, an dem sie, so glaube ich, sein wollte.[1]

Fast alle Berichte über Gallianos preisgekrönte Kollektion waren mit einer Reproduktion von Boldinis Casati-Porträt von 1914 illustriert. Die geheimnisvolle, mit Pfauenfedern geschmückte Gestalt faszinierte die Leser der wichtigsten Modemagazine in aller Welt. Galliano fasst die Anziehungskraft der Person Luisa Casati zusammen:

Die Marchesa Casati ist eine der erstaunlichsten Frauen, auf die ich bei meinen Recherchen je gestoßen bin. Sie hat die gesamte Kollektion inspiriert. Auch wenn sie selbst nicht mehr unter uns weilt, ist ihr Leben dennoch ein strahlendes Symbol und eine ständige Quelle der Inspiration.[2]

Galliano war nicht der erste Modeschöpfer, der sich seit Luisas Tod von ihrer Persönlichkeit inspirieren ließ. Norman Norell gilt als einer der Begründer der amerikanischen Haute Couture und hat in seiner langen Laufbahn unter anderem Jacqueline Kennedy eingekleidet. Im Herbst 1960, als er sein eigenes Label vorstellte, präsentierte Norell die „Van-Dongen-Kollektion", zu der ihn das in seinem Besitz befindliche, vom holländischen Künstler geschaffene Porträt Luisas an der nächtlichen Lagune in Venedig inspirierte. Die Kollektion schaffte es immerhin auf das Cover von *Life*. Der Artikel war mit einem Foto Norells illustriert, auf dem er mit vier im Stil Luisas geschminkten Mannequins vor dem Van Dongen posierte. Sein Interesse an Casati geht möglicherweise auf die frühen 1920er Jahre zurück, als er sich wiederholt geschäftlich in Venedig aufhielt, wo er durchaus von der berüchtigten Herrin des Palazzo dei Leoni gehört haben könnte.[3]

Ohne Zweifel wird Casati auch künftige Modeschöpfer inspirieren. Im Juli 2003 wurde in Rom auf einer aus Spiegeln konstruierten Bühne Marco Corettis Herbst/Winter-Kollektion 2003/2004 präsentiert, für die ihr Stil Pate stand. Zwischen Kreationen aus Seide, Organza und Leder tauchten venezianische Karnevalsmasken auf; eine Chiffonrobe mündete in eine überdimensionale Halskrause, die an die lebenden Schlangenornamente Luisas gemahnte. Für einen Artikel über Casati, der im September 2003 im *New Yorker* erschien, gestaltete der Stardesigner Karl Lagerfeld eine Serie von Skizzen und Fotografien, für die er Carine Roitfeld, die Chefredakteurin der französischen *Vogue*, mit exotischen Pelz- und Perlenensembles ausstattete. Zur Idee des Artikels bemerkte er: „[Roitfeld] spielt eine moderne Casati – die Tragik der Casati war, dass es für sie kein Spiel war."[4] Die Prêt-à-porter-Kollektion Frühjahr/Sommer 2004, die der amerikanische Modeschöpfer Tom Ford für Yves Saint Laurent Rive Gauche kreierte, wurde ebenso von Luisas Extravaganz inspiriert, wie Ford erklärt: „Die Marchesa Casati war der erste europäische ‚Dandy' des frühen 20. Jahrhunderts. Das macht sie zum perfekten weiblichen Ideal für Yves Saint Laurent. Es schien mir an der Zeit, zu ihrer Art von Eleganz, ihrer Art von Chic und Exzentrizität zurückzukehren."[5] Bei der Schau in Paris schritten Mannequins mit schwarz umrandeten Augen über einen mit Zebrafellen bedeckten Laufsteg, in eleganten Kreationen in Schwarz, Weiß und Gold, mit Handtaschen, über die sich grüne, purpurrote und bronzene Metallschlangen wanden. Und anlässlich der Präsentation von Giorgio Armanis Herbst/Winter-Kollektion 2004/2005, die er unter das Motto „Exzentrizität" gestellt hatte, schrieb die *New York Times*: „Armani ließ sich für diese tollkühnen violetten Augen von der italienischen Aristokratin Marchesa Luisa Casati inspirieren, die für die neue Exzentrizität Pate stand."

Internationale Aufmerksamkeit erregte im Frühjahr 2005 das neu gegründete, zu Ehren Casatis *Marchesa* benannte Londoner Modehaus, dessen Designer Georgina Chapman und Keren Craig Filmstars und Supermodels in asiatisch inspirierte, mit Kristallen bestickte Roben hüllten. Selbst lange Jahre nach Casatis Tod dient ihr extravagantes Erbe vielen talentierten Nachfahren ihrer Kreativität als Inspiration. Und obwohl viele ihrer Spuren verschwunden sind, zeugt so manche Hinterlassenschaft auch heute noch von ihrer legendären Existenz.

Fast ein Jahrhundert nachdem kostümierte Ballgäste dort Luisas fantastische Inszenierungen erlebten, sind einige ihrer Residenzen glücklicherweise noch erhalten, wenngleich nicht im ursprünglichen Zustand. Die Villa Amalia, wo sie ihre Kindheit verbrachte, ist heute ein Kongresszentrum im Besitz der italienischen Regierung. Der Familiensitz der Casatis in Cinisello Balsamo beherbergt ein Kloster, während sich in Luisas und Camillos Haus in der Via Soncino im Zentrum Mailands das Büro des Kunstbuchverlages Skira Editore befindet. Das „Villino" in der Via Piemonte in Rom ging 1923 zunächst an die Familie Macchi di Cellere über und wurde 40 Jahre später von der Mediocredito Centrale erworben, die dort Büros unterhält und das Gebäude einer sorgfältigen Renovierung unterzogen hat. Das Anwesen der Casatis in Arcore ist das derzeitige Domizil von Silvio Berlusconi.

Der Palazzo dei Leoni am Canal Grande wurde nach dem Auszug seiner berüchtigtsten Bewohnerin von der Stadtverwaltung in ein düsteres Museum umfunktioniert und verfiel zusehends. 1938 wurde er von Lady Doris Castlerosse erworben, die beträchtliche Summen in die Renovierung des Gebäudes investierte, bevor sie es ein Jahr später an Douglas Fairbanks Jr. vermietete. Während des Zweiten Weltkriegs diente es als Unterkunft für deutsche, britische und amerikanische Soldaten. Im Jahr 1949 schließlich entdeckte eine weitere exzentrische Kunstmäzenin den Palazzo als ideales Ambiente für ihre eigene Extravaganz. Peggy Guggenheim, die leidenschaftliche Sammlerin moderner Kunst und Ehefrau von Max Ernst, kaufte den Palazzo und ließ ihn für die Ausstellung ihrer umfangreichen Sammlung avantgardistischer und surrealistischer Werke umbauen. Sie wohnte auch dort und konnte häufig beim Sonnenbaden auf dem Dach beobachtet werden, wenn sie sich nicht gerade auf der Suche nach neuen Talenten in einer Gondel durch Venedig rudern ließ, angetan mit schrillen Outfits und Aufsehen erregenden Sonnenbrillen. Heute ist der Palazzo Venier dei Leoni eines der berühmtesten Museen der Welt, dessen Sammlung unter anderem Werke der mit Casati befreundeten und von ihr geförderten Futuristen Depero, Balla und Carrà umfasst. Das Palais Rose in Le Vésinet wurde im Zweiten Weltkrieg beschädigt, doch von späteren Besitzern – darunter Emad Kashoggi, Neffe des saudi-arabischen Waffenhändlers und Finanziers Adnan Kashoggi – in seiner ursprünglichen Pracht wiederhergestellt. Es ist immer noch in Privatbesitz und wurde 1986 unter Denkmalschutz gestellt.

Das Vittoriale, das als Museum dem Andenken Gabriele D'Annunzios gewidmet ist, ist ein Anziehungspunkt für Touristen und Verehrer des

Dichters; hier und in der Nationalbibliothek in Rom werden die rätselhaften Telegramme, Postkarten und Notizen von Ariel und Coré aufbewahrt. Das Hôtel du Rhin und das imposante Princess Hôtel sind von der Pariser Place Vendôme verschwunden, doch das Ritz dominiert den Platz nach wie vor als Inbegriff des Luxus. Das kleine Hotel in der Jermyn Street in London existiert noch, konnte seinen Standard seit Luisas Tagen allerdings deutlich verbessern. Das frühere Wohnhaus in der Clarges Street 1 wurde um die Nachbargebäude erweitert und beherbergt derzeit den Kennel Club. Das Apartmenthaus in Beaufort Gardens, in dem Luisa ihre letzten Lebensjahre verbrachte, wurde Ende der 1980er mit dem angrenzenden Gebäude verbunden und in ein kleines, gemütliches Hotel mit dem Namen *The Beaufort* umgewandelt.

Aus der einst so florierenden „Casati-Galerie" sind einige wichtige Werke erhalten; anderen war das Schicksal weniger gnädig. Von den drei Ölgemälden Augustus Johns befindet sich das erste im Besitz der Hon. Mrs. Mary Anna Marten, der Tochter Lord Alingtons, das zweite in der Art Gallery of Ontario in Toronto, wo es 1987 das Herzstück einer Ausstellung über die künstlerische Hinterlassenschaft Casatis war; das letzte ist Teil der Sammlung des National Museum of Wales in Cardiff. Ignacio Zuloagas Porträt der Marchesa ist in dem nach dem Künstler benannten Museum in Zumaya im Baskenland ausgestellt.

Die Bronzefigur von Troubetzkoy ist in Privatbesitz; eine unvollendete Wachsstudie befindet sich im Museo del Paesaggio in Verbania Pallanza, Italien. Die zwei Porträts von Giovanni Boldini ziehen auch 80 Jahre nach ihrer Entstehung das Publikum in ihren Bann. Das „Anti-Gioconda"-Bildnis, auf dem Luisa ihr elegantes Trauerensemble zur Schau stellt, war Teil der Sammlung von Baron Maurice de Rothschild, bis es im November 1995 gemeinsam mit anderen Boldini-Gemälden der Sammlung bei Christie's in New York versteigert wurde. Den Zuschlag erhielt der Komponist Andrew Lloyd Webber für die Summe von eineinhalb Millionen US-Dollar. Das zweite Boldini-Porträt wird in der Galleria Nazionale d'Arte Moderna in Rom ausgestellt. Die Bilder Van Dongens sowie Zeichnungen von Helleu und Balla befinden sich in internationalen öffentlichen und privaten Sammlungen. Der Originalgipsabguss von Epsteins Bronze ist im Besitz des Ein Harod Museum of Art in Israel; Abgüsse der Büste befinden sich in verschiedenen Museen, etwa in der Art Gallery of Ontario, mehrere sind auch in Privatbesitz, eine davon in Lady Moorea Blacks Sammlung.

Zu den zahlreichen Werken, die verschollen sind, zählen etwa jene von Drian, Beltran y Masses und de Blaas, viele der Porträts von Martini sowie die Wachsfiguren von Catherine Barjansky und Lotte Pritzel. Die futuristische Skulptur von Balla wurde Quellen zufolge zerstört, das Aquarell, das er von seinem Werk anfertigte, ist erhalten und Teil einer Privatsammlung. Das lange Zeit unauffindbare Porträt von Romaine Brooks, Martinis Pastelle von Luisa als Cesare Borgia und am Grand Canyon und eine bedeutende Auswahl von Alastairs Zeichnungen befinden sich in Frankreich in Privatbesitz.

Der Name der altehrwürdigen Mailänder Casati-Dynastie tauchte im Jahr 1970 im Zusammenhang mit einer kaum als vornehm zu bezeichnenden Affäre in den Schlagzeilen auf. Im Mittelpunkt stand Camillos Sohn, der Marchese Casati Stampa di Soncino. Im Zuge einer Untersuchung der italienischen Behörden gegen den damals 43-Jährigen wegen des Verdachts der Steuerhinterziehung hatte sich herausgestellt, dass Casati auf ein Vermögen, das sich auf geschätzte 600 Millionen US-Dollar belief, Personensteuer im Betrag von etwa 320 US-Dollar entrichtet hatte. Bevor jedoch ein Verfahren eingeleitet werden konnte, wurde der Marchese in seinem Penthouse in Rom tot aufgefunden, neben den Leichen seiner Frau Anna Fallarino Casati und ihres Liebhabers, eines 25-jährigen Studenten. Die polizeilichen Ermittlungen ergaben, dass Casati seiner Frau offenbar regelmäßig junge Männer zuführte, um sie beim gemeinsamen Liebesspiel zu fotografieren; die Summen, die er für die Dienste der von ihm angeheuerten Liebhaber bezahlt hatte, waren in seinem Tagebuch penibel vermerkt. Als Anna sich jedoch in einen der jungen Männer verliebte, erschoss ihr Gatte mit einer Jagdflinte zunächst das ehebrecherische Paar und dann sich selbst. Das schimpfliche Mord-Selbstmord-Drama um den Marchese, das sämtliche Skandale um die berüchtigte Exgattin seines Vaters in den Schatten stellte, beschrieb ein italienischer Journalist als „schmutzige römische Affäre, vulgär und auf Trattoria-Niveau – einfach nicht chic."[6]

Ein seltsamer Zufall wollte es, dass just zu dem Zeitpunkt, als dieser Skandal bekannt wurde, die amerikanische *Vogue* in ihrer Ausgabe vom 1. September 1970 einen ausführlichen und umfassend illustrierten Artikel über die Marchesa Luisa Casati veröffentlichte. Als Autor zeichnete Philippe Jullian, der zuvor bereits Biografien über D'Annunzio und Robert de Montesquiou publiziert hatte; sein Artikel über Casati war der bis dahin einzige Versuch, das Leben dieser Frau aufzuarbeiten.[7] Erst 16 Jahre später veröffentlichte der italienische Autor Dario Cecchi unter dem Titel *Coré: Vita e dannazione della marchesa Casati* eine romantisierte Darstellung der Liebesgeschichte zwischen Luisa und D'Annunzio; zeitgleich erschien im selben Verlag *La divina marchesa: La prima dandy della nostra storia*, in dem Herausgeber Alberto Arbasino eine Reihe von Essays verschiedener Autoren über die Marchesa und Rezensionen über Cecchis Buch versammelte. 2001 wurde in Italien unter dem Titel *Infiniti auguri alla nomade: Carteggio con Luisa Casati Stampa* die Korrespondenz zwischen Casati und D'Annunzio veröffentlicht, herausgegeben von Raffaella Castagnola, die auch das Vorwort verfasste. Im selben Jahr wurde der Marchesa in zwei in französischer Sprache erschienenen Kompendien außergewöhnlicher Persönlichkeiten gehuldigt: *Les anges du bizarre: Un siècle d'excentriques* von Jean-Noël Liaut und *Excentriques* von Florence Müller.[8]

Künstlerische Darstellungen Luisa Casatis stehen immer wieder im Zentrum der Aufmerksamkeit im Rahmen internationaler Großausstellungen. Bei der Man-Ray-Retrospektive 1998/1999 im Pariser Centre Georges Pompidou und im International Center of Photography in New York wurden einige Bilder der 1922 entstandenen Serie gezeigt, ebenso wie die Glasplatte mit dem berühmten vieläugigen Porträt, das auch die offiziellen Souvenir-Shirts der Ausstellung schmückte. Der Katalog der umfassenden Schau über das Leben der Comtesse de Castiglione, die 1999/2000 im Musée d'Orsay in Paris und im Metropolitan Museum of Art in New York gezeigt wurde, enthielt eine Reproduktion von Martinis Zeichnung, auf der Luisa als Castiglione dargestellt ist. Das faszinierende Porträt, das Romaine Brooks von Casati schuf, wurde im Rahmen einer Retrospektive des Œuvres der Künstlerin, *Amazons in the Drawing Room*, die 2000/2001 im National Museum for Women in the Arts in Washington, D. C. und in der University of California in Berkeley gezeigt wurde, zum ersten Mal öffentlich ausgestellt und von der Presse zum eindrucksvollsten Bild der Ausstellung gewählt. Das Musée d'Orsay vereinte für seine D'Annunzio gewidmete Schau im Frühjahr/Sommer 2001 Boldinis Porträt von 1914 und Man Rays Fotografien von 1922 und 1935.

De Meyers glamouröses Fotoporträt, das die Marchesa im Stehen zeigt, wurde im Winter 2001/2002 neben Fotografien von Ikonen wie Jacqueline Kennedy und Fred Astair im Rahmen der Ausstellung *Dressing Up: Photographs of Style and Fashion* des Worcester Art Museum in Massachusetts gezeigt, die jene Bilder versammelte, die die tief gehenden kulturellen und stilistischen Veränderungen der vergangenen 100 Jahre am deutlichsten veranschaulichen. Bertellis nach dem Gesicht Luisas geformter Wasserkrug war zwischen Frühjahr 2001 und Winter 2001/2002 in der Ausstellung *Il Liberty in Italia* zu sehen, zunächst im Chiostro del Bramante in Rom und danach im Palazzo Zabarella in Padua. Man Rays berühmtes ‚triple-eyed' Foto-Porträt wurde im Rahmen der großen Dada-Schau gezeigt, die in den Wintermonaten 2005/2006 nach dem Centre Pompidou in Paris, der National Gallery of Art in Washington Station im Museum of Modern Art in New York machte. Im Winter 2001/2002 wurden zwei von Gallianos Kreationen aus seiner Casati-Kollektion für Dior im Rahmen von *Extreme Beauty: The Body Transformed* des Metropolitan Museum of Art in New York ausgestellt, darunter das grandiose schwarze Ensemble, mit dem die Show in der Pariser Oper eröffnet wurde und das in internationalen Berichten über die Ausstellung besonders hervorgehoben wurde. In *La Révolution surréaliste* im Centre Georges Pompidou war im Frühjahr 2002 erneut Man Rays vieläugiges Porträt zu sehen, das als eindrucksvollstes Symbol der Ausstellung großes Echo in den Medien fand. Ein selten gezeigtes Ölporträt von Luisa, *Una strana signora* von Alberto Martini, war eines der Hauptexponate der Ausstellung *Dada a Zurigo, Cabaret-Voltaire, 1916–1920*, die im Frühjahr/Sommer 2003 im Spazio Culturale Svizzero in Venedig stattfand. Im Herbst 2003 war an der Londoner Royal Academy of Arts im Rahmen der Ausstellung *Pre-Raphaelite and Other Masters: The Andrew Lloyd Webber Collection* Boldinis Porträt der Marchesa mit ihrem Windhund zu sehen, das sie fast 100 Jahre zuvor in die internationale High Society katapultiert hatte. Christopher Wood, einer der führenden Kunsthistoriker Englands, bemerkte über dieses Werk: „Das umwerfende Boldini-Porträt der legendären Marchesa Casati ist ohne Zweifel das brillanteste Porträt der Belle Époque."[9] Boldinis zweites Casati-Porträt von

1914 war das Herzstück der großen Boldini-Schau, die im Winter/Frühjahr 2005 im Palazzo Zabarella in Padua gezeigt wurde. Man Rays vieläugiges Porträt der Marchesa wurde im Rahmen einer groß angelegten Wanderausstellung über Dadaismus gezeigt, die im Herbst/Winter 2005/2006 im Pariser Centre Pompidou ihren Ausgang nahm und danach in der National Gallery of Art in Washington, D. C. und im Museum of Modern Art in New York zu sehen war.

Die inspirierende Kraft Casatis wirkte im späten 20. Jahrhundert und zu Beginn des 21. in mannigfaltigen Ausprägungen fort. Ihr Einfluss auf bildende Künstler war ungebrochen; der renommierte spanische Architekt und Künstler Joan Navarro Baldeweg etwa verwendete für seine 1980 entstandene Collage *Movimento davanti all'occhio, movimento dell'occhio* eine Reproduktion von Man Rays vieläugigem Porträt. In der Lanning Gallery in Sedona, Arizona, enthüllte im Herbst 2003 der Zeichner und bildende Künstler Ted CoConis das Prunkstück seiner Einzelausstellung: ein Fantasieporträt der Marchesa Casati, die vor einem Gefolge geisterhafter venezianischer Lakaien ihre mit Juwelenhalsbändern geschmückten Geparden liebkost. Das Gemälde wurde sofort von einem privaten Sammler erworben. CoConis hatte fast 30 Jahre zuvor das Plakat für den von der Person Casatis inspirierten Film *A Matter of Time* gestaltet. Und im Herbst/Winter 2005/2006 präsentierten die Mitglieder der Berufsvereinigung der bildenden Künstler Vorarlbergs ihre eigene zeitgenössische Interpretation Luisas in einer vom Präsidenten der Vereinigung, Dr. Wilhelm Meusburger, initiierten Sonderausstellung, die im Künstlerhaus Palais Thurn und Taxis in Bregenz gezeigt wurde – der Hauptstadt jenes österreichischen Bundeslandes, aus dem die Familie von Luisas Vater emigriert war.

Sogar in der Welt des Tanzes macht sich Casatis Einfluss bemerkbar: In den Jahren 2002/2003 präsentierte der kanadische Tänzer und Choreograf Paul Ibey sein Butoh-Solo *La volupté d'être* in Frankreich, Kroatien, Litauen, England, der Türkei, Italien und Portugal; die Intention des Stücks war nicht biografisch, wie Ibey erklärt, sondern „die Erforschung verschiedener Themen, die mit Casati verbunden sind: Illusion, Fantasie, okkulte Experimente und schließlich, als Auflösung, die Akzeptanz der Tatsache, dass man allein ist, so wie man allein in diese Welt kam. Ich sehe es auch nicht als Darstellung einer weiblichen Rolle. Wie immer bei Butoh erwiesen sich die mit Casati assoziierten Themen als von universaler und nicht geschlechtsspezifischer Gültigkeit."[10]

Auch auf der Kinoleinwand war Luisa in verschiedenerlei Form präsent. Das bemerkenswerteste Beispiel ist der aus 1974 datierende italienische Film *Il Bacio*, in dem die von Valentina Cortese dargestellte Figur der Madame Blixen, die auf Casati beruht, in Goldlamé und feuerroter Gorgonenperücke vor einer nebligen venezianischen Belle-Époque-Kulisse mit ihrem Leoparden durch ein Kostümfest stolziert oder eine schwarze Messe zelebriert.[11] In Ken Russells Film *Valentino* von 1977 ist in einer Szene deutlich die Reproduktion des Odalisken-Porträts von Beltran y Masses zu erkennen, dessen Original verschollen ist. Eine Kopie von Augustus Johns Casati-Porträt von 1919 war Teil der Ausstattung für die 1982 entstandene Agatha-Christie-Verfilmung *Das Böse unter der Sonne*, wobei auf dem Gemälde an Stelle des Originalmodells die Schauspielerin Maggie Smith zu sehen ist.

Die Frage, wie der walisische Künstler wohl auf diese Umgestaltung seines Werks reagiert hätte, muss ebenso der Fantasie überlassen bleiben wie die, was er vom „Augustus John Hotel" in Hampshire, England, gehalten hätte, das mit dem Verweis auf „vier exquisit ausgestattete Zimmer, die nach den vier Geliebten des Künstlers und Frauenhelden benannt sind", beworben wird, darunter eines, das Casatis Namen trägt. Als Hommage an Casati wurde 2005 in Johannesburg, Südafrika, die elegante Teestube „Contessa" eröffnet. Und seit 2001 gibt es eine offizielle Website – www.marchesacasati.com –, die Luisas Leben und ihrem künstlerischen Vermächtnis gewidmet ist,[12] was Bernard Nevill zu dem Kommentar veranlasste: „Wenn sie heute hier wäre, würde man sie verehren wie einen Popstar."[13] Nevills Theorie erscheint durchaus plausibel angesichts der Verehrung, die Casati seit ihrer Entdeckung durch die Goth Community Ende der 1990er von manchen ihrer Mitglieder entgegengebracht wird; in Publikationen und auf diversen Websites wird sie als wichtige Vorläuferin dieser Subkultur und der makabren visuellen Ästhetik und okkulten Interessen ihrer Anhänger gewürdigt.

Dass der Einfluss der Marchesa auch im kulinarischen Bereich Früchte trägt, sollte angesichts der vielfältigen Ausprägungen, in denen ihr Vermächtnis sichtbar wird, nicht verwundern. Im Herbst/Winter 2004 präsentierte Katrina Markoff in New York eine für ihr Unternehmen Vosges Haut-Chocolat produzierte, exklusive Schokoladenkreation, die von Casati inspiriert war. Die Köstlichkeit aus dunklem Salzkaramell und Bitterschokolade war mit essbarem Perlenstaub bestreut und wäre einer *Grand Fête* im Palais Rose würdig gewesen; die Kartons, in denen sie präsentiert wurde, waren mit der Reproduktion eines Van-Dongen-Porträts geschmückt. Die limitierte Stückzahl war innerhalb weniger Wochen nach der Präsentation ausverkauft. Angesichts dieses Erfolgs plant Markoff, die Kreation in das reguläre Winterprogramm von Vosges aufzunehmen.

Am Abend des 24. Januar 2000 verwandelte sich die Jackman Hall in der Art Gallery of Ontario in ein Pandämonium – auf dem Spielplan stand die Welturaufführung von *Infinite Variety: Portrait of a Muse*, einer Einfrau-Dramatisierung des Lebens Luisa Casatis. Im Vorfeld hatte der *Toronto Star* die nur für einen Abend angesetzte Produktion in einem ausführlichen Artikel angekündigt;[14] ein internationales Fernsehteam war bei der Premiere vor Ort.[15] Schon vor Beginn der Vorstellung brach Chaos aus, da der Besucherandrang die Kapazität des Saals bei weitem überstieg; schließlich mussten angesichts der vielen enttäuschten Interessenten, die keinen Platz mehr bekamen, die Saaltüren verriegelt werden. Als die Lichter ausgingen, betrat eine schlanke Gestalt die Bühne, eingehüllt in eine schimmernde pfauenblaue Robe, das Gesicht hinter einem Fächer aus Pfauenfedern verborgen. Mit einer plötzlichen Geste wurde der Fächer weggeschleudert: „*Ich* möchte ein lebendes Kunstwerk sein!“, rief die britische Schauspielerin Elizabeth Shepherd in den Saal, bevor sie ihr begeistertes Publikum auf eine kaleidoskopische Reise durch Casatis Leben entführte, basierend auf den Augenzeugenberichten jener Künstler, die sie inspiriert hatte. Am 15. Januar 2001 fand ebenfalls vor ausverkauftem Haus die Londoner Premiere der Produktion statt. Einige der Besucher waren extra aus Frankreich, Österreich, Nordamerika, Mexiko und allen Teilen Englands angereist, um diesem besonderen Abend beizuwohnen, unter ihnen Carl Reitlinger, Bernard Nevill und Lady Moorea Black, die sich von Shepherds Darstellung ebenso begeistert zeigte wie von der Produktion, die dem Mythos ihrer Großmutter auf so grandiose Art neues Leben einhauchte. Luisa wäre zweifellos entzückt gewesen.

Die inspirierende Wirkung, die sie auch im 21. Jahrhundert auf Künstler verschiedenster Sparten ausübt, nahm im Frühling 2003 konkrete Formen an, als *The Princess of Wax – A Cruel Tale* (oder *La Princesse de cire – Un Conte cruel*) erschien.[16] Dieses düster-dekadente Märchen vereinigt auf fantasievolle Weise die exotischsten Elemente des Lebens und der exzentrischen Persönlichkeit Luisas. Der von Neil Zukerman und CFM Gallery veröffentlichte und luxuriös gestaltete Band enthält Illustrationen der renommierten französischen Künstlerin Anne Bachelier. Anlässlich des Erscheinens des Buches fand in der CFM Gallery in SoHo, New York, eine erfolgreiche Ausstellung von Bacheliers Arbeiten für *The Princess of Wax* statt, bei der fast 40 Ölgemälde zu sehen waren, die sich mit dem bizarren Universum der Geschichte und den nicht minder bizarren Legenden befassten, die sich um jene Frau ranken, die sie inspiriert hat. Im Rahmen der Vernissage der Ausstellung am 3. April 2003 präsentierte Yolande Bavan eine dramatisierte Lesung von *The Princess of Wax*. Die gefeierte Schauspielerin und Jazzsängern, deren Couture-Robe von John Galliano zur Verfügung gestellt wurde, begeisterte das Publikum, das sich in den Räumen der Galerie drängte. Grazia D'Annunzio, die Urgroßnichte Gabriele D'Annunzios, die dem Abend beiwohnte, bemerkte: „Die Illustrationen von Anne Bachelier sind in ihrem Surrealismus und Detailreichtum die perfekte visuelle Umsetzung von *The Princess of Wax*, eine faszinierende, unendliche Reise durch Exzentrizität, Besessenheit, Liebe, Grausamkeit, Glamour und Verhängnis."[17]

Mit dem Erscheinen von *Infinita Varietà: Vita e leggenda della Marchesa Casati* und *La Casati: Les multiples vies de la marquise Luisa Casati*, der italienischen und der französischen Ausgabe dieser Biografie, markiert das Jahr 2003 einen Meilenstein in der Fortführung des Vermächtnisses von Luisa Casati.[18] Beide Ausgaben, die um die Ergebnisse aktueller Recherchen der Autoren und bis dahin unveröffentlichte – und seit mehr als einem Jahrhundert nicht mehr reproduzierte – Bilder der Marchesa ergänzt wurden, fanden großes internationales Medienecho.[19] Das galt im Besonderen für Italien – Luisa kehrte im Triumph zurück in ihr Heimatland, als Diva, die sie schon einmal war, doch nun auch als künstlerische und kulturelle Ikone von unleugbarer historischer Bedeutung. 2004 erschien eine neue, umfassend aktualisierte englischsprachige Ausgabe, nun gefolgt von der vorliegenden deutschsprachigen Ausgabe.

Augustus John bemerkte einst im Scherz, dass man Casati „erschießen, ausstopfen und in einer Vitrine zur Schau stellen"[20] hätte sollen, ähnlich ihrer geliebten Python – eine exhibitionistische Vision, die ihr selbst vielleicht durchaus faszinierend erschienen wäre. Doch die Marchesa Luisa Casati war weit mehr als nur eine exzentrische Fata Morgana aus einer untergegangenen Ära. Ungeachtet ihrer Verrücktheiten war sie eine wahre Erneuerin der schönen Künste und eine Inspiration für kreatives Genie. Die Dekadenz und Exzessivität ihres Lebensstils erwuchs aus ihrer bewussten Weigerung, sich den üblichen Konventionen zu unterwerfen. Mittlerweile sind 100 Jahre vergangen, doch die Kultivierung einer nach außen hin respektablen Erscheinung ist heute nicht weniger wichtig als zu Luisas Zeiten. Sie entschied sich dafür, den Erwartungen ihrer Umgebung eine selbst erschaffene individualistische – wenngleich vielleicht extreme – Persönlichkeit entgegenzusetzen. Ihr außergewöhnliches Leben kann ohne den historischen Kontext, in dem es sich abspielte, nicht in seiner vollen Bedeutung beurteilt werden.

Am Beginn eines neuen Millenniums betrachten wir die unerhörtesten Verrücktheiten unserer kulturellen und politischen Heroen mit dem zweifelhaften Vorteil, schon alles gesehen zu haben. Doch zu Casatis Zeit waren die zunehmend bizarren Bilder, mit denen die Medien uns heute überschwemmen, den Angehörigen privilegierter Kreise ebenso fremd wie der breiten Masse. Es waren die eleganten Salons der Belle Époque – erfüllt vom Geplauder der versammelten klassischen boldiniesken Schönheiten und adrett gekleideten konservativen Herren –, durch die Luisa Casati mit ihrem leichenblass geschminkten Gesicht, flammend rot gefärbten Haar, angetan mit skandalösen Roben und mit einem Geparden an der Leine flanierte. Der ästhetische Schock muss unbeschreiblich gewesen sein.

Mit kühner Virtuosität schuf Casati sich eine Existenz nach ihrem Ideal, bereit, ihren Weg fortzusetzen, wo immer er sie hinführen würde. Unter all den Möglichkeiten, die ihr das Leben bot, wählte sie als Ziel, ein lebendes Kunstwerk zu sein – und das war sie. Mit ihrem unvergleichlichen verwegenen Erfindungsreichtum hat die Marchesa Luisa Casati in allem Prosaischen das Fantastische zum Leben erweckt.

Anmerkungen

Einleitung

1 Philippe Jullian, „Extravagant Casati", *Vogue* (New York), 1. September 1970. Der Artikel „Fashion Forward" aus der Ausgabe der *Vogue* (New York) vom Juli 2002 nennt Casati als die einzige Modeikone der Jahre 1900–1920.
2 Dario Cecchi, *Coré: Vita e dannazione della marchesa Casati* (Bologna 1986).

Kapitel I

1 *International Studio Magazine* (46, New York 1912). Dieses Porträt der Casati wurde auch von Stieglitz für die De Meyer gewidmete Ausgabe seiner Zeitschrift *Camera Work* (40, Oktober 1912) ausgewählt.
2 Geschichte der Baumwollspinnerei Amman-Wepfer s. Walter Bigatton, Maurizio Bordugo und Guido Lutman, *Storia del Cotonificio Veneziano: L'industria Pordenonese Amman-Wepfer tra ottocento e novecento* (Pordenone 1994).
3 Gespräch der Autoren mit Paola Amman Saffiotti, März 1998 – Juni 2003.
4 Gespräch der Autoren mit Lady Moorea Black, Enkelin der Marchesa Casati, September 1997, und Conte Edoardo Amman, dem Cousin zweiten Grades der Marchesa, Juli 1998 – Dezember 2001.
5 Gespräch der Autoren mit Bernard Nevill, Januar 2001.
6 Edoardo Amman (1851–1921) übernahm neben der Vormundschaft für die verwaisten Schwestern Amman auch die Funktionen eines Beraters der Associazione Cotoniera Italiana und Präsidenten der Banca Lombarda di Milano.
7 Philippe Jullian, *The Triumph of Art Nouveau: Paris Exhibition 1900* (New York 1974).
8 Dieses Porträt wurde in der Ausstellung *Signore di Milano: 1900–1950* gezeigt (Villa della Porta-Bozzolo, Casalzuigno, Italien, 17. September – 16. November 1997).
9 Cristina Trivulzio (1808–1871) war in ihrer Jugend besessen von einer Leidenschaft für das Okkulte und hielt sich bevorzugt in fensterlosen, schwarz ausgekleideten, von Kerzen matt erhellten Räumen auf. Im Alter allerdings fühlte sie sich von den Geistern, die sie so leichtfertig gerufen hatte, verfolgt; ihre letzten Jahre verbrachte sie, gequält von panischer Angst vor der Dunkelheit, in taghell erleuchteten Räumen.
10 Alessandro Casati (1881–1955), der im Zweiten Weltkrieg als Partisan kämpfte, wurde nach der Befreiung Roms in das Kabinett von Präsident Ivanoe Bonomi berufen und war 1944/1945 italienischer Kriegsminister. Er war auch Vorsitzender der italienischen UNESCO-Kommission.
11 Virginia Oldoini (1837–1899) wurde vom italienischen Grafen Cavour auf der politischen Bühne eingeführt, um die Unterstützung Napoleons III. im Krieg zwischen dem Piemont und Österreich zu gewinnen. Der Kaiser war sofort hingerissen von der Mailänder Schönheit, die einigen Historikern zufolge auch großen politischen Einfluss am kaiserlichen Hof ausgeübt haben soll.
12 433 dieser Fotografien aus der Sammlung des Comte Robert de Montesquiou befinden sich heute im Metropolitan Museum of Art in New York.

Kapitel II

1 Brief vom 22. Februar 1922, zitiert in: Guglielmo Gatti, *Vita di Gabriele D'Annunzio* (Florenz 1956).
2 Michel Georges-Michel, *Dames Étranges* (Montreal 1944).
3 Gabriele D'Annunzio, *Cento e cento e cento e cento pagine del libro segreto di Gabriele D'Annunzio tentato di morire* (Mailand 1935).
4 Gilbert Adair, „Arts Diary", *The Guardian* (London), 14. November 1991. Im selben Artikel beschreibt Adair Casati als „Thermometer mit Glockenhut".
5 Jullian, „Extravagant Casati".
6 Gespräch der Autoren mit Fred Rainer, Mai 2001 – März 2002.
7 D'Annunzio, *Cento e cento.*
8 Philippe Jullian, *D'Annunzio* (New York 1972).
9 D'Annunzio, *Cento e cento.*
10 Harold Acton, *Memoirs of an Aesthete 1939–1969* (New York 1971).
11 Ebd.
12 Gabriele D'Annunzio, *Nocturne & Five Tales of Love and Death* (Marlboro 1988).
13 Ludovico Pratesi und Giada Lepri, *I Villini* (Rom 2003).
14 Cecchi, *Coré.*
15 Ebd.
16 Eine Reproduktion dieses frühen Porträts befindet sich in der Bancroft Library, Berkeley, Kalifornien.
17 Filippo Marinetti, *Poesia* (Mailand, Februar 1905).
18 Baronin Ernesta Stern, eine schwerreiche, imposante jüdische Grande Dame aus Triest, logierte abwechselnd in ihrer byzantinischen Villa in Cap Ferrat, ihrer riesigen Pariser Stadtwohnung und ihrem Palazzo am Canal Grande, wo sie Bücher schrieb und unter dem Pseudonym Maria Star im Eigenverlag veröffentlichte.
19 Dario Cecchi, *Boldini* (Turin 1962).
20 Bernard Étienne und Marc Galliard, *Great Hotels of Paris* (New York 1992).
21 Cecchi, *Coré.*
22 Cecil Beaton, *The Glass of Fashion* (New York 1954).
23 Ève Lavallière (1866–1929) war die unumstrittene Königin des Pariser Théâtre des Varietés. Ihre glanzvolle Karriere endete abrupt am Höhepunkt ihres Ruhms mit ihrem mysteriösen Verschwinden im Jahr 1917. Sie entsagte ihrem früheren extravaganten Lebensstil und trat in den Orden der Karmeliterinnen ein. Die Machenschaften einer intriganten Tochter trieben Lavalliére ein Jahr vor ihrem Tod in die Kokainsucht.
24 Arsène Alexandre, *Le Figaro*, 14. April 1909. Die Katalognummer des Porträts bei der Ausstellung des Salon war 119. Im 20. Jahrhundert wurde das Bild nur noch ein Mal öffentlich gezeigt, und zwar bei der Esposizione d'Arte della Secessione 1914 in Rom (Katalognummer 11).
25 *Femina*, Dezember 1909.
26 Emilia Cardona, *Boldini: Parisien d'Italie* (Mailand 1952).
27 Ebd.
28 Philippe Jullian, *Prince of Aesthetes: Count Robert de Montesquiou 1855–1921* (New York 1968).

Kapitel III

1 Alvise Zoizi, *Venetian Palaces* (New York 1989); Giandomenico Romanelli und Mark E. Smith, *Portrait of Venice* (New York 1996). Die Adresse des Palazzo Venier dei Leoni ist 701 Dorsoduro.
2 Gespräch der Autoren mit Fred Rainer, Mai 2001 – März 2002.
3 Guillermo de Osma, *Fortuny: The Life and Work of Mariano Fortuny* (New York 1985).
4 Gespräch der Autoren mit Lady Moorea Black, September 1997.
5 Gabriele D'Annunzio, *Forse che sì forse che no* (Mailand 1910).
6 Jullian, *D'Annunzio.*
7 Isadora Duncan, *My Life* (London 1928).
8 Romola de Pulszky Nijinsky, *Nijinsky* (London 1933).
9 Sebastian Faulks, *The Fatal Englishman* (London 1996).
10 Gespräch der Autoren mit Carl L. T. Reitlinger, Juni 2000 – Dezember 2001.
11 Cecchi, *Coré.*
12 Gabriel-Louis Pringué, *30 ans de diners en ville* (Paris 1948).
13 Mercedes de Acosta, *Here Lies the Heart* (New York 1975).
14 Charles Spencer, *Léon Bakst and the Ballets Russes* (London 1995).
15 Brief von Bakst, geschrieben 1916 in Antibes.
16 David Wistow, *Augustus John: The Marchesa Casati* (Toronto 1987).
17 Michael de Cossart, *The Food of Love: Princesse Edmond de Polignac (1865–1943) and Her Salon* (London 1978).
18 J. B. Priestley, *The Edwardians* (New York 1970).
19 Cecchi, *Coré.*
20 Mrs. Hwfa Williams, *It Was Such Fun!* (London 1935).
21 Cossart, *The Food of Love.*
22 Jullian, „Extravagant Casati".
23 Maya Milhou, *Ignacio Zuloaga (1870–1945) et la France* (Paris 1981).
24 Michel Georges-Michel, „Un bal des mille et une nuits au bord du Grand Canal", *La vie heureuse*, 20. November 1913. Der Artikel erschien mit einer ganzseitigen Illustration des italienischen Art-nouveau-Künstlers Manuel Orazi.
25 „Astonishing Exploits of the Marchesa Casati", *The American Weekly*, 1. Dezember 1935.
26 Charles Castle, *Oliver Messel: A Biography* (London 1986).
27 Richard Ingleby, *Christopher Wood: An English Painter* (London 1995).
28 Pringué, *30 ans.*
29 Gespräch der Autoren mit Fred Rainer, Mai 2001 – März 2002.
30 Alex Ceslas Rzewuski, *A travers l'invisible cristal: Confessions d'un dominicain* (Paris 1976).
31 Artur Rubinstein, *My Young Years* (New York 1973).
32 Ebd.
33 Ebd.
34 Ebd.
35 Ebd.
36 Anne Ehrenkranz, *A Singular Elegance: The Photographs of Baron Adolph de Meyer* (San Francisco 1994).
37 Philippe Jullian, *De Meyer* (New York 1976).

38 In der Familie erzählte man sich auch, Luisa sei einmal, als sie zu Gast bei Verwandten war, mit einer kleinen Schatulle angereist, die sie während des ganzen Besuchs nicht aus der Hand gab, was sie mit der Bemerkung erklärte: „Diese Schatulle enthält die Asche meines russischen Prinzen!" Gespräch der Autoren mit Paola Amman Saffiotti, März 1998 – Juni 2003.
39 Ehrenkranz, *Singular Elegance*. Dieses Porträt der Casati war eines der zentralen Exponate in der großen De-Meyer-Ausstellung des International Center of Photography 1994 in New York.
40 Alberto Martini, *Alberto Martini* (Mailand 1944).
41 Sammlung Lady Moorea Black.
42 Martini, *Alberto Martini*.
43 Ebd.
44 Ebd.
45 Ebd.
46 Wistow, *Augustus John*.
47 Am 2. Dezember 2000 wurde im Rahmen einer Auktion bei Shapes in Edinburgh als Los Nr. 287 eine im Katalog als „The Marchesa Luisa Casati, Fantasy Drawing with Female Nude" angeführte Tuschezeichnung angeboten. Das unsignierte Werk wurde dem irischen Zeichner Harry Clarke (1889–1931) zugeschrieben, weist jedoch keine überzeugende Ähnlichkeit mit seinen Werken auf. Auch hinsichtlich des angeblichen Modells konnte das Auktionshaus keine Beweise liefern und es gibt bis dato keinen Hinweis darauf, dass Clarke und die Casati sich jemals begegnet sind. Die um £ 3.000,- bis £ 5.000,- angebotene Zeichnung wurde um £ 3.000,- verkauft.
48 Roberto Montenegro, *Planos en el Tiempo* (Mexiko 1962).
49 Ebd.
50 Georges-Michel, *Dames Étranges*.
51 D'Annunzio verfasste nur die Untertitel für den Film, wofür er die enorme Summe von 50.000 Lire erhielt. *Cabiria* feierte noch nie da gewesene Erfolge: In Paris lief er nach der Premiere 1914 sechs Monate, in New York fast ein ganzes Jahr.
52 Gespräch der Autoren mit Lady Moorea Black, März 1998.
53 Ebd.
54 Francis Rose, *Saying Life: The Memoirs of Sir Francis Rose* (London 1961).
55 Gespräch der Autoren mit Xavier Demange, April 2001.
56 Betty Kirke, *Madeleine Vionnet* (San Francisco 1998).
57 Jullian, *Prince of Aesthetes*.
58 Unter den von Montesquiou der Casati gewidmeten Gedichten findet sich auch ein mit „Casaque" betitelter Zyklus satirischer Verse, der im unveröffentlichten Werk *Quarante Bergères* erscheinen hätte sollen.
59 Dieses verschollene Aquarell ist unter den im Palais Rose beschlagnahmten Gegenständen angeführt. Die Inventarliste befindet sich in der Sammlung von Lady Moorea Black, London.
60 *Aux Ecoutes* (Paris), 1. November 1925.
61 Die Premiere des Balletts fand am 29. Mai 1911 im Théâtre de Châtelet in Paris statt.
62 Cardona, *Boldini: Parisien d'Italie*.

63 Ebd. Die berühmten aus 1908 und 1914 datierenden Gemälde sind nicht die einzigen Porträts, die Boldini von der Marchesa schuf. In ihren Aufzeichnungen wird auch ein Aquarell erwähnt, auf dem sie einen großen schwarzen Hut trägt, und ein unvollendetes Ölgemälde aus 1923, *La marchesa Casati con cappellino giallo seduta con cane in braccio*, zeigt sie im Profil auf einem Diwan mit einem Hund im Arm.
64 Jean Cocteau, *Lettres à sa Mère: Vol I, 1898–1918* (Paris 1989).
65 Sammlung Lady Moorea Black, London.
66 Nicole Wild und Jean-Michel Nectoux, *Diaghilev: Les Ballets Russes* (Paris 1979).
67 Williams, *It Was Such Fun!*
68 Comtesse F. d'Orsay, *Ce que je peux écrire* (Paris 1927).
69 Acton, *Memoirs.*
70 Vittoria Colonna, *Things Past.* (London 1929).
71 André Germain, *Le fous de 1900* (Paris 1954).
72 Nino d'Aroma, *L'amoroso Gabriele* (Rom 1963).
73 Bernard Nevill, „La Marquise Casati" in *The Queen* (London), 7. März 1956.
74 D'Annunzio, *Cento e cento.*
75 Ebd.
76 Ebd.
77 Ebd.
78 Jullian, *D'Annunzio.*
79 Ebd.
80 D'Annunzio, *Cento e cento.*
81 Jullian, *D'Annunzio.*
82 Marie-Louise Ritz, *Cesar Ritz: Host to the World* (New York 1938).
83 Catherine Barjansky, *Portraits with Backgrounds* (New York 1947).
84 Philippe Jullian berichtet in „Extravagant Casati", Barjansky habe mehr als nur eine Statue der Casati geschaffen, „smaragdäugig, mit feuerroten Perücken, wächsernem Teint und schwarzweiß geschminkt, deren Kleider mit Cabochons besetzt waren und sich an den überraschendsten Stellen auftaten".
85 Barjansky, *Portraits.*
86 Ebd.
87 Jullian, „Extravagant Casati".
88 Helen Appleton Read, „Dolls", *The Arts*, 3. April 1923.
89 Barjansky, *Portraits.*

Kapitel IV

1 Die Bezeichnung Fauvismus geht auf den Kunstkritiker Louis Vauxcelles zurück, der in seiner Besprechung der ersten Ausstellung der Künstlergruppe im Pariser Herbstsalon 1905, die am 17. Oktober des Jahres in der französischen Zeitschrift *Gil Blas* erschien, schrieb, die Bilder sähen aus, als hätte sie eine Horde „fauves", also wilder Tiere, fabriziert.
2 F. Le Targat, „Kees van Dongen: Le regard fauve", *Beaux Arts* (France), Nr. 26, Juli/August 1985.
3 Ebd.
4 Louis Chaumeil, *Van Dongen: l'homme et l'artiste – la vie et l'oeuvre* (Genf 1967).
5 Georges Duthuit, *The Fauvist Painters* (New York 1950).

6 Gespräch der Autoren mit Lady Moorea Black, September 1997.
7 Jullian, *D'Annunzio.*
8 Ebd.
9 Ebd.
10 Caroline Tisdall und Angelo Bozzolla, *Futurism* (London 1978).
11 Wistow, *Augustus John.*
12 F. T. Marinetti, *L'alcova d'acciaio: Romanzo vissuto* (Mailand 1921).
13 Giorgio Verzotti, *Boccioni: Catalogo completo dei dipinti* (Florenz 1989).
14 Giovanni Lista, *Balla* (Italien 1982). Ballas Plastik der Casati inspirierte später den Schriftsteller Carlo Emilio Gadda zu seinem satirischen Werk *San Giorgio in casa Brocchi,* in dem die Plastik als „Porträt der Marchesa Cavalli" bezeichnet wird.
15 Fortunato Depero, *So I Think, So I Paint: Ideologies of an Italian Self-made Painter* (Trient 1947).
16 Gespräch der Autoren mit Maurizio Scudiero, Dezember 2001.
17 Eugenio Giovannetti, *Satyricon 1918–1921* (Florenz 1921).
18 Vicente Garcia-Márquez, *Massine: A Biography* (New York 1995).
19 Gespräch der Autoren mit John Richardson, März 1997.
20 Duncan, *My Life.*
21 Ebd.
22 Ebd.
23 Gespräch der Autoren mit Lady Moorea Black, September 1997.
24 Jullian, „Extravagant Casati".
25 Eve Golden, *Vamp: The Rise and Fall of Theda Bara* (New York 1996).
26 Jullian, *D'Annunzio.*
27 Tommaso Antongini, *Vita segreta di D'Annunzio* (London 1939).
28 Das rechte Auge D'Annunzios war schon einmal, im Januar 1905, durch einen Schneeball verletzt worden.
29 Die Casetta Rossa wurde ihm von seinem österreichischen Freund Prinz Friedrich Hohenlohe angeboten.
30 D'Annunzio, *Nocturne.* Kurze d'annunzianische Betrachtungen über Casati sind auch in zwei posthum erschienen Werken enthalten, *Solus ad Solam* (Mailand 1939) und *Taccuini* (Mailand 1965).
31 Julie Karanagh, *Secret Muses: The Life of Frederick Ashton* (London 1996).
32 Jacob Epstein, *Let There Be Sculpture* (New York 1940).
33 Ebd. Einige Jahre später schuf der renommierte englische Holzschneider K. Leigh-Pemberton eine Holzschnittillustration von Epsteins Bronze, die in *The Woodcut of Today at Home and Abroad,* herausgegeben von Geoffrey Holme (London 1927), abgebildet ist.
34 Stephen Gardiner, *Epstein: Artist Against the Establishment* (New York 1992).
35 Milhou, *Ignacio Zuolaga.*
36 Cecchi, *Coré.* Zuloagas Casati-Porträt wurde im März 1925 auch als ganzseitige Reproduktion in *Vanity Fair* publiziert und dort als das meist diskutierte Werk des Künstlers bezeichnet. Schon drei Jahre zuvor, im Oktober 1922, hatte das Magazin einen kurzen Artikel über Luisa publiziert, der mit den Porträts von John, Boldini, Bakst, de Blaas und Man Ray illustriert war.
37 Jullian, *De Meyer.*

38 Augustus John, *Chiaroscuro: Fragments of Autobiography* (New York 1952).
39 Ebd.
40 Interview der Autoren mit der Hon. Mrs. Mary Anna Marten, Dezember 1998.
41 Augustus John, „Fragment of an Autobiography", *Horizon* (London), Dezember 1943.
42 Michael Holroyd, *Augustus John: A Biography* (New York 1975).
43 Ebd.
44 John, *Chiaroscuro.*
45 Ebd.
46 Holroyd, *Augustus John.*
47 Bericht der Konservatoren der Art Gallery of Ontario, Oktober 1986.
48 John, *Chiaroscuro.*
49 Aus einem Schreiben Lord Duveens an die Art Gallery of Ontario vom 26. Februar 1934. 1987 wurde das Casati-Porträt zum beliebtesten Gemälde der Galerie gewählt.

Kapitel V

1 Nevill, „La Marquise Casati". Die okkulten Praktiken, die von den berüchtigten früheren Bewohnern des Châteaus gepflogen wurden, mochten den Reiz ihres Besuchs für Luisa durchaus noch erhöht haben.
2 Pringué, *30 ans.*
3 Mark Amory, *Lord Berners: The Last Eccentric* (London 1998).
4 „Her Antics Topped Hollywood's Best", *The San Francisco Chronicle*, 30. Juli 1957.
5 Gespräch der Autoren mit Carl L. T. Reitlinger, Juni 2000 – Dezember 2001.
6 Das fast zwei Meter lange Ausweisdokument befindet sich in der Sammlung von Lady Moorea Black, London.
7 Rose, *Saying Life.*
8 Antoine, *Antoine* (New York 1945).
9 Roger Peyrefitte, *The Exile of Capri* (New York 1961).
10 Knut Corfitz Bonde, *A l'ombre de San Michele* (Genf 1947).
11 Schreiben von Axel Munthe an Jessica Brett Young, undatiert, 1920. Mit freundlicher Genehmigung von Prof. Bengt Jangfeldt.
12 Josef Oliv, *Axel Munthe's San Michele: A Guide for Visitors* (Malmö 1954).
13 Compton Mackenzie, *My Life: Volume V* (London 1965).
14 Ebd.
15 Depero, *So I Think.*
16 Peyrefitte, *Exile.*
17 Ebd.
18 Ebd.
19 Gespräch der Autoren mit Lady Moorea Black, September 1997.
20 Peyrefitte, *Exile.*
21 Meryle Secrest, *Between Me and Life: A Biography of Romaine Brooks* (New York 1976).
22 Ebd.
23 Françoise Werner, *Romaine Brooks* (Paris 1990).
24 Ebd.

25 Ebd. Brief von Romaine Brooks an Léonce Bénédite, undatiert, August 1920.
26 Ebd.
27 Ebd.
28 Cecchi, *Coré.*
29 Secrest, *Between Me and Life.*
30 Gespräch der Autoren mit Adam Munthe, November 1996.
31 Bonde, *A l'ombre.*
32 Gespräch der Autoren mit der Hon. Mrs. Mary Anna Marten, Dezember 1998.
33 Barneys Buch *Aventures de l'espirit* enthält einen Plan aller Personen, die mit ihrem Salon in Verbindung standen; dort taucht Casatis Name unter so illustren Zeitgenossen wie Proust, Apollinaire, Anatole France und Pierre Loüys auf.
34 Werner, *Romaine Brooks.*
35 Brief von Romaine Brooks an Natalie Barney, 1. Februar 1921. Paris, Bibliothèque Littéraire Jacques Doucet, Fonds Natalie Clifford-Barney.
36 „Natalie Barney's ‚Isola di Capri'", *Raritan: A Quarterly Review* (New Brunswick, NJ), Herbst 1996.
37 Secrest, *Between Me and Life.*
38 Anne Conover, *Olga Rudge and Ezra Pound* (New Haven 2001). Gespräch der Autoren mit Anne Conover, Juli 2003.
39 Michel Desbruéres, „Romaine Brooks", *Bizarre* (Paris), März 1968.
40 P. G. Konody, „The Art of Federico Beltran-Masses", *Apollo* (London), Juni 1929.
41 „Une visiteuse nocturne", *Aux Ecoutes* (Paris), 5. März 1922.
42 Ebd.
43 Acton, *Memoirs.*
44 Diese zwei mittlerweile verschollenen Gemälde sind durch Aufzeichnungen in der Sammlung von Lady Moorea Black, London, dokumentiert.
45 Martin Battersby, *The Decorative Twenties* (London 1969).
46 Félix Youssoupov, *En exil* (Paris 1954).
47 „Her Antics".
48 Aus den unveröffentlichten Memoiren von Prof. Otto Haas-Heye. Gespräch der Autoren mit Johannes Haas-Heye, November 2002 – Februar 2003.
49 John, *Fragment.* In seiner Autobiografie erwähnt John auch Prince Giraci als Bewunderer der Casati, „dessen Leben sie durch einen geschickten Bluff auf dem Piave gerettet hatte".
50 Conover, *Olga Rudge.* Gespräch der Autoren mit Anne Conover, Juli 2003.
51 *Poetry* (Chicago), Juni, Juli und August 1917. Die Zeile aus D'Annunzios Notturno, die Pound inspirierte, lautet: „In Kores Haus gibt es nun nichts mehr als weiße Pfauen."

Kapitel VI

1 Zur Geschichte von Le Vésinet und des Palais Rose s. Georges Poisson, *La curieuse histoire du Vésinet* (Paris 1975). Das Palais Rose in Le Vésinet wurde oft mit einer Residenz desselben Namens in Paris verwechselt, die an der Avenue de Bois von Boni de Castellane erbaut worden war. Das Gebäude wurde im Zweiten Weltkrieg von Göring beschlagnahmt. Nach Bombenschäden und einer vorübergehenden Nutzung durch die NATO wurde es 1969 abgerissen.

2 Dieses massive Schmuckstück hatte Montesquiou 1908 aus seiner Residenz in Versailles, 142 Avenue de Paris, mitgebracht. Vielleicht bestand der besondere Reiz des Brunnens für Luisa darin, dass Madame de Montespan (1641–1707) in einen höfischen Skandal um Gift, ausschweifende Zeremonien und Zauberei verwickelt war.
3 Germain, *Les fous.*
4 Roland Toutain, *Mes 400 coups ...* (Paris 1951). Bei einem anderen Fest begnügte die Marchesa sich angeblich damit, beim Eintreffen ihrer Gäste zwei Millionen Schmetterlinge freizulassen.
5 Gilberte Gautier, *Rue de la Paix* (Paris 1980).
6 „Italy's Famous Beauty Who Lives Like a Fairy Princess", *The San Francisco Chronicle,* 18. April 1926.
7 Ingleby, *Christopher Wood.*
8 „Astonishing Exploits".
9 Cécile Sorel, *Les belles heures de ma vie ...* (Monaco 1946) und *La confession de Célimène: Souvenirs II* (Paris 1949).
10 Ebd.
11 Cecchi, *Coré.*
12 Ebd.
13 Gespräch der Autoren mit GiovanBattista Brambilla, Juli 1998.
14 Elsa Schiaparelli, *Shocking Life* (New York 1954).
15 Man Ray, *Self Portrait* (Boston 1963).
16 Ebd.
17 Ebd.
18 Ebd. *Art & Auction* (New York), Februar 1998, und *American Photo* (New York), Juli–August 1998, berichteten, dass das „vieläugige" Porträt der Casati das am häufigsten von Fälschern illegal kopierte Werk aus Man Rays Œuvre war.
19 Jean-Louis de Faucigny-Lucinge, *Legendary Parties* (New York 1987).
20 Cecchi, *Coré.*
21 Vicomtesse de Sygognes. „Les Surprises de l'Opéra", *Gazette du Bon Genre* (Paris), Nr. 7, 1922.
22 Beaton, *The Glass.*
23 Der Wagen war ein Geschenk Lord Alingtons an Luisa; später musste sie ihn verpfänden.
24 Absinth war in Frankreich seit 1914 wegen seiner gefährlichen Nebenwirkungen verboten, wurde jedoch weiterhin in Spanien produziert.
25 Gespräch der Autoren mit Carl L. T. Reitlinger, Juni 2000 – Dezember 2001.
26 Diese Zeichnung erschien 1922 in der Novemberausgabe von *Harper's Bazaar.*
27 Bonde, *A l'ombre.*
28 Ebd.
29 Ihre letzten Jahre verbrachte Deslandes praktisch mittellos und unter der Obhut eines zweifelhaften Arztes, der sie um den kläglichen Rest ihres Vermögens betrog, in einem Sanatorium auf Madeira, wo sie mit Bäumen sprach und in Wahnvorstellungen lebte.
30 Jullian, *D'Annunzio.*
31 Die Fotografie wird im Archiv des Vittoriale aufbewahrt.
32 Gabriele D'Annunzio, *Infiniti auguri alla nomade* (Mailand 2000).

33 Cecchi, *Coré*.
34 Jullian, *D'Annunzio*.
35 Ebd.
36 Cecchi, *Coré*.
37 Ebd.
38 Ebd.
39 Der 1907 eröffnete Tierpark Hagenbeck galt als Vorzeigemodell eines innovativen Zoos. Bestürzt über die entsetzlichen Bedingungen, die in den meisten Tierparks herrschten, hatte der Abenteurer und Tierschützer Carl Hagenbeck den ersten „humanen" Zoo konzipiert, in dem die Insassen nicht wie früher üblich in engen Eisenkäfigen ihr Dasein fristen mussten, sondern sich in relativer Freiheit in einer Landschaft bewegen konnten, die ihrem jeweiligen natürlichen Habitat so weit wie möglich angepasst war.
40 Cecchi, *Coré*.
41 Ebd.
42 Nevill, „La Marquise Casati".
43 Cecchi, *Coré*.
44 „Astonishing Exploits".
45 Cecchi, *Coré*.
46 Casati hatte bereits aus dem Nachlass des Comte Robert de Montesquiou einige Castiglione-Souvenirs erworben.
47 *Comoedia* (Paris), Juli 1924.
48 „Une fête espagnole chez la Comtesse de Castiglione", *Femina* (Paris), August 1924.
49 André de Fouquières, *Cinquante ans de panache* (Paris 1951).
50 Erté, *Things I Remember* (New York 1975).
51. *Aux Ecoutes* (Paris), 2. November 1924.
52 Gespräch der Autoren mit Carl L. T. Reitlinger, Juni 2000 – Dezember 2001.
53 Notiz in der Ausgabe der *New York Times* vom 22. Oktober 1925: „Heimliche Hochzeit des Viscount Hastings: Lord Huntingdon überrascht über die Heirat seines Sohnes mit Cristina Casati, Tochter eines Marquis."
54 Ebd.
55 Adolph de Meyer, „Paris Gossip by a Mere Man", *Harper's Bazaar* (New York), September 1922.
56 Martini, *Alberto Martini*.
57 Der Artikel erschien im wöchentlichen Journal der Akademie vom 9. Februar 1925.
58 Williams, *It Was Such Fun!*
59 Martini, *Alberto Martini*.
60 Rose, *Saying Life*.
61 „Italy's Famous Beauty".
62 Ebd.
63 Ebd. Ein anonymer Maler hielt die ungewohnte kurze, blonde Haartracht Luisas auf einer Miniatur aus dieser Zeit fest, die sich in der Sammlung von Lady Moorea Black befindet.
64 „Splendor of Marchesa Casati's Fetes Again Brought to Memory", *The San Francisco Examiner*, 1949.

65 Rose, *Saying Life*.
66 „Astonishing Exploits".
67 Giuseppe Balsamo (1748–1795) war ein vielseitig begabter Schwindler, der sich die Leichtgläubigkeit des Publikums in Bezug auf übernatürliche Phänomene zunutze machte, um seiner reichen Klientel das Geld aus der Tasche zu ziehen. Mit seinen betrügerischen Kunststücken reüssierte er am Hof Ludwigs XVI., bevor man ihn wegen Diebstahls anklagte. Er floh nach Rom, wo er der Inquisition in die Hände fiel, die ihm wegen Ketzerei den Prozess machte und ihn zu lebenslänglichem Kerker verurteilte.
68 Sammlung Lady Moorea Black, London. Der Bal de Cagliostro fand am 30. Juni 1927 statt.
69 Für ein andere Soiree engagierte Casati angeblich einen Trupp von Fackelträgern zu Pferd, die den Weg von Paris nach Le Vésinet weisen sollten.
70 Roger Gaillard, *Le „joueur" et le sapajou* (Paris 1955).
71 Pringué, *30 ans*.
72 Jullian, „Extravagant Casati".

Kapitel VII

1 Bourbon del Monte, Jane, „The Memoirs of Principessa Jane di San Faustino", *Omnibus* (Rom), April–Mai 1938.
2 Bakst starb am 27. Dezember 1924 unter mysteriösen Umständen in einer Klinik in Reuil-Malmaison außerhalb von Paris. Nachdem er während der Proben für Ida Rubinsteins *Istar* einen schweren Nervenzusammenbruch erlitten hatte und nach Hause gebracht worden war, sah keiner seiner Freunde ihn jemals wieder.
3 Saracchi hatte im Ersten Weltkrieg auch als Camillo Casatis Bursche gedient.
4 Cheli wird auch heute noch im Speisezimmer des Vittoriale ausgestellt, das alljährlich von Tausenden von Touristen besichtigt wird.
5 Lorandi, *Alberto Martini*.
6 In *Social and Diplomatic Memories (Third Series): 1902–1919* (London 1925) berichtet Sir James Rennell Rodd, dass einer seiner ehemaligen Angestellten in die Dienste Casatis getreten sei, doch „ein paar Monate später beraubte er sie in großem Stil und nahm so ein schlimmes Ende". Derselbe Mann war schon während seines Dienstes an der britischen Botschaft in Rom eines Diebstahls verdächtigt worden. Rodds Bericht enthält keine Angaben darüber, wann und in welchem von Casatis Häusern der Raub verübt wurde.
7 *Aux Ecoutes* (Paris), 20. Februar 1932.
8 Cossart, *The Food of Love*.
9 „Astonishing Exploits".
10 *Ancient Art*, Sotheby's, New York, 11. Dezember 1980 (Kat. Nr. 306).
11 Gespräch der Autoren mit Bernard Nevill, Januar 2001.
12 John, „Fragment".
13 Gespräch der Autoren mit Lady Moorea Black, März 1998.
14 „Astonishing Exploits".
15 Eine vollständige Inventarliste aller Gegenstände Casatis, die beschlagnahmt wurden, befindet sich im Besitz von Lady Moorea Black, London.
16 „Astonishing Exploits".

17 Jean Cocteau, *The Difficulty of Being* (New York 1967) und *Souvenir Portraits* (New York 1990). 1958 entstand eine Karikatur Cocteaus, die eine vierbeinige Casati zeigt, die den Lido in Venedig entlangläuft.
18 Germain, *Les fous.*
19 Ebd.
20 Elise Johandeau, *Le Spleen empanaché* (Paris 1960).
21 Aus Dokumenten in der Sammlung von Lady Moorea Black.
22 Gespräch der Autoren mit Gualtiero Nobili Vitelleschi, Mai 2003. Aus mehreren Quellen geht hervor, dass Vitelleschi Casati auch in orientalischer Aufmachung und als Circe porträtiert haben soll; dafür fehlen jedoch bis dato konkrete Beweise.
23 Erté, *Things.*
24 Martini, *Alberto Martini.*
25 Francesco Basaldella, *Giudecca (Centro storici)* (Venedig 1983).
26 Conover, *Olga Rudge.* Gespräch der Autoren mit Anne Conover, Juli 2003.
27 Camillo wohnte in Rom im Palazzo Barbarini, der in vier Luxuswohnungen aufgeteilt worden war. Auch D'Annunzio hatte dort in den 1890ern für kurze Zeit logiert.
28 Gespräch der Autoren mit Lady Moorea Black, September 1997.
29 Wegen seiner Beziehung mit Cockrell und der Geburt seines illegitimen Sohnes blieb Camillo ein katholisches Begräbnis verwehrt. Erst nach Intervention seines jüngeren Bruders Alessandro konnte Camillos Leichnam im Familiengrab der Casatis beigesetzt werden.
30 Patrick Marnham, *Dreaming With His Eyes Open: A Life of Diego Rivera* (Berkeley 2000).
31 Hayden Herrera, *Frida: A Biography of Frida Kahlo* (New York 1983). Neben dem Kahlo-Porträt sind auch mindestens drei Skizzen erhalten, die Augustus John von Cristina schuf.
32 Woodrow Wyatt, *Confessions of an Optimist* (London 1985).
33 Pringué, *30 ans.*
34 Bonde, *A l'ombre.*
35 Holroyd, *Augustus John.*
36 Jullian, „Extravagant Casati“.
37 Gespräch der Autoren mit Paul Busby, Mai 2001.
38 Gespräch der Autoren mit Carl L. T. Reitlinger, Juni 2000 – Dezember 2001.
39 Ebd.
40 Gespräch der Autoren mit Bernard Nevill, Januar 2001.
41 Ebd.
42 Gespräch der Autoren mit Fred Rainer, Mai 2001 – März 2002.
43 Gespräch der Autoren mit Lady Moorea Black, September 1997. Moorea Black, „Spectacular Special Effects“, *The Spectator* (London), 20. November 1999.
44 Sammlung Lady Moorea Black, London.
45 Holroyd, *Augustus John.*
46 Bonde, *A l'ombre.*
47 Holroyd, *Augustus John.*
48 Sotheby's, London.
49 John, *Chiaroscuro.*

50 Gespräch der Autoren mit Lady Moorea Black, September 1997.
51 Holroyd, *Augustus John*.
52 Gespräch der Autoren mit Jerry Edward Cornelius, März 2002.
53 Gespräch der Autoren mit Maurice Druon, August 1998 – Dezember 2001.
54 Gespräch der Autoren mit Carl L. T. Reitlinger, Juni 2000 – Dezember 2001.
55 Cecil Beaton, *Self Portrait with Friends: The Selected Diaries of Cecil Beaton, 1926–1974* (New York 1979).
56 Beaton, *The Glass*.
57 Castle, *Oliver Messel*.
58 Gespräch der Autoren mit der Hon. Mrs. Mary Anna Marten, Dezember 1998. Crichel war einst auch der Schauplatz eines Fests der Marchesa, für das sie die Zufahrt mit Goldstaub schmücken ließ.
59 Gespräch der Autoren mit Conte Edoardo Amman, Juli 1998 – Dezember 2001.
60 Rose, *Saying Life*.
61 Gespräch der Autoren mit Carl L. T. Reitlinger, Juni 2000 – Dezember 2001.
62 Gespräch der Autoren mit John Fleming, März 1997.
63 Gespräch der Autoren mit Lady Moorea Black, September 1997.
64 Ebd.
65 „Splendor of Marchesa".
66 Laurence Schifano, *Luchino Visconti: Les feux de la passion* (Paris 1987).
67 Dakin Williams und Shepherd Mead, *Tennessee Williams: An Intimate Biography* (New York 1983).
68 Eine frühere Fassung des Dramas hatte bereits am 1. Januar 1964 im Brooks Atkinson Theatre in New York Premiere. Bankhead wusste vermutlich von Casati, da sie eine langjährige intensive Beziehung mit Lord Alington hatte und auch mit Augustus John befreundet war. In einer von der Kritik sehr gelobten Produktion des Stücks am Citizens Theatre in Glasgow 1994 (wieder aufgenommen am Lyric Theatre Hammersmith in London) spielte der britische Schauspieler Rupert Everett die Rolle der Goforth.
69 Jack Kerouac, *Book of Blues* (New York 1995).
70 Man nimmt an, dass es sich dabei um das erste Casati-Porträt von der Hand Johns handelte, heute im Besitz der Hon. Mrs. Mary Anna Marten, und nicht um das berühmtere zweite Porträt, das sich in der Art Gallery of Ontario befindet.
71 Die fiktive Contessa Adelina Cozio aus dem Roman *The Siege of Innocence* (New York 1950) des amerikanischen Künstlers und Schriftstellers Eugene MacCown basiert ebenfalls auf Casati und Morosini. – Casati war außerdem das Vorbild für die Figur der La Casinelle in zwei Romanen von Michel Georges-Michel, *Dans la fête de Venise …* (Paris 1922) und *Nouvelle Riviera* (Paris 1924), und erscheint in eigener Person in *The Lion of Pescara* (London 1984), einem historischen Roman des britischen Autors George MacBeth, der auf D'Annunzios Leben basiert, und in *L'Etoile bleue: La boiteux de Varsovie* (Paris 1994) von Juliette Benzoni. Weiters wird sie in Carl Van Vechtens erstem Roman *Peter Whiffle: His Life and Works* (New York, 1922) und im Debütroman *Jungfrau* (Sydney, 1936) des Australiers Dymphna Cusack genannt.
72 Gespräch der Autoren mit Maurice Druon, August 1998 – Dezember 2001.

73 Maurice Druon, *Die Contessa* (Stuttgart 1963).
74 Die Entstehungsgeschichte von *A Matter of Time* findet sich in Stephen Harvey, *Directed by Vincente Minnelli* (New York 1989).
75 Gespräch der Autoren mit Maurice Druon, August 1998 – Dezember 2001.
76 Gespräch der Autoren mit Fred Rainer, Mai 2001 – März 2002. Diese Maske wurde nach Casatis Tod im Garten von Woodrow Wyatt, dem ersten Ehemann von Lady Moorea Black, auf einer hohen Säule ausgestellt. Pericles war auch der Name, den das Paar für ihr einziges Kind auswählte.
77 Gespräch der Autoren mit Bernard Nevill, Januar 2001.
78 Gespräch der Autoren mit Fred Rainer, Mai 2001 – März 2002.
79 Ebd.
80 Eines dieser Alben befindet sich heute in der Sammlung von Lady Moorea Black, London. Die anderen beiden Alben wurden durch Wasserschäden zerstört.
81 Jullian, „Extravagant Casati".
82 Sammlung Lady Moorea Black, London.
83 Gespräch der Autoren mit Bernard Nevill, Januar 2001.
84 Beaton, *The Glass*.
85 Casatis „Camp-Appeal" wird in zwei Büchern näher analysiert: Mark Booth, *Camp* (London 1983), und Philip Core, *Camp: The Lie That Tells the Truth* (London 1984).
86 Sammlung Lady Moorea Black, London.
87 Beverley Nichols, *The Unforgiving Minute* (London 1978).
88 Meredith Etherington-Smith, „Gothic Revival", in: *The Sunday Telegraph Magazine* (London), 21. November 1999.
89 Aus den unveröffentlichten Memoiren von Prof. Otto Haas-Heye. Gespräch der Autoren mit Johannes Haas-Heye, November 2002 – Februar 2003. Haas-Heye war der Künstler, für den Quentin Crisp – wie im Vorwort dieses Buches beschrieben – Modell stand.
90 Manche Quellen geben an, Casati habe ihre letzten Jahre in einem Pflegeheim in London verbracht und sei auch dort gestorben. Diese Behauptungen haben sich als unzutreffend erwiesen.
91 Gespräch der Autoren mit Fred Rainer, Mai 2001 – März 2002. Zu dieser Zeit lebte Basaldella in London und betrieb eine Autovermietung in Putney.
92 Gespräch der Autoren mit Lady Moorea Black, September 1997.
93 Auch alternd welkt sie nicht und selbst Gewohnheit schmälert nicht den Reiz ihres unbegrenzten Wechselspiels.

Epilog

1 Gespräch der Autoren mit Michael Howells, Mai 1999. Casati hatte Galliano schon bei einigen Kreationen seiner Couture-Kollektion Frühjahr 1996 für Givenchy inspiriert.
2 Gespräch der Autoren mit John Galliano, November 2001.
3 Gespräch der Autoren mit Laura Jacobs, Januar 2002, und „No One But Norell", *Vanity Fair*, Oktober 1997. Die Titelgeschichte über die Van-Dongen-Kollektion erschien in der *Life*-Ausgabe vom 26. September 1960. Norell erwarb den Van Dongen in den 1940ern im Rahmen einer Auktion um $ 125,– von Parke-Bernet, New York. 1973, ein Jahr nach dem Tod des Designers, wurde das Gemälde

vom Kunstsammler Peg Bradley erworben, der es noch im selben Jahr dem Milwaukee Art Museum vermachte, wo es in die permanente Sammlung einging.

4 Judith Thurman, „The Divine Marquise", in: *The New Yorker* (New York), 22. September 2003.

5 Gespräch der Autoren mit Tom Ford, November 2003.

6 *Newsweek*, 21. September 1970.

7 Ein mit einem der De-Meyer-Porträts illustrierter Essay von Philippe Jullian über das Leben Casatis ist auch im Katalog der Ausstellung *La Belle Epoque* enthalten, die 1982 im Metropolitan Museum of Art in New York zu sehen war. Konzept und Organisation der Ausstellung lagen in den Händen von Diana Vreeland, die 1970, als Jullians erster Artikel über Casati erschien, Chefredakteurin der amerikanischen *Vogue* war.

8 Ein Exponat der Ausstellung *Excentrique un manifeste de l'apparence*, die Müller im Herbst 2000 für das Pariser Kaufhaus Printemps konzipierte und die ebenfalls exzentrischen Persönlichkeiten gewidmet war, war eine große Vitrine, als kleines Theater ausgestattet, in der drei fast lebensgroße Bilder auf einer beleuchteten Bühne präsentiert wurden: in der Mitte La Castiglione, links Comte Robert de Montesquiou und rechts Man Rays 1935 entstandenes Porträt von Casati als Kaiserin Elisabeth von Österreich.

9 Gespräch der Autoren mit Christopher Wood, Dezember 2003.

10 Gespräch der Autoren mit Paul Ibey, April 2003.

11 *Il Bacio* (Euro International Films 1974); Regie: Mario Lanfranchi; Darsteller: Maurizio Bonuglia, Martine Beswick, Brian Deacon, Eleonora Giorgi.

12 Die offizielle Marchesa-Casati-Website www.marchesacasati.com besteht seit Oktober 2001 und wurde von Douglas C. Smith, Macsmith Designs, gestaltet.

13 Gespräch der Autoren mit Bernard Nevill, Januar 2001.

14 *Toronto Star*, 22. Januar 2000.

15 Die Welturaufführung von *Infinite Variety: Portrait of a Muse* von Scot D. Ryersson und Michael Orlando Yaccarino war Thema einer Ausgabe des internationalen TV-Unterhaltungsmagazins *Nota Bene* für das TLN Television Network.

16 Scot D. Ryersson und Michael Orlando Yaccarino, *The Princess of Wax – A Cruel Tale* (New York 2003), illustriert von Anne Bachelier, mit einer französischen Übersetzung von Guy Leclercq.

17 Gespräch der Autoren mit Grazia D'Annunzio, April 2003.

18 Scot D. Ryersson und Michael Orlando Yaccarino, *Infinita Varietà: Vita e leggenda della Marchesa Casati* (Mailand 2003), erschienen bei Corbaccio, bzw. *La Casati: Les multiples vies de la marquise Luisa Casati* (Paris 2003), erschienen bei Éditions Assouline.

19 Ausführliche Berichte, Ankündigungen und Rezensionen erschienen in *Vanity Fair* (amerikanische und britische Ausgabe), *AD-Architectural Digest Italia*, *Casa Vogue*, *Corriere della Sera*, *ELLE Italia*, *La Stampa*, *Madame Figaro*, *Vogue* Paris und *Vogue* Russia, neben vielen anderen.

20 Holroyd, *Augustus John*.

Anhang

Bibliografie (Auswahl)

Acosta, Mercedes de. *Here Lies the Heart.* New York: Arno Press, 1975. Dt. Übers.: *Hier liegt das Herz,* übertragen von Susanne Amrain. Göttingen: Daphne, 1996.

Acton, Harold. *Memoirs of an Aesthete.* New York: The Viking Press, 1971.

Antoine. *Antoine.* New York: Prentice-Hall, Inc., 1945.

Aroma, Nino d'. *L'amoroso Gabriele.* Rome: Vito Blanco Editore, 1963.

„Astonishing Exploits of the Marchesa Casati", *The American Weekly,* December 1, 1935.

Barjansky, Catherine. *Portraits with Backgrounds.* New York: Macmillan Company, 1947.

Batcheller, Tryphosa Bates. *Italian Castles and Country Seats.* New York: Longmans, Green, 1911.

Beaton, Cecil. *The Glass of Fashion.* New York: Doubleday, 1954.

Bigatton, Walter, Maurizio Bordugo, and Guido Lutman. *Storia del Cotonificio Veneziano: L'industria Pordenonese Amman-Wepfer tra ottocento e novecento.* Pordenone: Edizioni Biblioteca dell'Immagine, 1994.

Bonde, Knut Corfitz. *A l'ombre de San Michele.* Geneva: Edition Jeheber, 1947.

Cardona, Emilia. *Boldini: Parisien d'Italie.* Paris: Gründ, 1952.

Cecchi, Dario. *Boldini.* Torino: Unione Tipografico-Editrice Torinese, 1962.

Cecchi, Dario. *Coré: Vita e dannazione della marchesa Casati.* Bologna: L'Inchiostroblu/Ritz Saddler, 1986.

Chaumeil, Louis. *Van Dongen: L'homme et l'artiste – la vie et l'oeuvre.* Geneva: Pierre Callier, 1967.

Cocteau, Jean. *The Difficulty of Being.* New York: Coward-McCann, Inc., 1967. Dt. Übers.: *Die Schwierigkeit, zu sein,* übertragen von Friedrich Hagen. Wien – München – Basel: Verlag Kurt Desch, 1958.

Cocteau, Jean. *Lettres à sa Mère: Vol. I, 1898–1918.* Paris: Gallimard, 1989.

Cocteau, Jean. *Souvenir Portraits.* New York: Paragon House, 1990.

Colonna, Vittoria. *Sparkle Distant Worlds.* London: Hutchinson & Co., 1949.

Colonna, Vittoria. *Things Past.* London: Hutchinson & Co., 1929.

Conover, Anne. *Olga Rudge and Ezra Pound.* New Haven: Yale University Press, 2001.

Cossart, Michael de. *The Food of Love: Princesse Edmond de Polignac (1865–1943) and her Salon.* London: Hamish Hamilton, 1978.

D'Annunzio, Gabriele. *Cento e cento e cento e cento pagine del libro segreto di Gabriele D'Annunzio tentato di morire.* Milan: A. Mondadori, 1935.

D'Annunzio, Gabriele. *Forse che sì forse che no.* Milan: A. Mondadori, 1952. Dt. Übers.: *Vielleicht – vielleicht auch nicht,* übertragen von Karl Vollmöller. München: Matthes & Seitz Verlag GmbH, 1989.

D'Annunzio, Gabriele. *Infiniti auguri alla nomade.* Milan: Archinto, 2000.

D'Annunzio, Gabriele. *Nocturne & Five Tales of Love and Death.* Trans. Raymond Rosenthal. Marlboro, VT: Marlboro Press, 1988.

Depero, Fortunato. *So I Think, So I Paint: Ideologies of an Italian Self-made Painter.* Trento: Rovereto (Trentino), 1947.

Desbruéres, Michel. „Romaine Brooks", *Bizarre* (Paris), March 1968.

Desti, Mary. *The Untold Story: The Life of Isadora Duncan 1921–1927.* New York: Horace Liveright, 1929.

Druon, Maurice. *The Film of Memory*, trans. Moura Budberg. New York: Scribner, 1955. Dt. Übers.: *Die Contessa*, übertragen von Lotte Frauendienst und Ilse Schöbel. Stuttgart: Henry Goverts Verlag GmbH, 1963.
Duncan, Isadora. *My Life*. London: Victor Gollancz, 1928. Dt. Übers.: *Memoiren*, übertragen und bearbeitet von C. Zell. Wien – München: Amalthea Verlag, 1969.
Ehrenkranz, Anne. *A Singular Elegance: The Photographs of Baron Adolph de Meyer*. San Francisco: Chronicle Books, 1994.
Epstein, Jacob. *Let There Be Sculpture*. New York: G. P. Putnam's Sons, 1940.
Erté. *Things I Remember*. New York: Quadrangle, 1975.
Fouquières, André de. *Cinquante ans de panache*. Paris: Pierre Horay „Flore", 1951.
Gaillard, Roger. *Le „joueur" et le sapajou*. Paris: Calmann-Levy, 1955.
Gardiner, Stephen. *Epstein: Artist Against the Establishment*. New York: Viking Press, 1992.
Gatti, Guglielmo. *Vita di Gabriele D'Annunzio*. Florence: Sansoni, 1956.
Gautier, Gilberte. *Rue de la Paix*. Paris: Julliard, 1980.
Georges-Michel, Michel. *Dames Étranges*. Montreal: Lucien Parizeau, 1944.
Georges-Michel, Michel. „Un bal des mille et une nuits au bord du Grand Canal", *La vie heureuse* (Paris), November 20, 1913.
Germain, André. *Les fous de 1900*. Paris: Les Éditions Palantines, 1954.
Germain, André. *La vie amoureuse de D'Annunzio*. Paris: Librairie Arthème Fayard, 1954.
Giovannetti, Eugenio. *Satyricon 1918–1921*. Florence: La Voce, 1921.
„Her Antics Topped Hollywood's Best", *The San Francisco Chronicle*, July 30, 1957.
Herrera, Hayden. *Frida: A Biography of Frida Kahlo*. New York: Harper & Row, 1983.
Holroyd, Michael: *Augustus John: A Biography*. New York: Holt, Reinhart & Winston, 1975.
Ingleby, Richard. *Christopher Wood: An English Painter*. London: Allison & Busby, 1995.
„Italy's Famous Beauty Who Lives Like a Fairy Princess", *The San Francisco Chronicle*, April 18, 1926.
John, Augustus. *Chiaroscuro: Fragments of Autobiography*. New York: Pellegrini & Cudhay, 1952.
John, Augustus. „Fragment of an Autobiography", *Horizon* (London), December 1943.
Jullian, Philippe. *D'Annunzio*. Trans. Stephen Hardman. New York: Viking Press, 1972.
Jullian, Philippe. *De Meyer*. New York: Knopf, 1976.
Jullian, Philippe. „Extravagant Casati", *Vogue* (New York), September 1, 1970.
Jullian, Philippe. *Prince of Aesthetes: Count Robert de Montesquiou 1855–1921*. Trans. John Haylock and Francis King. New York: Viking Press, 1968.
Kerouac, Jack. *Book of Blues*. New York: Penguin, 1995.
Konody, P. G. „ The Art of Federico Beltran-Masses", *Apollo* (London), June 1929.
Lorandi, Marco. *Alberto Martini: Mostra Antologica*. Milan: Electa Editrice, 1985.
Mackenzie, Compton. *My Life: Volume V*. London: Chatto & Windus, 1965.
Marinetti, F. T. *L'alcova d'acciaio: Romanzo vissuto*. Milan: Casa Editrice Vitagliano, 1921.
Martini, Alberto. *Alberto Martini*. Milan: S.A.D.E.L., 1944.
„Memoire della Principessa Jane di San Faustino", *Omnibus* (Rome), April–May 1938.

Meyer, Adolph de. „Paris Gossip by a Mere Man", *Harper's Bazaar* (New York), September 1922.
Meyer, Adolph de. „The Substance of a Venetian Dream", *Vogue* (New York), February 15, 1916.
Milhou, Maya. *Ignacio Zuloaga (1870–1945) et la France.* Paris: Le Bouscat, 1981.
Montenegro, Roberto. *Planos en el Tiempo.* Mexico City: Arana, 1962.
Nevill, Bernard. „La Marquise Casati", *The Queen* (London), March 7, 1956.
Peyrefitte, Roger. *The Exile of Capri.* New York: Fleet Publishing Corp., 1961. Dt. Übers.: *Exil in Capri*, übertragen von Urban Fürst. Karlsruhe: Stahlberg Verlag GmbH, 1960.
Priestley, J. B. *The Edwardians.* New York: Harper & Row, 1970.
Pringué, Gabriel-Louis. *30 ans de diners en ville.* Paris: Édition Revue Adam, 1948.
Quennell, Peter. *Customs and Characters: Contemporary Portraits.* Boston: Little, Brown, 1982.
Ray, Man. *Self Portrait.* Boston: Little, Brown, 1963. Dt. Übers.: *Selbstporträt*, übertragen von Reinhard Kaiser. München: Schirmer-Mosel, 1983.
„Remembrance of Things Proust", *Vogue* (New York), January 15, 1972.
Rose, Francis. *Saying Life: The Memoirs of Sir Francis Rose.* London: Cassell & Company, 1961.
Rubinstein, Artur. *My Young Years.* New York: Knopf, 1973. Dt. Übers.: *Erinnerungen. Die frühen Jahre*, übertragen von Günther Danehl. Frankfurt am Main: S. Fischer Verlag GmbH, 1973.
Ryersson, Scot D. and Michael Orlando Yaccarino. *Infinite Variety: Portrait of a Muse.* Im Eigenverlag, 2000.
Ryersson, Scot D. and Michael Orlando Yaccarino. *La Princesse de cire – Un Conte cruel.* Franz. Übers. von Guy Leclercq. New York: CFM Gallery, 2003.
Rzewuski, Alex Ceslas. *A travers l'invisible cristal: Confessions d'un dominicain.* Paris: Plon, 1976.
Schiaparelli, Elsa. *Shocking Life.* New York: E. P. Dutton, 1954.
Secrest, Meryle. *Between Me and Life: A Biography of Romaine Brooks.* New York: Doubleday, 1976.
Sitwell, Osbert. *Nobel Essences.* London: Macmillan, 1950.
Spencer, Charles. *Erté.* New York: Clarkson & Potter, 1970.
Spencer, Charles. *Léon Bakst and the Ballets Russes.* London: Academy Editions, 1995.
„Splendor of Marchesa Casati's Fetes Again Brought to Memory", *The San Francisco Examiner*, 1949.
„Titled Woman Visitor Scores Modern Styles", *The San Francisco Chronicle*, February 20, 1926.
Toutain, Roland. *Mes 400 coups …* Paris: Amiot-Dumont, 1951.
„Une visiteuse nocturne", *Aux Ecoutes* (Paris), March 5, 1922.
Van Dongen, Kees. *Van Dongen: Le peintre.* Paris: Les Amies du Musée d'Art Moderne, 1990.
Werner, Françoise. *Romaine Brooks.* Paris: Plon, 1990.
Williams, Mrs. Hwfa. *It Was Such Fun!* London: Hutchinson & Company, 1935.
Wistow, David. *Augustus John: The Marchesa Casati.* Toronto: Art Gallery of Ontario, 1987.
Wyatt, Woodrow. *Confessions of an Optimist.* London: Collins, 1985.
Youssoupov, Félix. *En exil.* Paris: Plon, 1954.

Abbildungsnachweis

Abb. 1, 2, 3, 9, 14, 15, 16, 17, 19, 20, 21, 22, 23, 24, 25, 26, 28, 30, 31, 32, 33, 34, 36, 37, 38, 39, 42, 43, 45, 46, 47, 48, 49, 50, 51, 52, 54, 56, 57, 59, 60, 61, 64, 67, 71, 72, 73, 75, 76: Ryersson & Yaccarino/The Casati Archives
Abb. 4, 5, 6, 7, 8, 10, 11, 12, 13: mit freundlicher Genehmigung von Conte Edoardo Amman
Abb. 53, 58, 63, 68, 69, 70, 18: mit freundlicher Genehmigung von Lady Moorea Black
Abb. 27, 62: mit freundlicher Genehmigung von Philippe Garner
Abb. 29: mit freundlicher Genehmigung der Galleria Nazionale d'Arte Moderna, Rom. Mit Zugeständnis des ministero per i Beni Culturali e Ambientali.
Abb. 35: mit freundlicher Genehmigung der Art Gallery of Ontario, Toronto; Purchase, 1934
Abb. 40: mit freundlicher Genehmigung von Barry Humphries
Abb. 41: mit freundlicher Genehmigung von Maurizio Scudiero, Storico dell'arte
Abb. 44: Privatbesitz
Abb. 55: mit freundlicher Genehmigung von Maria Rosa Suarez-Zuloaga und dem Museo Zuloaga, Zumaya
Abb. 65, 66: Man Ray Trust/Artists Rights Society (ARS), NY/ADAGP, Paris
Abb. 74: mit freundlicher Genehmigung von Carl L. T. Reitlinger
Abb. 77, 78: mit freundlicher Genehmigung von Christian Dior, New York

Für die Genehmigung zur Wiedergabe urheberrechtlich geschützter Materialien möchten wir folgenden Personen danken:

Michael Holroyd für die Genehmigung zur Wiedergabe von Zitaten aus *Augustus John: A Biography* von Michael Holroyd; dem Comte Ghislain de Diesbach für die Genehmigung zur Wiedergabe von Zitaten aus den Werken von Philippe Jullian; Maurice Druon für die Genehmigung zur Wiedergabe von Zitaten aus *La volupté d'être* von Maurice Druon.

Obwohl alles unternommen wurde, um die Rechtsinhaber der in diesem Buch zitierten Materialien ausfindig zu machen, ist dies nicht in allen Fällen gelungen. Unbeabsichtigte Versäumnisse werden in künftigen Ausgaben korrigiert.

Die Autoren

Scot D. Ryersson ist Autor zahlreicher Rezensionen und Essays über Film und Literatur und ein preisgekrönter Illustrator und Grafiker. Er hat in London, Toronto, Sydney und New York City gelebt und gearbeitet.

Michael Orlando Yaccarino befasst sich mit Analysen internationaler Genrefilme und Interviews mit den Filmschaffenden. Seine Artikel über Mode, Musik und unkonventionelle historische Figuren erscheinen in US-amerikanischen und britischen Publikationen.

The Casati Archives

The Casati Archives ist das weltweit einzige Daten- und Bildarchiv, das der Bewahrung des künstlerischen und kulturellen Vermächtnisses der Marchesa Luisa Casati gewidmet ist. Es wurde 1999 anlässlich des Erscheinens der Originalausgabe von *Infinite Variety* von Scot D. Ryersson und Michael Orlando Yaccarino gegründet und ist das Ergebnis ihrer laufenden internationalen Recherche- und Sammlertätigkeit. Neben einer Vielzahl an Originalmaterialien, Büchern und Kuriositäten umfasst das ständig wachsende Archiv Reproduktionen von Kunstwerken und Fotografien, die Luisa Casati darstellen oder von ihr inspiriert wurden.

Anmerkungen, Korrekturen und Ergebnisse neuer Recherchen zu The Casati Archives werden gern entgegengenommen und können an www.marchesacasati.com, die offizielle Website für die Marchesa Casati, übermittelt werden.

Index

Danksagung

Wir begannen mit diesem Buch in dem Gefühl des Alleinseins, das den meisten Autoren eigen ist, und wurden belohnt durch die neuen Freunde, verwandten Seelen und unermüdlichen Helfer, mit denen uns die Arbeit daran zusammengeführt hat.

Zu allererst möchten wir Lady Moorea Black unseren Dank aussprechen, Luisa Casatis Enkelin, für ihre Unterstützung und liebenswürdige Nachsicht angesichts der vielen Fragen der Autoren und ihre geduldigen Bemühungen, sie alle zu beantworten. Ohne die ausführlichen Informationen, die sie uns zur Verfügung gestellt hat, wäre dieses Buch in der vorliegenden umfassenden und detaillierten Form nicht denkbar. Darüber hinaus gilt unser Dank Conte Edoardo Amman, Luisa Casatis Cousin zweiten Grades, der uns wertvolle historische Informationen geliefert und uns beständig ermutigt hat, ebenso wie Paola Amman Saffiotti und dem verstorbenen Carl L. T. Reitlinger, die uns mit solcher Großzügigkeit ihre Zeit und ihre Erinnerungen zur Verfügung gestellt haben.

Für ihre Unterstützung möchten wir auch folgenden Personen unseren Dank aussprechen: Philippe Garner, Senior Director, Sotheby's, London; Edgar Munhall, Kurator, Frick Collection, New York; Charles Spencer; Hugo Vickers; Lydia Cresswell-Jones, Sotheby's, London; John Fleming; John Richardson; Rebecca John; Adam Munthe; Maria Rosa Suarez-Zuolaga; Michael Holroyd; Maurice Druon; Barry Humphries; Fred Rainer †; Paul Busby; Jean-Noël Liaut; Andrew Lloyd Webber; John Galliano; Jelka Music; Anthony Powell; Christina Geiger, Christie's Images, New York; Quentin Crisp †; Hon. Mrs. Mary Anna Marten; Lady Selina Hastings; Edward Lucie-Smith; Victor Arwas; Editha Mork; Johannes Haas-Heye; Prof. Bengt Jangfeldt; Gualtiero Nobili Vitelleschi; Marco Coretti; Tom Ford; Shirin von Wulffen; Princess Laure de Beauvau Craon; Etheleen Staley, Staley-Wise Gallery, New York; Camilla McGrath; Charlotte Mosley; Frank Calabrese; Noël Ross; Chiara Barbieri, Sammlung Guggenheim, Venedig; Guillemette Delaporte, Bibliothèque des Arts Décoratifs, Paris; GiovanBattista Brambilla; Kim Lucas; Xavier Demange; Michael Howells; Lady Antonia Fraser; Marisa Berenson; Annamaria Andreoli, Direktorin, Il Vittoriale, Italien; Giandomenico Romanelli, Civici Musei Veneziani d'Arte e di Storia, Venedig; C. Pelham Lee; Prof. Bernard Nevill; Manfred A. Getzner; Jerry Edward Cornelius; Tristram Cary; Florence Müller; Roger Peters; Richard Manton; Laura Jacobs; Richard Price; Jérôme Kagan; Anne Conover Carson; Mrs. Rosalind Freeman, National Museum of Wales; Sarah Herring, Curatorial Department, National Gallery, London; Salvatore Rubbino, Tate Gallery, London; Dr. Gabriella Cagliari Poli, Ministero per i Beni Culturali e Ambientali, Mailand; Maurizio Scudiero, Storico dell'Arte; Marilyn McCully; Ferdinando M. Amman; Pierre Apraxine; Alexandra Anderson-Spivy; Gina L. B. Minks, Special Collections McFarlin Library, University of Tulsa; Sara Velas, Velaslavasay Panorama, Hollywood, Kalifornien; Luciana De Gemini, Beat Records Co., Rom; Murdo N. Macmillan, Brompton Cemetery, London; Anthony Bliss und J.

D. Frank, Bancroft Library, Berkeley, Kalifornien; Professor Giani Pigoni, Museo del Paesaggio, Verbania Pallanza; Mireille Bialek, Musée Jacques-Émile Blanche, Offranville; Sarah Davies und Andrew Potter, Royal Academy of Arts, London; Federico Brunetti, Associazione Pro Monza; Anne Raoux, Cabinet Vermeille, Le Vésinet; Prof. Renzo Margonari; Neil Zukerman, CFM Gallery; und Anne Bachelier.

Weiters danken wir den Angestellten folgender Institutionen: New York Public Library, New York; Frick Art Reference Library, New York; italienische Kulturinstitute in New York, Toronto und London; Metropolitan Museum of Art, New York; International Center of Photography, New York; Christian Dior, New York; Rosenbach Library, Philadelphia; Allen Memorial Art Museum des Oberlin College, Oberlin, Ohio; Archives of American Art, Washington, D. C.; Smithsonian Institution, Washington, D. C.; Library of Congress, Washington, D. C.; Art Gallery of Ontario, Toronto; Metropolitan Toronto Reference Library, Toronto; British Library, London; National Portrait Gallery, London; Heinz Collection, London; Brompton Oratory, London; J. H. Kenyon Funeral Directors, London; Bibliothèque Nationale, Paris; Bibliothèque Littéraire Jacques Doucet, Paris; Bibliothèque Margurite Durand, Paris; Bibliothèque Administrative de la Ville de Paris; Man Ray Trust, Paris; Telimage, Paris; Musée de Poitiers; Gallerìa Nazionale d'Arte Modèrna, Rom; Biblioteca Nazionale Centrale V. Emanuele II, Rom; Museo Boldini, Ferrara; Fondazione Axel Munthe, Villa San Michele, Capri; Archivio di Stato, Rom; Archivio di Stato, Mailand; Comune di Firenze, Florenz; Ritz Hotel, Paris; Carlton Hotel, St. Moritz; Badrutt's Palace Hotel, St. Moritz; Beaufort Hotel, London; *New York Times*; London *Times*; *Vogue* London, Paris und New York.

Unser besonderer Dank gilt schließlich unseren Freunden und Kollegen im Haymon Verlag – Herrn Dr. Michael Forcher dafür, dass er das Erscheinen einer deutschsprachigen Ausgabe dieser Biografie ermöglicht hat; Frau Valerie Besl, deren Charme und Liebenswürdigkeit jeden Schritt bis zur Verwirklichung dieses Ziels zu einem Vergnügen machten; und Frau Astrid Tautscher für eine Übersetzung, deren Eleganz jener der Protagonistin dieses Buches entspricht – und natürlich Herrn Dr. Wilhelm Meusburger von der Norman Douglas Forschungsstelle, Vorarlberger Landesbibliothek, der den Kontakt zwischen dem Haymon Verlag und uns in die Wege geleitet hat.